VENDAS
DISRUPTIVAS

PATRICK MAES

VENDAS DISRUPTIVAS

Como estruturar as suas áreas de **vendas**, **marketing** e **atendimento ao cliente** em tempos de **transformação digital**

TRADUÇÃO
Maíra Meyer Bregalda

autêntica
BUSINESS

Tradução publicada mediante acordo com a Kogan Page.

Título original: *Disruptive Selling: A new strategic approach to sales, marketing and customer service*

EDITOR
Marcelo Amaral de Moraes

EDITORA ASSISTENTE
Luanna Luchesi

REVISÃO TÉCNICA E PREPARAÇÃO DE TEXTO
Marcelo Amaral de Moraes

REVISÃO
André Figueiredo Freitas
Felipe Magalhães

CAPA
Diogo Droschi (Sobre imagem de Aew/Rawpixel)

DIAGRAMAÇÃO
Guilherme Fagundes

Dados Internacionais de Catalogação na Publicação (CIP)
(Câmara Brasileira do Livro, SP, Brasil)

Maes, Patrick
Vendas disruptivas : como estruturar as suas áreas de vendas, marketing e atendimento ao cliente em tempos de transformação digital / Patrick Maes ; tradução Maíra Meyer Bregalda. -- 1. ed. -- São Paulo, SP : Autêntica, 2022.

Título original: *Disruptive Selling: A new strategic approach to sales, marketing and customer service*
ISBN 978-65-5928-188-6

1. Vendas. 2. Gestão de Vendas. 3. Marketing. 4. Atendimento ao cliente. 5. CRM.

22-114781 CDD-658.8

Título.Índices para catálogo sistemático:
1. Vendas : Marketing : Administração de empresas 658.81

Aline Graziele Benitez - Bibliotecária - CRB-1/3129

A **AUTÊNTICA BUSINESS** É UMA EDITORA DO **GRUPO AUTÊNTICA** 

São Paulo
Av. Paulista, 2.073 . Conjunto Nacional
Horsa I . Sala 309 . Cerqueira César
01311-940 . São Paulo . SP
Tel.: (55 11) 3034 4468

Belo Horizonte
Rua Carlos Turner, 420,
Silveira . 31140-520
Belo Horizonte . MG
Tel.: (55 31) 3465 4500

www.grupoautentica.com.br
SAC: atendimentoleitor@grupoautentica.com.br

“

Não quero preocupá-lo,
mas você ***vai precisar***
de uma folha de papel
em branco.

LISTA DE FIGURAS E QUADROS

SOBRE O AUTOR E SUA EMPRESA

Patrick Maes é CEO da CPI (Commercial Performance Improvement), empresa de consultoria para aprimoramento da performance comercial, com foco em vendas, marketing, atendimento ao cliente e entrega de valor.

Patrick acumulou ampla experiência no setor bancário, na publicidade e na consultoria industrial antes de fundar a própria empresa, a CPI. Atua como consultor em uma vasta gama de projetos diferentes e regularmente dá palestras inspiradoras para empresas e organizações na plataforma da New Sales.

A CPI oferece uma abordagem integrada para atualizar seu modelo de negócio e proposta de valor. Isso é feito por meio de pesquisa de mercado e formulação de estratégia. O modelo de negócio ajustado e a proposta de valor são traduzidos em uma única configuração, em uma série de processos, estruturas organizacionais, inovações tecnológicas e conceitos criativos.

A CPI possui quatro centros de atividades distintos, que colaboram para apoiar empresas em sua transformação para o modelo New Sales e a nova forma de trabalho:

- A *CPI-Consulting* realiza pesquisas de mercado, dá assessoria em estratégias, modelagem de negócios, processos e organizações, e elabora planos de mudança quantificados.
- A *CPI-Technology* dá aconselhamento sobre infraestrutura tecnológica, com foco gestão de relacionamento com o cliente (*Customer*

Relationship Management, CRM), automação de marketing, Business Intelligence (BI) e BI preditiva.

- A *CPI-Lead-builders* desenvolve conceitos criativos para posicionar e reposicionar empresas e produtos. Ela planeja campanhas para geração de *leads* e defesa do cliente (*advocacy*), em alguns casos em colaboração com agências de publicidade ou empresas especialistas em design.

- A *CPI-Transformers* ajuda a transformar a cultura de empresas e criar um ambiente dinâmico de trabalho em que se possam aplicar conceitos da nova maneira de trabalhar, auxilia no recrutamento, na integração, no coaching e no treinamento de gerentes e equipes de vendas, marketing e atendimento ao cliente.

PREFÁCIO

Já lhe passou pela cabeça que você, quando faz um pedido pela Zalando, reserva um quarto pelo Airbnb ou busca uma encomenda na Coolblue, está agindo como um empregado sem remuneração em um modelo de negócio disruptivo?

Essas três empresas servem apenas como exemplo. Há um número cada vez maior de empresas aliando oferta e demanda de maneira igualmente inovadora. Todo mundo está interessado na forma com que elas estão modificando nossos ramos de atuação. Elas fazem isso revertendo a maioria das convenções existentes relacionadas à posse de bens de produção, ao uso da tecnologia e à definição de atividades empresariais. No entanto, seus modelos de negócio disruptivos também têm mais uma coisa em comum: eles permitem que os clientes façam a maior parte do trabalho. Tarefas, anteriormente assumidas por um dispendioso aparato de vendas, hoje são transferidas aos clientes.

Além disso, esses clientes ficam estimulados e encantados com a possibilidade de serem empoderados. Seu trabalho gratuito resulta em gratificações imediatas por meio de informações 24 horas por dia e 7 dias por semana, facilidade para fazer pedidos e rastreamento de serviços, e elas são altamente avaliadas pelo cliente empoderado do século 21.

As vendas disruptivas questionam todo o conhecimento existente sobre a área comercial e a utilização de pessoas e recursos em vendas, marketing e atendimento ao cliente. Dando um passo adiante, as vendas tradicionais parecem destinadas ao esquecimento nos anos futuros. Representantes, funcionários de *call center* e outros intermediários serão opcionais, se não totalmente desnecessários.

A Zalando, o Airbnb, a Coolblue e outras empresas disruptivas estão abrindo caminho e adotando novas abordagem em vendas. Seus exemplos rapidamente ganham terreno em empresas tradicionais e muitos setores. E isso é apenas o começo. Com a internet das coisas, a IoT, produtos e máquinas transmitirão informações sobre tudo o que for relevante para profissionais do marketing, e empresas de serviços basearão em inteligência artificial cada vez mais suas predições sobre o comportamento futuro do cliente. Predições que serão transformadas em ofertas e entregas automaticamente ativadas.

Vivemos numa era em que estamos mudando de um modelo de vendas baseado na posse para um novo, baseado no uso. Clientes compartilham entre si sua experiência com um produto ou um serviço e estabelecem redes paralelas de atendimento ao consumidor. Isso proporciona várias opções para empresas que querem reinventar drasticamente seu modelo de negócios. Em quase todos os casos, essas reflexões estão gerando organizações significativamente mais eficientes e voltadas ao cliente se comparadas ao modelo tradicional de vendas/marketing/atendimento.

Em todos os níveis, as expectativas do cliente estão aumentando em relação à disponibilidade de informações, ao acesso a serviços de atendimento, à velocidade de reação e ao prazo de entrega, também no B2B (*Business-to-business*). Empresas que não conseguem perceber isso – e não conseguem agir de acordo – podem contar que enfrentarão cada vez mais incompreensão da parte dos clientes. Portanto, já está mais que na hora de analisar criticamente sua própria empresa e seus modelos de relação comercial.

A boa notícia é que você pode conseguir muita coisa através do uso de softwares inteligentes e tecnologias acessíveis. Hoje, as pessoas olham de um jeito diferente para a própria carreira profissional. E a legislação trabalhista, em vários países, está cada vez mais focada no uso flexível de recursos humanos. Isso abre muito espaço para a criatividade.

Este livro o ajudará a colocar suas transformações em prática. Ele dá a você uma estrutura precisa e orientações práticas que lhe permitirão começar imediatamente. Eu lhe direi quais tecnologias e softwares podem ajudá-lo. Mas atenção: não espere resolver todos os problemas só com tecnologia.

Conceitos bem-sucedidos de vendas disruptivas terão como base a combinação certa de uma série de fatores. Isso inclui saber o que motiva seus clientes, uma proposta de valor correspondente, estruturas e processos organizacionais apropriados e a cultura correta. Isso garante que cada contato com sua empresa contribua para uma *defesa do cliente* maior. O objetivo final é deixar os clientes satisfeitos, permitindo-lhes trabalhar em conjunto com sua empresa de uma forma compensatória. Como consequência, eles contarão sobre isso a outras pessoas.

É importante que você sempre tenha em mente a viabilidade financeira de suas operações. Por esse motivo, uma atenção considerável será dedicada a questões como o custo de vendas e o custo do serviço. O retorno sobre o investimento em marketing – *Return on Marketing Investment*, ROMI – sempre estará em nossos pensamentos.

A tecnologia continuará evoluindo. Todos os anos, em janeiro, a imprensa e outros canais midiáticos dão um panorama das últimas criações de ponta apresentados no Consumer Electronics Show em Las Vegas. Isso dá uma ideia da velocidade com que novas tecnologias podem ser transformadas em soluções aproveitáveis em praticamente todas as áreas concebíveis: de guarda-roupas que limpam e passam automaticamente suas roupas a robôs capazes de substituir a recepcionista de sua empresa.

As empresas precisam aceitar que hoje as mudanças são uma constante na vida corporativa. Consequentemente, não basta questionar seu modelo de negócio em uma única ocasião, na esperança de poder continuar com ele nos próximos dez ou quinze anos. As realidades do mercado e as demandas de seus clientes garantirão que você precise reavaliá-lo constantemente. As práticas mais bacanas em termos de serviços e interação com os clientes serão determinadas pelas iniciativas dos disruptivos convencionais, como Bol.com e Amazon. Você terá poucas opções além de se ajustar e acompanhar – mesmo se for ativo em B2B ou bens de capital industrializados.

O que você precisa é de uma mentalidade, uma organização e uma série de procedimentos que lhe permitirão uma resposta flexível aos nossos desenvolvimentos tecnológicos e às expectativas dos clientes, as quais estão sempre mudando. Fazer as escolhas tecnológicas certas é crucial. Mas também é importante ter a cultura e o dinamismo certos dentro da empresa.

Gostaria de compartilhar com você como nós, da CPI, auxiliamos companhias a renovar radicalmente suas áreas de vendas e propostas de valor, além de ajudá-las a permanecer competitivas. Não importa se estamos falando de serviços financeiros, matérias-primas, fabricação de máquinas, bebidas alcoólicas, cosméticos, chocolate, contabilidade ou seguros. Nos últimos anos, tivemos sucesso em aplicar em cada um desses setores os princípios contidos neste livro.

É igualmente gratificante poder informar, não sem um certo orgulho, que as ideias e as práticas desenvolvidas aqui, na Antuérpia, aos poucos estão abrindo caminho em diretorias por toda a Europa. Com nosso método de vendas disruptivas, elaboramos um sistema que pode ser usado de maneira universal e em escala internacional. O propósito é gerar valor para empresas e seus clientes. O conceito geral de venda disruptiva tem como base o aprimoramento radical da eficiência, conectado a uma melhoria também radical nas condições favoráveis ao cliente.

Formas tradicionais de vendas vão se tornar a exceção. A função do marketing mudará do branding para a geração de *leads* qualificados e o desenvolvimento de defensores de marca. O atendimento ao cliente será o polo da gestão relacional. Levando isso à sua conclusão lógica, os perfis tradicionais do profissional de marketing, do vendedor e do pessoal de atendimento ao cliente serão colocados em xeque. Isso significa que será necessário treinar esses profissionais de um modo diferente.

Neste livro, direi a você como apresentar o conceito de vendas disruptivas em sua empresa. Mostrarei qual impacto isso terá em seus clientes, sua tecnologia e suas estruturas organizacionais. Explicarei como sua área de vendas pode continuar a gerar valor para seus clientes antes, durante e depois de cada interação. Demonstrarei com precisão o que envolve a automação de marketing. Disponibilizarei uma série de pontos de apoio que permitirão a você fazer a escolha correta em meio a uma ampla seleção de ferramentas de marketing disponíveis no mercado. Discutirei não somente a transformação do processo de vendas, mas também a remodelagem de sua estrutura operacional e maneira de liderar, com base em objetivos e acordos relacionados a resultados-chave.

Dessa forma, elaborarei um projeto para uma nova área de vendas que oferecerá a seus clientes uma experiência autêntica, respeitosa e valiosa. Para deixar as coisas bem nítidas, ilustrarei com modelos e exemplos cada aspecto do processo de mudança.

Espero que os conceitos expostos neste livro encontrem mais tarde um caminho em sua empresa e em sua equipe de gestão e pessoal. Também espero que eles possam ser uma fonte de inspiração pessoal para o desenvolvimento de sua própria carreira.

Para as evoluções mais recentes, consulte meu blog – disruptive-selling.eu –, no qual posto atualizações regulares e apresentações relacionadas a vendas, marketing e atendimento ao cliente, bem como pesquisas, métricas e assuntos de tecnologia.

Desejo a você uma leitura proveitosa e informativa!

Patrick Maes

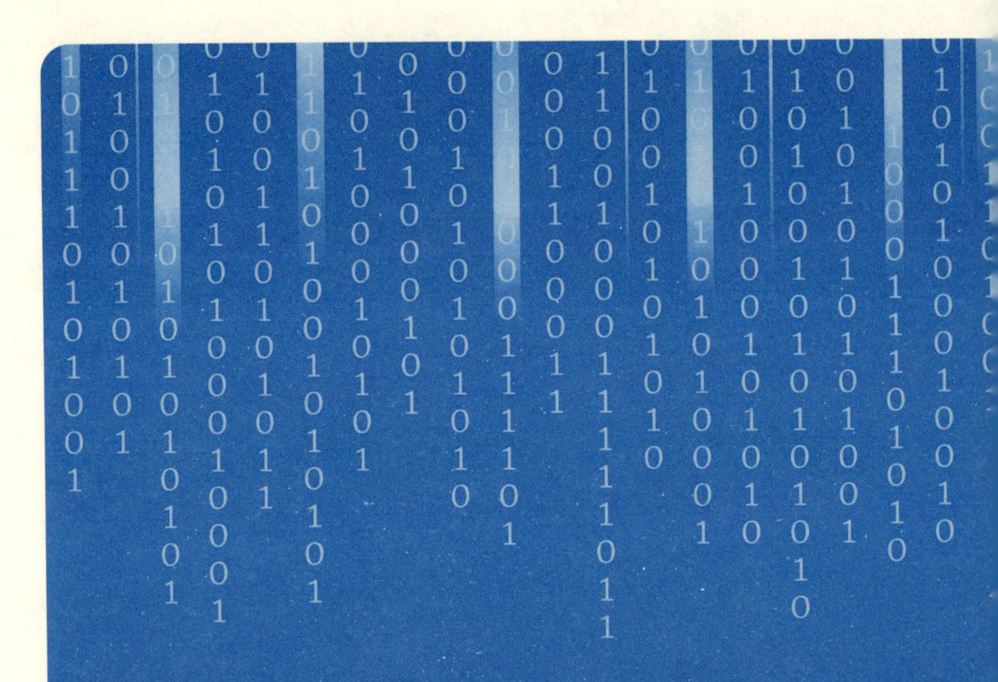

PARTE 1

O fim do mundo como o conhecemos

Introdução às vendas disruptivas: comece do zero

▶ HISTÓRIAS E EXEMPLOS DA VIDA REAL

Com uma folha de papel em branco, você começa do zero. E é o que precisa fazer – começar do zero. Por quê? Porque os clientes estão constantemente mudando os limites das próprias expectativas. É possível ver exemplos disso por toda parte. Começamos com uma história extraída da vida real e um exemplo de uma empresa à qual seria bem aconselhável fazer um exercício do zero, para ver o que pode fazer melhor.

▶ A FOTOCOPIADORA

Uma copiadora. Você tem uma dessas em casa? Você sabe do que estou falando. Uma copiadora grande, completa e multifuncional, que pode ser usada para imprimir, copiar, escanear, classificar, empacotar, dobrar, grampear, perfurar e enviar por fax (outra relíquia do passado!) grandes quantidades de papel. Tenho uma no escritório. Ela me proporcionou alguns momentos difíceis, mas agora me deu inspiração para este capítulo.

Deixe-me contar uma história. Alguns anos atrás, meu então gerente administrativo assinou um contrato com o fornecedor da copiadora. Todo escritório precisa de uma, e o nosso não era diferente. O gerente fez um estudo prévio, cujo elemento principal foi comparar preços: quanto ela custaria e o quê, exatamente, nos proporcionaria em termos de copiadora, papel, toner etc.

Finalmente, ele escolheu uma firma especializada, ativa em Benelux e famosa pelo suporte técnico de primeira linha. Entre outras coisas, o contrato estipulava quanto papel usaríamos por mês, tanto para imprimir como para copiar. Com base no número de pessoas no escritório e na quantidade de projetos em andamento, a previsão era usar cerca de dez mil folhas de papel por mês.

Figura 0.3 **Nossa copiadora: uma fonte de inspiração para este capítulo**

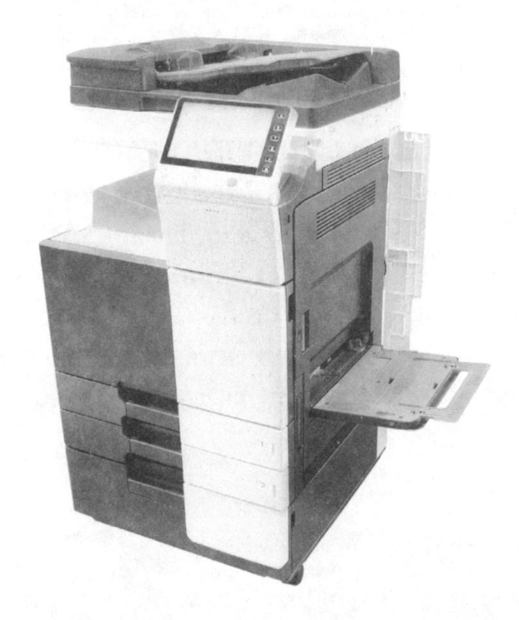

Essa era a quantia escrita no contrato. O fornecedor concordou em enviar um técnico de manutenção a intervalos fixos e a nos fornecer papel e tinta com antecedência. Até aí, tudo bem. No mundo dos contratos, o comprador e o fornecedor estão ligados um ao outro. Uma vez que o contrato é assinado, as condições que gerem o relacionamento se tornam permanentes. Os termos do contrato determinam quais bens ou serviços serão fornecidos e seu valor. E, num contexto B2B, não é incomum que contratos desse tipo durem cinco anos. Mas e se as circunstâncias mudam? E se sua empresa se reposiciona após um ano do contrato? Ou, então, e se você quer introduzir um escritório que não use papel, por razões ambientais? Afinal, todos sabem que um certo nível de flexibilidade é importante – e o meio-ambiente também é!

Foi exatamente isso que aconteceu com nossa empresa. Decidi passar por uma reorganização significativa, para que o escritório sem papel e uma nova maneira de trabalhar pudessem ser introduzidos na CPI. Porém, isso significava que, em vez de 10 mil folhas por mês, eu precisava de, no máximo, somente mil. Mas a copiadora continuava custando os mesmos € 600 por mês. Só que eu não tinha a menor ideia de quanto estava pagando exatamente por cada item do contrato: o aluguel da máquina, o uso do toner, o uso de papel, a manutenção etc.

Se não estou usando demais o toner, o fornecedor não precisa entregá-lo – ou, ao menos, era o que eu pensava. Da mesma forma, uma máquina que produz apenas 12 mil cópias por ano certamente exige menos manutenção que uma que imprime 120 mil cópias. Nessas circunstâncias, parecia razoável pedir ao fornecedor que alterasse meu contrato. Entrei em contato com eles e disse que ficaria contente em manter nossa copiadora atual, um equipamento enorme, durante o restante do período do contrato. Mas pedi que as condições de funcionamento e o custo mensal fossem readequados, para refletirem a nova situação.

A resposta a essa solicitação razoável foi tudo, menos razoável. "Lamento, um contrato é um contrato. Apenas veja como as coisas se desenrolam nos próximos meses. Se decidir, no fim do período, que ainda assim não quer a máquina, nós a retiraremos para você, mas consideraremos os pagamentos dos meses restantes como uma compensação por romper o contrato antecipadamente."

Após várias conversas telefônicas longas e não muito eficazes, finalmente recebi uma visita de um dos representantes de vendas do fornecedor. Com um sorriso no rosto, ele me disse que tinha uma solução que me pouparia muito dinheiro por mês. Em vez de alugar a máquina por € 600 mensais, dali em diante só pediriam que eu pagasse € 450 por mês. Já era alguma coisa – mas ainda tínhamos uma máquina grande demais para as nossas necessidades e que nos fazia pagar muito pelo uso reduzido que tínhamos agora.

Como um cliente antenado, nesse meio-tempo fiz algumas pesquisas na internet por conta própria. Das várias ofertas on-line que recebi, ficou evidente que o preço básico para alugar uma copiadora (para uso exclusivo) era cerca de € 150.

Ainda assim, para evitar desperdiçar ainda mais tempo e esforço, decidi reduzir meu prejuízo e aceitei a oferta feita pelo representante. Imagine meu espanto quando li o novo contrato e descobri que sua duração aumentara de 60 para 84 meses! No fim das contas, eu acabaria pagando a mesma quantia de dinheiro e seria forçado a ficar com a "monstrocopiadora" gigantesca por mais dois anos!

Dizer que não fiquei feliz é um eufemismo. Fiquei indignado. Descarreguei minha insatisfação no representante de vendas, mas ele disse que tinha outra ideia brilhante que ajudaria a resolver nosso problema em comum: se eu prometesse lhe passar dois ou três novos clientes, ele "acertaria as coisas" com o chefe dele. Essa "proposta" – feita sem um pingo de vergonha na cara – me deixou ainda mais furioso. Disse ao representante que nunca mais queria vê-lo de novo na minha empresa e que esperava que a copiadora fosse retirada o quanto antes.

É mais fácil falar do que fazer, contudo, nas próximas semanas não ouvi mais nada. Então, um dia recebi um recado na minha caixa postal de uma senhora de voz agradável com forte sotaque holandês. Ela trabalhava para a empresa fornecedora e gostaria de falar comigo. Ela fora informada sobre o nosso "problema" e gostaria de sugerir outra solução. Com mais esperança e menos expectativas, peguei o telefone e teclei o número dela. Era um sistema de resposta automática. "Atualmente, há quatro chamadas antes da sua para serem atendidas. Por favor, aguarde na linha." Então, esperei. E esperei. E esperei. Após um tempo, decidi que era melhor tentar de novo mais tarde.

"Atualmente, há duas chamadas antes da sua para serem atendidas. Por favor, aguarde na linha." Melhor duas que quatro, então fiz o que pediram. Depois do que pareceu uma eternidade, finalmente fui atendido por uma pessoa de verdade do outro lado da linha. Expliquei minha situação, que alguém da companhia havia telefonado e agora eu estava retornando a ligação. "Lamento, senhor", disse ela, com educação, "mas não sei do que está falando. Mas se for importante, tenho certeza de que ligarão de volta. Tchau, tenha um bom dia." Então, ela desligou!

Finalmente, a senhora de voz agradável – seu nome era Barbara – ligou de volta para mim e, por fim, chegamos a uma solução boa para ambos. Concordei em pagar € 235 por mês até o fim do aluguel, e em troca eles me ofereceram um preço razoável para levar a máquina embora. Porém, enquanto eu negociava, continuei a receber e-mails ameaçadores dos colegas dela de outros setores da organização sobre as faturas do contrato original que eu estava me recusando a pagar.

Vou poupá-lo dos detalhes dos problemas que tivemos para que o contrato fosse realmente assinado. Um documento com uma série de caixas minúsculas e textos igualmente minúsculos que precisavam ser preenchidos pelo cliente (eu) e que perguntavam todo tipo de informações pessoais irrelevantes – praticamente qual era minha cor favorita e o número que eu calçava!

A esta altura, provavelmente você deve ter adivinhado que essa empresa *não* é um modelo de vendas disruptivas.

Não é, simplesmente, que eles ignorem a possível existência de clientes bem-informados e empoderados. Eles também não têm um sistema decente de gestão de relacionamento com o cliente (CRM, na sigla em inglês) que informe o que ficou acordado com os clientes, quando, onde e como. Quanto às estratégias de vendas, parecem um retorno aos anos 1980 – os velhos dias ruins, quando "ganância era bom". Já que a jornada do cliente nessa empresa (e muitas outras do tipo) atualmente tem todo o conforto de um passeio de camelo e a previsibilidade de um jogo de roleta-russa, um bom conselho para a gerência seria mapear e revisar as diferentes etapas dessa jornada, a fim de verificar se as coisas podem ficar mais simples, mais transparentes e mais divertidas. Não deve ser difícil...

O pior de tudo é que essa empresa não é, de forma alguma, exceção. Um sem-número de companhias, grandes e pequenas, ainda abordam vendas, relações com clientes e foco no cliente de uma perspectiva ultrapassada e, inclusive, contraproducente. Os clientes são "caçados". E, uma vez capturados, são mantidos prisioneiros até lhes arrancarem todo o sangue. Cada solicitação do cliente em alterar essa relação é vista com suspeita e/ou resistência, quase como uma questão de princípios. Afinal, qual caçador espera que seus troféus de caça bem montados comecem a argumentar sobre a ética da caça ou sua posição na parede?

> O novo cliente está sempre certo. Mesmo que o contrato diga que está errado.

Se a empresa não encontra um novo esquema que combine com o cliente – e rápido –, a consequente discussão continuará nas mídias sociais. Isso deve ser evitado. Cada post negativo pode ter um efeito potencialmente nocivo em possíveis novos clientes. Assim, posts negativos que arrastam uma empresa para a lama podem custar, no fim, muito mais que simplesmente dar ao cliente o que ele quer – ou, ao menos, chegar a um acordo razoável.

▸ DEVOLUÇÕES

Durante um de nossos projetos com a CPI, comparamos quanto custaria investigar adequadamente cada item devolvido com o custo de simplesmente substituir cada artigo devolvido sem mais perguntas. Qual das duas opções você acredita que seja a mais barata? Adivinhou! Dissolva sua política de devoluções e introduza uma política de devoluções "sem perguntas". Não é apenas mais barato, mas também causa impacto positivo na satisfação do cliente.

Como resultado, a empresa em questão não somente vivenciou um rápido crescimento nas vendas a clientes já existentes, mas também achou que atrair novos ficou mais fácil.

> Qual das duas opções você acredita que seja a mais barata? Adivinhou! Dissolva sua política de devoluções e introduza uma política de devoluções "sem perguntas".

Pesquisas com clientes indicaram que o nível de confiança dispensado pela empresa aos seus clientes era um motivo importante para estes comprarem com elas, e não com uma das concorrentes.

Evidentemente, isso não significa que não é mais necessário analisar as devoluções. Nesse caso particular, decidimos processá-las com base em três categorias diferentes:

1. "a culpa é da empresa";
2. "a culpa é do cliente";
3. "a culpa é da falha de comunicação".

Há relativamente poucos exemplos de "erro da empresa" e de "erro do cliente". De longe, a maior proporção das devoluções foi atribuída a falhas de comunicação.

Isso nos levou a vincular as devoluções aos perfis dos clientes no CRM, a fim de verificar se algum padrão específico começou a surgir. Foi revelado que a maioria das devoluções vinha de clientes menores, que não possuíam o software adequado para fazer os pedidos on-line (materiais e sistemas de fixação para cortinas). Eles tinham de usar descrições verbais e anotações a mão das especificações (muitas vezes complexas). Era aqui que as coisas estavam dando errado. Decidimos fornecer a esses clientes menores uma nova ferramenta. Isso possibilitou enviar pedidos precisos, com as dimensões certas e todas as informações adicionais necessárias – por computador ou papel. A quantidade de devoluções foi reduzida drasticamente.

O serviço de atendimento ao cliente da empresa e os departamentos de marketing foram mobilizados para ajudar a convencer os clientes menores a usar essa ferramenta nova. A esmagadora maioria dos clientes se dispôs a responder favoravelmente à mudança proposta nas práticas de trabalho. Isso se deveu em grande parte à confiança que já havia sido construída como resultado da política de devoluções "sem fazer perguntas".

Não é preciso dizer que toda essa operação teve um efeito dramático nos níveis de eficiência da empresa. A equipe de vendas não tinha mais que visitar clientes insatisfeitos para explicar por que suas devoluções estavam sendo recusadas. O atendimento ao cliente gastava menos tempo tentando decifrar pedidos e rascunhos quase ininteligíveis. A energia negativa que anteriormente vinha sendo gasta questionando mercadorias devolvidas foi transformada em energia positiva. Isso levou a uma relação profissional muito melhor entre equipe satisfeita e clientes satisfeitos.

Disrupção – compreendendo a nova forma de vender

As vendas disruptivas levam o marketing, as vendas e o atendimento ao cliente a uma nova era. Este capítulo explicará o porquê. Com sorte, ele ajudará você a se acostumar com a ideia. Então, pegue aquela folha em branco e vamos começar.

▸ ALGUMAS PERGUNTAS IMPORTANTES

Você tem o costume de fazer uma pausa para analisar a eficiência da sua área de vendas? Frequentemente, o menor indício de uma possível venda é o bastante para enviar um representante porta afora do escritório, na esperança de fisgar um novo cliente. Mas o número de visitas que um representante consegue fazer por dia é limitado.

Pesquisas também têm revelado que clientes demonstram cada vez menos interesse pela clássica visita à moda antiga por um representante da empresa.[1] Cada vez mais eles consideram essas visitas ou uma perda de seu tempo precioso ou um exemplo da tentativa do fornecedor de pressioná-los a comprar. Por que, perguntam eles, esse tipo de coisa não pode ocorrer virtualmente hoje em dia?

A maioria das empresas só deseja ver um representante quando isso é absolutamente essencial e do interesse delas. Seu novo lema é: "não nos ligue; ligaremos para você!". Como você administra o relacionamento com seus clientes? Você sabe o que cada cliente particular valoriza? Sabe quando estão prontos para fazer uma compra? Sabe o que cada um quer ouvir e ler? Sabe se eles planejam continuar clientes ou se estão analisando mudar para a concorrência? Você está monitorando o que as pessoas dizem na internet sobre seus produtos e sua empresa? E o que você faz com todas essas informações?

Muitas vezes, diz-se que os clientes estão fazendo exigências ainda maiores aos fornecedores. É verdade. Clientes modernos decidem o que é, e quando isso é, valioso. Se um cliente está insatisfeito ou se sente manipulado, ele não tem mais medo de contar sua história para o mundo. Resumindo, são os clientes exigentes, com seu alto nível de expectativas inconstantes, que hoje guiam e dominam a dinâmica do processo de vendas. Criar valor para o cliente no mercado atual significa criar valor desde o momento em que um primeiro *lead* em potencial demonstra interesse por uma possível compra. E continua por muito tempo depois que a venda foi finalizada.

▶ DANDO A PARTIDA

Levando em conta esse cenário de vendas volátil, é um alívio saber que hoje existe a tecnologia de marketing para acompanhar o que seus clientes estão pensando sete dias por semana. Como consequência, você pode obter *insights* sobre o que eles querem, do que precisam e o que se pode fazer para atendê-los.

Este livro dirá a você como implementar essa nova tecnologia de marketing e como fazer o melhor uso de todas as suas várias possibilidades. Acredite, você ficará maravilhado. Além disso, graças a essa nova tecnologia você terá uma oportunidade única para aumentar tanto sua eficiência comercial quanto os níveis de satisfação do cliente.

Tudo começa com o mapeamento da jornada do cliente. Isso significa observar todas as diferentes experiências pelas quais seus clientes passam, desde o primeiro instante em que conhecem seu produto até o momento em que consideram repetir a compra. Com esse mapa em mãos, você pode identificar e eliminar possíveis obstáculos, aumentando consideravelmente, portanto, a facilidade e a eficiência da jornada. Essa jornada do cliente é o fator-guia para remodelar seu processo de vendas. Ela também molda a introdução de novas tecnologias de vendas, como automação de marketing, monitoramento de redes sociais e gestão do relacionamento com o cliente (CRM).

A tecnologia de marketing lhe permite otimizar continuamente o valor da experiência de seu cliente. Cada cliente deixa uma pegada digital capaz de dizer a seu departamento de vendas muita coisa sobre necessidades e intenções de compra. Graças à automação de marketing, hoje é relativamente fácil monitorar essa linguagem corporal virtual, o que permite que seus sistemas de vendas, marketing e pós-vendas sejam ajustados em tempo real. Através da internet das coisas, produtos e dispositivos *smart* logo estarão on-line, equipados com a telemetria mais recente e endereço IP. Isso possibilitará registrar ainda mais informações cruciais para refinar posteriormente seus *insights* sobre o ciclo de vendas.

▸ NOVOS *INSIGHTS*

Usando todos estes *insights* em um método de vendas totalmente automatizado ou trabalhando com um método combinado envolvendo o uso tanto de máquinas como de pessoas, você pode obter níveis de hiperpersonalização e eficiência comercial inimagináveis no passado.

Quando alimentadas com as informações certas, ferramentas modernas de automação podem segmentar profundamente o mercado e seu portfólio de clientes. Isso possibilita abordar individualmente cada cliente com um pacote de serviços sob medida. Dessa forma, uma boa automação poupa tempo e dinheiro e, como resultado, libera recursos que podem ser usados para aprimorar o atendimento ao cliente e/ou para fazer o *upselling* e *cross-selling*.

Além do mais, tudo isso é obtido de uma forma muito mais direcionada, muito mais eficiente e muito mais barata. Foi-se o tempo em que o uso clássico do CRM para elaborar relatórios de visitas e uma agenda de planejamento semanal era considerada a última palavra em tecnologia comercial. Esses novos aprimoramentos dão à equipe de vendas mais espaço para focar esses momentos no processo de vendas, quando seu conhecimento e sua experiência podem ser usados da melhor maneira.

Assim, você pode construir um sistema de marketing que entenda melhor o que seus clientes querem e que o coloque em melhores condições para fornecer isso com mais rapidez, eficiência e por um preço menor. Isso é algo que um representante de vendas, não importa o quanto seja bom, nunca pode ter esperanças de conseguir.

O resultado final é que você cortará custos e aumentará os lucros, e ao mesmo tempo deixará seus clientes mais satisfeitos do que nunca. Custos menores, resultados melhores e clientes mais satisfeitos: eis o estimulante paradoxo das vendas disruptivas.

Custos menores, resultados melhores e clientes mais satisfeitos: eis o estimulante paradoxo das vendas disruptivas.

As vendas disruptivas estão levando o marketing, as vendas e o atendimento ao cliente para uma nova era. É um novo método de vendas, em que o cliente assume a liderança em um processo de vendas amplamente automatizado. A introdução das vendas disruptivas significa consequentemente que a área de vendas da sua empresa precisará ser reestruturada de cima a baixo.

Todos os melhores exemplos dessa nova forma de fazer negócios, da Amazon à Zalando, dependem intensamente de vendas disruptivas para ter êxito. Nessas empresas, muitas tarefas que eram tradicionalmente feitas por equipes de vendas, marketing e departamentos de atendimento ao cliente agora foram substituídas por sistemas automatizados.

Estou convencido de que outras empresas que remodelaram suas operações comerciais adotando esse novo método de vendas, marketing e atendimento ao cliente ganharão uma imensa vantagem competitiva. Empresas que reagem tarde demais logo se encontrarão ultrapassadas pelas rivais mais visionárias. E, uma vez que estiverem para trás, descobrirão que é bem difícil recuperar o tempo perdido.[2]

As vendas disruptivas exigem começar com uma folha de papel em branco.

Algumas Pequenas e Medias Empresas (PMEs) hesitam antes de introduzir mudanças radicais em seus métodos de negócios. Elas não conseguem apreciar por inteiro as oportunidades que uma reorganização das vendas e das operações de marketing pode proporcionar. Em parte, porque superestimam o custo da transformação, sobretudo da tecnologia envolvida.

Uma empresa não precisa ser grande para deixar sua marca no cenário de vendas. Pelo contrário, uma mentalidade de principiante é uma verdadeira vantagem. A tecnologia necessária, modelos organizacionais e exemplos de negócios estão à total disposição para ajudar as empresas a abrir caminho. Em particular, a tecnologia nunca foi tão barata ou tão simples de ser implementada. Lembre-se de que o Google e a Amazon começaram com estruturas de pequeno porte. Mas se quiser seguir o exemplo delas, você precisará reinventar seu ciclo de vendas do zero. As vendas disruptivas exigem começar com uma folha de papel em branco.

Para evitar confusões futuras, a esta altura talvez seja útil definir com transparência os seguintes termos-chave: automação de marketing, vendas disruptivas e CRM.

▸ AUTOMAÇÃO DE MARKETING

Automação de marketing é uma tecnologia que possibilita acompanhar as atividades de seus clientes em tempo real, 24/7. Você pode monitorar as informações que eles visualizam em seu site, o tempo que passam nele, o que estão e o que não estão comprando, a maneira como interagem com a sua área de atendimento ao cliente, o que fazem com e-mails e blogs etc.

Cada ponto de contato que o cliente faz com uma empresa fornece informações passíveis de análise e uso. Às vezes, o cliente disponibiliza essas informações de maneira consciente. Outras vezes não, deixando para trás, sem saber, rastros de sua presença na internet. No mundo da chamada internet das coisas, ainda mais informações extras serão geradas e reunidas pelos sensores contidos em produtos *smart* que o cliente usa.

A automação de marketing também possibilita que todas essas informações se conectem com uma série de respostas automáticas. Isso aciona gatilhos que permitirão à sua organização agir rápido quando *leads* são identificados e maximizam vendas recorrentes de clientes já existentes. Dessa forma, a experiência do cliente é personalizada em tempo real, 24 horas por dia, 7 dias por semana.

Essa é uma façanha além da capacidade de equipes humanas. Só se tornou possível porque a tecnologia de marketing agora consegue analisar os dados futuros automaticamente e com velocidade. Esses dados se transformam em conhecimento aprofundado que pode ser compartilhados em níveis diferentes por toda a empresa. Esse conhecimento compartilhado é então usado para desenvolver novas iniciativas, que podem ser geradas de forma automática ou pelo pessoal da área de vendas.

▸ VENDAS DISRUPTIVAS

Vendas disruptivas significam que o processo de vendas de uma empresa faz uso de cada recurso tecnológico disponível para responder com a maior eficiência possível às necessidades do novo cliente. A tecnologia impulsiona o processo. O impacto das vendas disruptivas exigirá mudanças fundamentais em seu método de vendas. Isso envolverá o desaparecimento dos vínculos atuais entre vendas, marketing e atendimento ao cliente, para que o processo de vendas possa ser administrado como um todo integrado, o que significa interagir continuamente com os clientes, do instante em que eles ficam sabendo sobre seu produto até o momento em que consideram repetir a compra.

O objetivo é mimar o cliente a ponto de ele ficar motivado a comprar, tornando-se efetivamente seu próprio vendedor, e você, o gerente de vendas.

Há muitas definições diferentes para o termo "disruptivo". Entendemos que ele significa a redefinição radical do vínculo crucial entre clientes e propostas de valor sem o entrave de estruturas e convenções existentes e com uso maximizado de ferramentas tecnológicas disponíveis, respaldada pela implementação inteligente de pessoas e outros recursos. A disrupção possibilita fazer coisas que as pessoas não conseguem fazer sozinhas.

Assim como o modelo de negócios disruptivo da Uber não utiliza seus próprios táxis, é perfeitamente possível que no futuro você venha a gerar um faturamento maior com uma equipe menor – ou, talvez, sem equipe alguma. Além disso, pelo fato de as tecnologias relevantes geralmente serem encontradas na nuvem, não é preciso possuí-las ou desenvolvê-las. Isso revolucionará os modelos tradicionais de vendas do passado, permitindo uma resposta mais flexível e customizada aos padrões mutáveis da expectativa do cliente.

Um processo de vendas que faz uso de automação de marketing – especialmente em combinação com *big data* e internet das coisas – inevitavelmente será disruptivo.

Vendas disruptivas são um processo de autorreforço. Ao reunir e analisar mais informações para fornecer informações customizadas a seus clientes e à sua própria área de vendas, automaticamente sua empresa ficará melhor no que faz.

As vendas disruptivas possibilitam fazer a mesma quantidade de trabalho com menos pessoas. Elas também lhe permitem usar seus recursos humanos escassos e caros onde e quando forem mais necessários. Como resultado, gera-se maior faturamento, e a automação da aquisição e dos processos de entrega de valor significa que os custos serão bastante reduzidos.

Vendas disruptivas são um processo de autorreforço. Ao reunir e analisar mais informações para fornecer informações customizadas a seus clientes e à sua própria área de vendas, automaticamente sua empresa ficará melhor no que faz.

▶ CRM

Gestão do relacionamento com o cliente ou, em inglês, *Customer Relationship Management* (CRM), como diz o nome, é uma ferramenta que lhe permite gerenciar e acompanhar sua relação com os clientes. O CRM possibilita catalogar habilmente todos os seus clientes particulares em tipologias ou segmentos, a fim de que você possa planejar, implementar e monitorar as várias interações com eles.

O CRM começou como uma base de dados relacional, mas foi sistematicamente desenvolvido para se tornar um facilitador no processo de vendas. O CRM faz perguntas. Faz sugestões sobre possíveis iniciativas de vendas. Garante que todos os setores da empresa abordem o cliente ou potencial cliente como parte de uma entidade única (a empresa), em vez de uma série de unidades individuais (vendas, marketing etc.).

Infelizmente, o CRM tem uma reputação ruim em algumas empresas. Isso porque os pacotes antigos de CRM tinham como base o ângulo errado de abordagem. Em primeiro lugar, eles foram desenvolvidos como projetos de TI, com pouca compreensão real do processo de vendas e o objetivo bastante limitado de fornecer às equipes de vendas uma lista de coisas a fazer todos os dias. As interfaces não eram próprias para clientes, e muitas vezes era possível consultar informações apenas contatando servidores que nem sempre estavam prontamente disponíveis.

Em contraste, sistemas atuais de CRM são rápidos, fáceis e até divertidos de usar, e podem se conectar a todos os dispositivos eletrônicos padrão. A implementação desses novos sistemas se baseia num conhecimento profundo dos processos atuais de vendas e marketing. Quando você escolhe um sistema, o valor agregado dos *insights* que ele oferece a seus usuários nos termos desses processos deve ser o critério-chave – não o nível de controle que proporciona ou a quantidade de relatórios que produz.

Hoje em dia, o CRM é amplamente baseado na nuvem, e há inúmeras opções com uma vasta gama de diferentes possibilidades, interfaces e preços.

▸ OUTRAS FERRAMENTAS

Figura 1.1 Monitoramento das redes sociais

FONTE: ©CPI-Consulting

Antes de você embarcar em nosso projeto de vendas disruptivas, também será útil ter uma quantidade de outras ferramentas à disposição. Elas incluem não somente as chamadas ferramentas de escuta social – sistemas que lhe permitem acompanhar tudo o que é dito sobre sua empresa nas redes sociais em tempo real –, mas também ferramentas de comunicação interna, como o Yammer, o Slack e o Yamla.

Você também precisará de ferramentas de conceito organizacionais e de gerenciamento, como o Objectives and Key Results (OKR).* Essas ferramentas permitirão que os conceitos novos sejam introduzidos em sua empresa de forma harmoniosa e eficiente. Você pode comprar essas ferramentas para si ou fazer com que sejam instaladas por empresas especializadas, como a CPI.

Muitos dos exemplos deste livro são extraídos de sites. Porém, nesse contexto o conceito de um site deve ser interpretado num sentido amplo. Vários *apps* e outros canais digitais também estão envolvidos. A "appficação" generalizada da jornada do cliente está ganhando terreno rapidamente, e logo será o padrão para a maioria das empresas. Isso abre espaço para o desenvolvimento de um novo ramo da automação de marketing para rastrear o uso de *apps* diferentes.

Atualmente, até o Vaticano tem seu próprio *app* – o Patrum – que lhe permite fazer um passeio virtual pelo Museu do Vaticano. Em nosso mundo louco por apps, não vai demorar muito para as empresas serem forçadas a considerar o uso do *mobile marketing*, ou marketing móvel, como parte integral de sua abordagem comercial global.

▸ NOTAS

[1] MAES, Patrick. Turn Opportunity into Sales Results. *CPI-Consulting*, 2014.

[2] MAES, 2014.

* Sistema de definição de metas utilizado pelo Google e por outras empresas. A abordagem cria alinhamento e engajamento em torno de metas mensuráveis. (N. T.)

Criando conexões com o novo cliente por meio de vendas disruptivas

O novo cliente é crítico, e espera coisas novas e diferentes, assim como profissionais do mercado B2B. É o cliente quem lidera o processo de vendas.

▸ COMPORTAMENTO DE IMITAÇÃO

Leia qualquer blog ou livro recente sobre comportamento do consumidor e todos confirmarão que os clientes de hoje estão mais bem-informados do que nunca. Isso pouco surpreende: o cliente *mobile* de hoje tem acesso 24/7 a uma vasta quantidade de informações – e faz uso dela.

Os índices relevantes na pesquisa variam a esse respeito, dependendo do produto na lista de desejos do cliente. Mesmo assim, ainda podemos concluir que ao menos 75% dos potenciais clientes primeiro visualizam on-line as informações sobre o produto que escolheram antes de sequer cogitarem contatar um ponto de venda. Na verdade, o cliente de hoje muitas vezes é mais bem-informado que a própria equipe de vendas!

Nessas circunstâncias, a mensagem é nítida: como fornecedor, você não pode mais obrigar o cliente a continuar escolhendo sua empresa. Ele fará as próprias escolhas. Vida longa ao cliente livre! Vários estudos têm demonstrado que os clientes completam entre 30% e 70% de sua jornada antes de fazerem escolhas reais de fato. Fornecedores que não conseguem fazer essa jornada com o cliente terão poucas chances de obter um novo pedido.[1]

75% dos potenciais clientes primeiro visualizam on-line as informações sobre o produto que escolheram antes de sequer cogitarem contatar um ponto de venda.

O cliente moderno está em busca de novos valores e uma nova experiência de compra. Não se trata mais de simplesmente fornecer um produto ou um serviço perfeito. Seus concorrentes também estão fazendo isso. Da mesma maneira, as novas formas de tecnologia estão prontamente disponíveis para todos, portanto, só tecnologia pode não fazer a diferença.

Como consequência, a história das vendas não está mais exclusivamente relacionada ao que você oferece ao cliente em termos materiais. Os atributos mais "complementares" da sua proposta de valor, inclusive o serviço ao cliente, muitas vezes são a única maneira de se diferenciar dos concorrentes. Cada vez mais, clientes tendem a escolher produtos e serviços com base nesse valor extra. Em pouco tempo, o serviço ao cliente no B2B será mais importante que o preço ou o produto na luta para destacar a sua empresa da concorrência.[2]

O cliente quer fazer parte do processo, a fim de poder montar o próprio pacote "feito sob medida", com benefícios materiais e não materiais – não apenas no momento da venda, mas desde o primeiríssimo instante em que começa a reunir informações sobre o produto ou serviço, e durante todo o processo de compra e uso. O cliente assumiu a liderança do processo de vendas – e não tem a menor intenção de renunciar a ela.

Logo, a jornada do cliente contemporâneo envolve muito mais que uma compra direta de um produto ou serviço. Ela também tem a ver com a maneira com que um serviço é disponibilizado ou um produto é mantido; com a forma como a empresa lida com problemas e discussões; com o modo com o qual o cliente se conecta à empresa fornecedora e aos seus outros clientes. Resumindo, tem a ver com estar genuinamente orientada ao cliente.

Esse novo processo de vendas também exige uma nova maneira de vender. Na verdade, vendas são coisas do passado. Agora, estamos na era do "*selping*", uma combinação de vendas (*selling*) e ajuda (*helping*)[3] – ou, como descrevemos na CPI: "Inspirar, Encantar e Manter".

As expectativas mínimas do cliente são determinadas pelas empresas e pelas marcas que definem os novos padrões.

O que o cliente considera razoável – em outras palavras, suas expectativas mínimas – atualmente é determinado pelas empresas e pelas marcas que definem os novos padrões. Se os clientes têm a oportunidade de configurar produtos on-line, recebem um "obrigado" caloroso por fazer um pedido, recebem informações completas em cada etapa do progresso do pedido, além de informações precisas sobre onde e quando a entrega será feita, e são convidados imediatamente após essa entrega a opinar sobre o produto e o serviço da empresa. Logo, logo todas essas coisas começarão a serem consideradas o padrão.

Dessa forma, o cliente aprende que um atendimento veloz não é impossível; que "fácil" não é uma palavra difícil; que um tratamento correto é a coisa mais normal do mundo; que as ideias dele contam e que seus comentários são bem-vindos. A eliminação de todos os obstáculos é o segredo para o melhor modelo possível de rendimentos para a empresa fornecedora. Fazendo pedidos pela Zalando, você pode devolver qualquer coisa de que não goste – simples assim. Ao pedir um táxi pela Uber, você pode acessar um *app* que lhe mostra as opiniões dos clientes anteriores sobre as viagens disponíveis a qualquer momento – e, depois, pode acrescentar sua própria opinião à lista.

Mesmo a palavra "compra" soa cada vez mais vazia. Uma compra é algo definitivo demais. Ter serviços de streaming, inscrever-se ou tornar-se membro de uma comunidade é muito mais flexível. Para quê encher a estante de DVDs se você pode assistir às séries completas na Netflix? Se você encomenda um livro novo pela Amazon e ele chega com vincos, tudo o que você precisa fazer é enviar um simples e-mail a eles. Quando isso aconteceu comigo, recebi uma resposta em uma hora, e dentro de poucos dias eles me enviaram um livro novo sem fazer perguntas. Fui autorizado a ficar com a cópia amassada e eles até sugeriram que eu a repassasse a outra pessoa!

É lógico que o pessoal da Amazon sabe que há uma boa chance de eu contar a história sobre meu livro "gratuito" – e é com isso que estão contando.

Hora de gritar

A Zalando fez uma série de vídeos divertidos sobre as reações dos clientes quando sua encomenda Zalando era entregue em suas casas – os chamados comerciais *Time to Scream* (Hora de Gritar, em tradução livre).

Desde então, nós, da CPI, mencionamos a expressão "experiência Zalando" sempre que pensamos em algo que acreditamos que o cliente gostará tanto a ponto de querer compartilhar o momento nas mídias sociais. Em outras palavras, o efeito Zalando é uma referência para avaliar os níveis esperados de encantamento do cliente.

Proprietários de lojas de roupas e livrarias que desejam reagir à crescente ameaça on-line a seus negócios precisam fazer mais que simplesmente abrir a própria loja virtual. Para começar, eles devem descobrir um meio de transpor toda a experiência proporcionada por seus concorrentes virtuais para o ambiente físico de suas lojas.

Mas eles também precisam acrescentar algo extra que lhes permitirá superar seus rivais digitais: "Se não ficou satisfeito com a roupa, é só trazê-la de volta! Já a usou e jogou a etiqueta fora? Sem problemas: sabemos exatamente o que nossos clientes compraram. Quer uma xícara de café enquanto estiver dando uma olhadinha? Ou, talvez, conselhos sobre cores?"; "Ótima ideia – se ao menos eu tivesse tempo! Talvez eu dê uma olhada em casa por meio de seu app. Você tem um app, não tem?".

Figura 2.1 Infográfico: O impacto das mídias sociais

Não apenas jovens estão envolvidos

49,5%	44,6%	37,5%	31,7%	27,4%
18-24	25-34	35-44	45-54	55+

Porcentagem de pessoas de diferentes faixas etárias que têm contato com uma marca por meio das mídias sociais.

68% das pessoas que usam mídias sociais afirmam que elas as ajudaram a formar sua opinião sobre a marca.

65% acham que mídias sociais são mais úteis que *call centers* quando o assunto é fazer perguntas.

Isso é nove vezes mais que o número de pessoas que se sentiram menos bem-informadas após usarem mídias sociais.

Apenas **7%** acham que *call centers* são melhores que mídias sociais.

40% acreditam que mídias sociais melhoram o atendimento ao cliente.

Isso é seis vezes mais que o número de pessoas que acham que o uso de mídias sociais piora o atendimento ao cliente.

FONTE: ©CPI-Consulting, com base em dados da Warc[5]

Figura 2.2 Infográfico: novo cliente

Um bom exemplo de como a expectativa do cliente está aumentando é a raiva crescente em relação aos clássicos cartões-fidelidade. Ainda que o cartão seja equipado com chip, os clientes estão insatisfeitos. Consequentemente, a responsabilidade por conservar os detalhes do cliente e pagar o desconto com proatividade e transparência passou do cliente para a empresa. Isso significa que os cartões – não importa o quanto são caros e sofisticados – e os procedimentos ligados a eles estão se tornando cada vez mais obsoletos.

O cliente moderno também quer ser envolvido na criação de valor. O *LEGO design by me* (Design da LEGO feito por mim, em tradução livre) permite que crianças brinquem com o software da LEGO, para que elas possam criar seus próprios kits de construção LEGO. E, se você pensa que esse processo de cocriação se restringe apenas a crianças, está enganado! A LEGO também tem uma "comunidade mindstorms" virtual, em que os membros podem ajudar a compor o software para a robótica da LEGO.

A giffgaff é outro bom exemplo. Essa operadora britânica de telecomunicações é uma *spin-off* da O2, que, por sua vez, é parte do conglomerado espanhol Telefónica. A marca foi lançada no mercado em 2010 como um tipo de experimento. Hoje, ela tem um notável Net Promoter Score de 73%.[5]

Figura 2.3 Net Promoter Score (NPS)

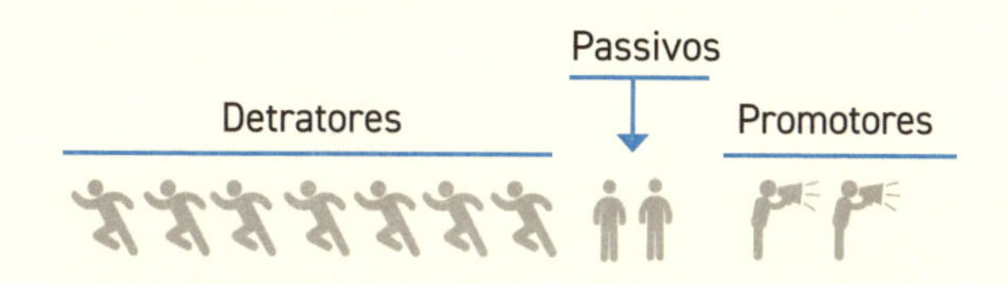

Net Promoter Score = % promotores - % detratores

FONTE: ©CPI-Consulting

Desde o início, a ousada ambição da giffgaff era ser o melhor e mais barato serviço de atendimento ao cliente do mercado. A maioria das empresas – e clientes – provavelmente pensaria que esses dois objetivos são incompatíveis. Mas não a giffgaff – e eles conseguiram atingir sua meta dupla tornando sua comunidade giffgaff central em tudo o que fazem.

Não há clientes, apenas membros da comunidade, que se ajudam de todas as formas que podem e também incentivam familiares e amigos a se tornarem novos membros. Não há *call center*. Apenas perguntas relacionadas a pagamentos são tratadas diretamente com a giffgaff, e sempre por e-mail. Todas as perguntas técnicas são respondidas por outros membros da comunidade, através de telefone ou chat, *peer-to-peer*. E geralmente isso acontece em até 90 segundos.[6]

Quem ajuda os outros dessa maneira ganha recompensas, primeiro com um sistema de descontos na própria conta telefônica. Uma vez que essa quantidade inicial é usada, créditos adicionais podem ser doados para uma instituição de caridade da escolha do cliente. Posteriormente, é possível que os membros ganhem uma renda extra até uma certa quantia máxima.

A giffgaff também oferece treinamento on-line para ensinar seus membros como ajudar outras pessoas da melhor maneira possível.[7] Membros que acreditam terem atingido nível especialista podem se testar participando de um quiz. Isso possibilita diferenciar colaboradores experientes de colaboradores experts.

Resumindo, uma comunidade inteira foi construída em torno da marca. Isso oferece uma plataforma em que novas ideias são postadas para ampliar o serviço e muito mais coisas são discutidas do que simplesmente as qualidades do último smartphone. É possível, inclusive, votar em ideias particulares, o que lhes confere valor agregado e importância. Até o momento, nada menos que 14 mil ideias foram postadas, e cerca de 10% delas foram implementadas pela giffgaff.

A empresa de telecomunicações O2 também atraiu clientes e o interesse da mídia de outras formas. Uma das ousadias mais criativas foram as campanhas famosas "Be more dog" (Seja mais cão, em tradução livre). Trata-se de uma série de comerciais hilários em que se afirmava que os cães se divertem mais que os gatos porque sempre cedem aos próprios impulsos, enquanto os gatos são mais cautelosos e calculistas.

Essa ideia básica foi transformada em uma fórmula que permite aos clientes adquirir o último smartphone por um custo mínimo – e sem quaisquer dificuldades – simplesmente trocando o celular atual.

É seguro dizer que essa brilhante façanha promocional teve o respaldo de uma campanha publicitária igualmente brilhante nas mídias sociais, que permitia a você calcular sua própria pontuação "Be more dog" e compartilhá-la com outras pessoas.

Quando os especialistas escrevem sobre a mudança de expectativas do cliente, o assunto é mais comumente analisado do ponto de vista do consumidor. Em geral, eles fazem menção às Amazons, Zalandos, Ubers, LEGOs e Netflixes do mundo. Todas essas empresas começaram do nada e viraram de cabeça para baixo os modelos clássicos de negócios ao moldar novas expectativas do cliente de uma forma disruptiva. Elas também mencionam as consequências dessa revolução para métodos tradicionais de vendas e canais de distribuição. E, para ser franco, também uso esses mesmos exemplos – mas com uma qualificação importante: o que os clientes atualmente vivenciam na própria vida como indivíduos únicos, logo poderá ser vivenciado também na vida profissional dessas pessoas. Se você não consegue proporcionar experiências disruptivas em B2B, alguém o fará em seu lugar. Na verdade, os próprios clientes podem fazer isso.

Se você não consegue proporcionar experiências disruptivas em B2B, alguém o fará em seu lugar.

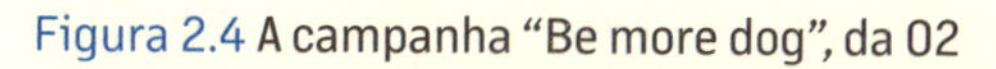

Figura 2.4 A campanha "Be more dog", da O2

Viagem de trem barata na Holanda com a grouptickets.nl

Fazer o cliente saber que você tem interesse nele: esse é o nome do jogo. O estudante Alexandru Bondor, da cidade holandesa de Zwolle, estava de saco cheio de pagar passagens caras de trem sempre que queria visitar a namorada em Utrecht. Mas logo encontrou uma solução – nas letrinhas miúdas do esquema de viagens em grupo de viagens oferecido pela Dutch National Railway Service (NS).

Em 2014, a NS implementou uma passagem de grupo que permitiu a grupos de amigos, sociedades, clubes esportivos, escolas etc. que fizessem viagens mais baratas para o mesmo destino. No entanto, o regulamento não definia que todos os membros do grupo tinham de embarcar na mesma estação, nem que precisavam pegar o mesmo trem. Usando essa lacuna, o programador de computadores Bondor desenvolveu o *app* groupstickets.nl.

O *app* é tão simples quanto engenhoso. Tudo o que você precisa fazer é entrar em uma conta do Facebook, escolher um destino e entrar no grupo que está de viagem para o mesmo destino no mesmo dia. Se no momento não houver grupo para o destino em questão, o usuário pode criar um novo grupo e publicá-lo on-line.

Assim que um grupo de dez pessoas é formado, uma delas compra as passagens pela ns.nl. Então, o comprador envia as passagens aos outros membros do grupo, assim que recebe uma screenshot para comprovar que lhe reembolsaram o valor da passagem. Usando esse sistema inteligente, uma passagem de volta de Zwolle para Utrecht custa apenas € 7 em vez dos habituais € 29,80![8]

O site teve nos primeiros seis meses nada menos que 64 mil usuários registrados.

E como a NS reagiu a essa iniciativa criativa? Eles confirmaram que sabiam da existência da grouptickets.nl. Também sinalizaram que não era sua intenção inicial estimular a criação de grupos especiais para tirar vantagem das tarifas mais baixas. Martijn Kamans, porta-voz da NS, afirmou: "O retorno em grupo pretendia atrair clientes novos que, de outra forma, não usariam o trem fora dos horários de pico. Porém, agora parece que os clientes já existentes é que estão lucrando com o sistema. Isto posto, agradecemos toda forma de publicidade para nossos retornos em grupo. Entramos em contato com o senhor Bondor e conversaremos com ele sobre como prestar serviços melhores e fortalecer interesses recíprocos".[9]

Nesse meio-tempo, um acordo foi intermediado, e Bondor concordou em encerrar sua iniciativa. Ainda assim, ela continua sendo um exemplo excelente de como clientes podem surpreender empresas através do poder das mídias sociais.

Empresas ferroviárias muitas vezes têm problemas com soluções criativas que não pensaram por si mesmas, mas que são populares com o público. Quando vários passageiros belgas especialistas em computação desenvolveram um *app* para verificar horários de trens, ele rapidamente passou a ser mais usado pelos viajantes que o *app* da própria companhia. Consequentemente, a empresa impetrou um mandado de segurança para que o *app* fosse removido da internet, alegando, com êxito, que os horários de trens são parte de sua propriedade intelectual. Em princípio, uma pequena vitória para a empresa, mas uma imensa perda moral em termos de reputação pública.

▸ AS BARREIRAS INCONSCIENTES À SATISFAÇÃO DO CLIENTE

As empresas colocam uma quantidade surpreendente de barreiras no caminho dos clientes. Muitas vezes, isso ocorre de forma inconsciente –

não que sirva de consolo para o confuso e infeliz cliente. Em geral, essas barreiras resultam de uma abordagem exageradamente baseada no processo para questões administrativas. Toda empresa gosta de controlar os próprios negócios – pelo menos em um certo nível. Para conseguir isso, ela concebe uma série de procedimentos, critérios para tomada de decisões e níveis de autoridade.

Em termos físicos, isso se traduz na criação de diferentes departamentos e serviços, cada um com regras, regulamentos e orientações próprios: barreiras que a equipe aprende a monitorar e defender. Não é surpresa que isso resulte numa abordagem que tem como centro a própria empresa – o que pode ser um problema e tanto quando você precisa mudar para uma abordagem em que o centro é o cliente.

Muitas dessas barreiras são mantidas simplesmente como um reflexo para proteger a renda e os empregos. Pergunta: por que você precisa desse selo específico? Resposta: porque usá-lo é o trabalho de alguém, uma tarefa pela qual a empresa pode cobrar com razão. Pergunta: por que essa estimativa não pode ser calculada digitalmente, sem custo nenhum? Resposta: porque a empresa não precisaria de sua variedade impressionante de planilhas e fluxogramas, o que, novamente, exige que alguém as elabore e, mais uma vez, pode legitimar que o cliente seja cobrado.

Empresas não gostam de fazer coisas pequenas e simples. Elas precisam mostrar aos clientes que eles estão obtendo o máximo delas pelo preço que pagam e, com frequência, isso significa fazer coisas grandiosas e complexas.

▸ UMA VEZ EMPODERADO, SEMPRE EMPODERADO

Houve um tempo em que um contador gerenciava suas contas e lhe enviava uma fatura mensal pelos serviços. O que os contadores realmente faziam por esse dinheiro sempre foi um segredo. Uma vez por ano, organizariam uma breve reunião de consultoria, em que lhe diriam quantos ganhos (ou perdas) você havia obtido e quanto teria de pagar ao fisco. Certamente, depois, eles também lhe enviariam uma fatura extra pelo privilégio de receber essa informação.

Esse tipo de abordagem está se tornando cada vez mais inaceitável para os clientes. Um contador é um fornecedor como qualquer outro, e há dezenas deles para serem escolhidos. Assim, o contador que quiser fazer a diferença precisará atrair o cliente recém-capacitado perguntando: "Caro cliente, o que eu realmente posso fazer para ajudá-lo?", ou "Caro cliente, como você vê nosso relacionamento no futuro?".

Hoje, os clientes – inclusive, clientes de contadores – esperam conseguir escolher entre uma gama de serviços: "sim" para este, esse e aquele, mas "não" para este, esse e aquele. E, se quiserem mudar de opinião com regularidade, isso também precisa ser possível. A organização, os processos e o marketing da contabilidade moderna precisa refletir essas novas realidades.

Se você quer um novo contador, provavelmente começará pesquisando por um na internet. Uma vez que selecionar possíveis candidatos, é provável que verificará com sua rede de contatos para ver o que eles têm a dizer sobre suas escolhas iniciais. Usando os comentários e sugestões que fizerem, você elaborará uma lista de critérios que utilizará para avaliar os candidatos que ficaram. Os critérios podem incluir flexibilidade (a livre escolha de um software de contabilidade etc.); quais pacotes padrões estão disponíveis; serviços extras opcionais disponíveis (gestão de ativos, controle fiscal etc.) – e por último, mas não menos importante, o valor/o custo.

Uma vez que tiver estabelecido esses critérios, você pode testá-los facilmente on-line, de uma empresa para outra.

Hoje em dia, leva apenas algumas horas para um cliente fazer sozinho um estudo de mercado desse tipo. Com apenas alguns cliques no mouse, é possível encontrar toda sorte de informações úteis. O outro lado da moeda é que um contador sem um site prático e atraente já não é mais um contador. Hoje, as pessoas esperam que contadores sejam 100% transparentes. No mundo atual, isso significa postar on-line todas as informações – inclusive uma lista de preços – que permitirá uma comparação com outros colegas contadores.

Isso reduziu os contadores ao mesmo status de qualquer outro fornecedor. Em outras palavras, eles precisam pensar na expectativa do cliente a todo momento da jornada dele. Somente assim eles poderão definir como seu escritório consegue fazer a verdadeira diferença. Firmas de contabilidade que desejam crescer no futuro serão aquelas que despertem os interesses do cliente capacitado, oferecendo a ele um valor agregado real em áreas-chave de questões específicas.

▸ CONTAMINAÇÃO CRUZADA

É razoável supor que as expectativas que hoje são padrão no mercado consumidor logo se tornarão a norma no B2B e também no marketing industrial. Por exemplo, a jornada que um cliente profissional faz com seu contador – um fornecedor como qualquer outro – provavelmente não é tão diferente da jornada feita ao reservar on-line passagens de férias com uma companhia aérea de baixo custo como a Ryanair.

Na Ryanair, todo o leque de serviços é dividido em elementos de serviço individuais, e o cliente paga separadamente por cada um deles. Nesse contexto, a empresa aceita que o cliente terá flexibilidade absoluta para liderar o processo de vendas. A passagem padrão é somente com bagagem de mão. Se quiser levar mais bagagem, você pode – mas paga mais. O mesmo vale para seguro, assento preferencial, aluguel de carro etc.

O site da Ryanair deixa todas essas questões bem explicadas para seus clientes – e é sempre o cliente que indica o que quer e o que não quer. É rápido, fácil e flexível. Ao mesmo tempo, permite à Ryanair colocar boa parte do ônus administrativo (e seu custo) nas costas dos clientes. Não que esse ônus seja particularmente rigoroso. Com o advento dos cartões de check-in digitais, não é nem mesmo necessário imprimir a passagem.

Evidentemente, esse mesmo princípio também pode ser aplicado a muitas outras circunstâncias em que documentos sejam necessários. E, uma vez que viajantes se acostumam com trajetos sem papéis, cada vez mais desejarão ver a mesma coisa num contexto de trabalho. Para muitas pessoas, uma versão digital do documento necessário no smartphone bastará. E, se alguém de sua empresa responder "desculpe, não fazemos isso aqui", não vai demorar para que você se encontre em dificuldades.

Para clientes que se esquecem de marcar o quadradinho certo, é importante oferecer, sempre, uma solução aceitável – por um preço, logicamente. Dessa forma, essas transações adicionais não são um problema para empresas como a Ryanair, e sim uma fonte de renda extra.

> **Modelos de negócio modernos não levam em conta a divisão artificial entre B2C e B2B.**

A Ryanair também tem muitos clientes profissionais, empresas ávidas por cortar seus custos de viagem e, portanto, agora encomendam passagens pelo computador da companhia. O mesmo vale para o Airbnb. Por que você faria uma reserva B2B com um hotel ao viajar a negócios se pode reservar mais barato C2B com um indivíduo particular? Isso também se aplica a livros de literatura, quase sempre comprados via Amazon ou Bol.com em vez de nas editoras mais caras.

Modelos de negócios modernos não levam em conta a divisão artificial entre B2C e B2B, entre clientes comuns e clientes profissionais. Assim, contaminam as expectativas culturais dos profissionais sempre que vão em busca das necessidades deles.

▸ B2B E B2C ESTÃO SE UNINDO

As diferenças entre os processos de vendas no B2C e no B2B estão ficando cada vez mais vagas – e é notável a velocidade dessa mudança. Como clientes, nossa tecnologia móvel significa que agora temos acesso a uma mina ilimitada de informações 24 horas por dia, 7 dias por semana. O que você está procurando? Um novo micro-ondas, um novo carro, uma nova máquina ou um novo fornecedor de matéria-prima? Na maioria dos casos, você começará a pesquisar possíveis fornecedores no Google, em seu computador, tablet ou smartphone.

Nesse contexto, a atitude e a abordagem do cliente ao comprar uma máquina, contratar um serviço ou escolher um contador em geral é a mesma de quando compra um livro ou faz uma reserva on-line de um quarto de hotel. Em todos esses casos, as expectativas são semelhantes, se não idênticas.

Algumas pessoas talvez afirmem que, em um processo de vendas B2C, o cliente tem cada vez menos contato com o fornecedor ou com a organização comercial, sobretudo num contexto virtual.

Em comparação, esse contato está quase sempre presente no processo de vendas B2B. Mas esse é realmente o caso? E, mesmo que seja, será que vai continuar assim?

O número de transações B2B realizadas on-line também está aumentando rapidamente. Hoje, a intervenção de equipe humana muitas vezes se restringe a situações problemáticas que os sistemas automatizados não são capazes de resolver. A distinção entre B2C e B2B talvez ainda possa ser defendida com base nos métodos diferentes de compensação financeira: um que usa um simples cupom fiscal de caixa, o outro, uma nota fiscal formal. Dito isto, hoje em dia fazemos quase todos os nossos pagamentos de forma eletrônica ou on-line. E, no fim das contas, o fato de você fazer o pagamento no sofá da sala de estar ou da cadeira do escritório no trabalho faz muito pouca diferença.

Talvez o procedimento de compras B2B seja um pouco mais estruturado e envolva mais pessoas que o B2C, já que dentro das empresas as responsabilidades variadas são divididas e baseadas em processos. Mas seria possível dizer o mesmo em relação a uma aquisição doméstica importante, em que vários membros da família estivessem envolvidos em tomar e implementar a decisão da compra.

O que o consumidor vivencia na vida particular, ele (logo) desejará vivenciar também na vida profissional.

O empoderamento do cliente começou pela primeira vez no mercado consumidor. Nesse mercado, cada barreira ao conforto e à satisfação do cliente foi gradualmente removida, e agora é o cliente que se encarrega do processo de vendas. Hoje, com essa ideia agradável semeada em nossas mentes, naturalmente queremos mais.

Como consequência, não fazemos mais uma distinção artificial entre o que queremos como clientes e o que queremos como negócio profissional. Se você quer uma máquina nova ou um novo tipo de matéria-prima, por que não deveria ter a oportunidade de testar primeiro as opções variadas, ficando com as mais apropriadas e devolvendo o restante? É uma evolução natural, simples assim: o que o consumidor vivencia na vida particular (logo) será também desejado na vida profissional. Uma vez que as pessoas se deixam contaminar por uma ideia, elas permanecem nela!

Coloquei de propósito a palavra "logo" entre parênteses. Não quero apressar você a fazer as coisas. Prefiro que se acostume com a ideia no seu próprio ritmo. Mas sem dúvida eu sugeriria que você já analisasse seu próprio padrão de expectativas, porque há uma boa chance de, mais cedo ou mais tarde, vir a esperar no ambiente de negócios o que espera como cliente. Talvez você ainda não tenha conseguido – mas é quase certeza de que quer!

ESTUDO DE CASO

Comprar um carro de € 77.100 agora é algo que você pode fazer on-line

Um bom exemplo de vendas disruptivas é a maneira como a Tesla faz potenciais clientes se interessarem por seu Model 70D. No final dos e-mails promocionais da empresa, há botões em que se lê "Test-drive" e "Peça agora". Comprar um carro de € 77.100 só com um clique no mouse? Sim, funciona!

Ao clicar no botão "pedir", você entra num ambiente muito intuitivo. Tudo o que precisa fazer é explicado de maneira simples, passo a passo, inclusive o pagamento da primeira parcela. Para dar aos indecisos o último empurrão de que necessitam, o site também explica a política de recompra da empresa por um preço garantido e várias opções como "financiamento organizado da Tesla", "financiando através do meu banco" e "pagar depois ou por transferência eletrônica".

Quais consequências esse tipo de venda on-line tem para concessionárias credenciadas, com seus grandes e caros showrooms de automóveis? As pessoas ainda vão querer ir a showrooms? O que acontecerá se elas não forem? Em termos gerais, a venda de veículos talvez continue a mesma, mas e a equipe do showroom, que provavelmente terá muito mais tempo livre do que antes? Será que consegue outras coisas para fazer ou será despedida?

De acordo com a Educam, o centro de conhecimento e formação para o setor automobilístico na Bélgica, em 2008 o cliente comum visitava um showroom 4,3 vezes antes de comprar. Em 2012, o índice caiu para apenas 1,3 vezes.[10] O estudo de 2020 da Educam's Route esboça sua previsão para o futuro da indústria automotiva belga. Ele conclui que será cada vez mais difícil ganhar dinheiro com vendas de carros. Consequentemente, prevê que, se o setor não mudar seu modelo de receita, cerca de 20% dos empregos na indústria serão perdidos.

"Hoje em dia, somente 5% dos clientes são fiéis a marcas. Eles entram em um showroom com uma ideia fixa em mente: 'Este é o carro que dirijo agora, estou feliz com ele, portanto vou ficar com a mesma marca'. Os outros 95% vão na internet para pesquisar o setor e ver o que há de novo ou melhor", afirma Luc De Moor, diretor-geral da Educam.[11]

Dos 95% que pesquisam na internet, 30% o fazem no celular, não num computador. Isso significa que sites de carros precisam ser compatíveis para uso em dispositivos móveis. Se quero pesquisar alguma coisa sobre o seu carro mas não consigo encontrá-la em meu smartphone, há uma boa chance de eu tirar você de minha lista.

Logo, qual a melhor maneira de influenciar quem procura? É preciso investir pesado em gerenciamento de dados e aprender o que puder sobre potenciais clientes e seus comportamentos. Em contraste com o passado, agora os vendedores de carros precisam criar um vínculo duplo: carro + cliente.

Segundo De Moor, o futuro modelo de receita para o setor precisa focar um acompanhamento perfeito pós-vendas. "Hoje, carros são smartphones de quatro rodas. Em minha concessionária, tenho uma sala de controle onde consigo acompanhar os dados transmitidos de cada carro que vendi. Se o operador da sala de controle vê que um sensor de pneus foi ativado, podemos contatar o proprietário com uma proposta sob medida para pneus novos. Ou, talvez, sugerir que agora é um bom momento para trocar por pneus de inverno".

De Moor está certo em sua análise. O único erro dele é pensar que você ainda precisa de um operador. Não precisa. O envio de mensagens ao cliente em resposta a sinais de alerta pode ser totalmente automatizado. O mesmo vale para agendamento de consultas de manutenção, providências para substituição de carros etc.

Quase o mesmo se aplica ao acompanhamento de pesquisas de clientes on-line. Tudo isto pode ser feito automaticamente: analisar o que interessa a eles, acompanhar *leads*, enviar convites direcionados na hora certa e assim por diante. Então, onde é que entra a equipe de vendas nisso tudo? Com tempo livre e a ajuda de todas essas análises extras, no futuro sua tarefa será aprofundar a interação entre o potencial cliente e a marca/showroom. Eles farão isso abordando cada cliente de uma forma altamente personalizada.

▸ APRENDENDO A VER AS COISAS SOB UMA NOVA PERSPECTIVA

Como um B2B comercial, não é difícil encontrar um novo par de óculos que permitirão a você ver as coisas de um jeito diferente. Na verdade, nem é preciso um par de óculos. Já existem dezenas de exemplos só esperando serem seguidos. É só não enterrar a cabeça na areia – abra-se a ideias novas e aprenda a ver as coisas sob uma nova perspectiva. É o bastante para transformar oportunidades em resultados de vendas!

A primeira regra de ouro é que seu produto sempre tem de cumprir o que promete. Ele tem que ser específico, conforme e rastreável, e também cumprir com todos os outros requisitos legais e tudo mais. Mas provavelmente os produtos da concorrência também sejam assim.

Em alguns casos, talvez seja possível fazer a diferença por meio de inovações técnicas criativas. Mas é mais provável que, no futuro, a melhor maneira de diferenciar sua empresa das outras seja por meio da excelência na experiência que você consegue oferecer aos clientes. Resumindo, você precisa tornar fácil e divertida a compra de seu produto. "Fácil" e "divertido" são dois motivos importantes pelos quais os clientes continuam voltando em busca de mais.

Os clientes de hoje estão constantemente buscando por novos valores. Então, por que não dar isso a eles de uma forma que poupe tempo e os divirta?

"Fácil" e "divertido" são dois motivos importantes pelos quais os clientes continuam voltando em busca de mais.

Por exemplo, por que há tão poucas dicas práticas ou mensagens informativas em caixas de papelão e outras embalagens? Dicas como: "Se você seguir as linhas dobráveis, pode me transformar em uma bandeja útil" ou 'Obrigado por usar nosso produto! Se tiver comentários ou ideias que possam nos ajudar a servi-lo melhor, avise-nos escaneando o QR code". E por falar em QR code, por que você raramente encontra um nas embalagens de aparelhos etc.? Ele poderia facilmente se conectar a um vídeo do tipo "como usar", que pouparia ao cliente tempo e esforço.

Sem sentido? Na verdade, não. Em supermercados, o uso de QR codes e comunicação a curta distância (a informação disponibilizada em seu smartphone via Bluetooth) está ficando cada vez mais comum.

Rastreando o caranguejo

QR codes são usados pelo fornecedor de caranguejos-reais Norway King Crab de uma forma criativa e original. Escaneie o código amarrado em seu caranguejo-real e obtenha imediatamente um sem-número de informações úteis, incluindo o peso do animal, o nome e uma foto do pescador e até um filme do trecho de água entre a Antártida e a Finlândia onde o caranguejo foi pego!

Figura 2.5 Uma aplicação prática de comunicação a curta distância feita pela Norway King Crab

FONTE: Norway King Crab (Foto: Natasha Fedorova)

A experiência do cliente decidirá se eles querem ajudar a alavancar ou a arruinar sua marca.

O comportamento de um cliente profissional não é mais tão diferente do comportamento de um cliente comum. Foi-se o tempo em que o cliente – particular ou profissional – se preocupava apenas com as características e o desempenho do produto ou do serviço. Hoje em dia, eles também se interessam pelo clima que rodeia toda a experiência de compra.

Esse interesse vai desde o momento em que contatam o produto ou o serviço pela primeira vez até o instante em que decidem substituí-lo. O cliente moderno quer escolher sozinho. E não quer ser limitado nessa escolha – ele deseja tomar decisões bem fundamentadas e manter as opções abertas o maior tempo possível.

No mercado atual, é o cliente quem define as exigências mínimas. O fornecedor precisa atender a essas exigências se quiser permanecer no páreo com a concorrência por uma possível venda. Além disso, as exigências aumentam o tempo todo. O cliente não quer apenas qualidade confiável, entrega rápida e um excelente atendimento ao consumidor, mas também espera ser constantemente surpreendido, entretido e atraído. Não há desculpas para ser chato – e Deus o ajude se você for!

▸ NÃO HÁ DESCULPAS PARA SER CHATO

Muitas empresas ainda não estão cientes disso. Elas não conseguem compreender que agora os clientes têm visão de 360 graus, extraindo informações de todas as fontes possíveis. A quantidade de fornecedores que enterram documentos e informações cruciais tão fundo em seu site que apenas o potencial cliente mais persistente o encontra ainda é surpreendentemente grande. Muitos desses sites também têm uma falta de transparência irritante. Muitas vezes, ainda não conseguem incluir uma lista de preços ou uma seção de comentários e reclamações.

Empresas continuam pensando demais em termos de vendas. Como consequência, deixam passar batido os novos componentes-chave da receita moderna para o sucesso no mercado: identificar e satisfazer as expectativas do cliente. Os fornecedores precisam entender o que seus clientes estão sentindo. Precisam proporcionar o valor agregado de que eles necessitam (e pelo qual estão dispostos a pagar) naquele momento particular de seu relacionamento.

Uma empresa capaz de abrir caminho para transformar as expectativas do cliente no oferecimento de um serviço impecável também criará as mesmas expectativas para a concorrência. Isso permitirá à empresa que se diferencie das outras, ao menos no início.

Em particular, isso diz muito sobre a cultura positiva da empresa e seu desejo genuíno de satisfazer os clientes.

Isso está intimamente ligado a conceitos como o Triplo-A – autêntico, autorresponsável e ágil – e o Customer Service Wildcards de atendimento ao cliente, que analisaremos detalhadamente mais adiante no livro.

ESTUDO DE CASO

A experiência da FREITAG

Se você encomenda uma sacola da FREITAG, eles continuam enviando correspondências engraçadas e fotos excêntricas muito tempo depois de a compra ser finalizada.

A FREITAG, empresa fundada pelos irmãos suíços Markus e Daniel Freitag, vem fabricando bolsas e mochilas de grife desde 1993. Seu conceito exclusivo usa lonas velhas de caminhão, cintos de segurança reciclados e câmaras de ar de bicicletas. Todo ano, a FREITAG reprocessa cerca de 390 toneladas de lona, 15 mil câmaras de ar de bicicletas e 150 mil cintos.

Figura 2.6 A FREITAG também oferece atendimento ao cliente para suas bolsas

Na verdade, a FREITAG só pode proporcionar essa experiência personalizada e perfeitamente cronometrada ao cliente graças à sua abrangente automação de mercado. Esses sistemas utilizam informações contidas no formulário de pedidos para enviar mensagens engraçadas que farão o tempo de entrega passar mais depressa e de um jeito mais divertido. Ao mesmo tempo, isso ajuda a fortalecer mais a reputação da marca.

Compare as experiências da FREITAG com o cenário a seguir, típico de muitas lojas on-line. Para começar, você é solicitado a escolher entre os modelos A, B, C ou D. Depois, pede-se que escolha a cor de preferência – por exemplo, azul, prata ou amarelo – antes de registrar os detalhes da entrega e passar para as formalidades do pagamento. Para isso, em geral é necessário preencher vários códigos, nenhum dos quais você costuma ter à mão. E, depois que tudo é finalmente encerrado, tudo o que se tem em troca é uma mensagem como "Recebemos seu pedido. Obrigado".

Se quiser acompanhar o pedido, você precisa se registrar de novo em "Minha Conta", inserindo o número do pedido (que você perdeu, certamente) e clicando em um botão fora do alcance da vista, na base da tela. Se tiver um problema, você sempre pode ligar para o atendimento ao cliente. Mas só das nove da manhã às cinco da tarde (e não em horário de almoço ou depois das três da tarde às sextas-feiras). Não é exatamente um espetáculo de atendimento ao cliente, é?

A FREITAG também tem serviço de atendimento ao cliente, no caso de sua bolsa precisar de consertos. Um box em seu site informa que Dani, Tania e Linda, "as magas das palavras", são "velhas de guerra no ramo das perguntas e respostas que, sem dúvida, podem ajudá-lo". E, se você não tiver tempo ou não gostar de mandar mensagens, há números de linha direta para contatar cada uma delas.

Há algum motivo para a experiência agradável e divertida da FREITAG ficar restrita ao ambiente do consumidor? Nem um sequer. Ela pode ser facilmente aplicada num ambiente B2B.

Todas as pessoas que enviam uma mensagem à FREITAG, como fiz ao solicitar material fotográfico para este livro, receberão em troca uma resposta divertida, rápida e correta. Repare também, na figura, como é fácil contatar as diferentes áreas da empresa.

Figura 2.7 Atendimento ao cliente ao estilo FREITAG

FREITAG

CONTATO — ATENDIMENTO AO CLIENTE

Você será direcionado para Dani, Tania e Linda, as magas das palavras — e velhas de guerra no ramo das perguntas e respostas. Sem dúvida podemos ajudá-lo.

Preencha este formulário ou ligue para nós (atendemos das 9 às 12h e das 13 às 17h)

Estamos ansiosos para ouvir você!

Dê um toque em Daniel: +41432103348

Ligue para Tania: +41432103252

Ou telefone para Linda: +41432103346

Assunto:*

Título:

Nome:*

Sobrenome:*

E-mail:*

País:*

Do que mais sente falta?

Comentário:*

ENVIAR

FONTE: ©FREITAG

Figura 2.8 Um e-mail divertido da FREITAG em resposta a uma solicitação

OLÁ E MUITO OBRIGADO PELA SOLICITAÇÃO.

Sua mensagem foi recebida, impressa e colocada no pote das perguntas. Nosso robô da sorte, Ga;SH-i 2016, tira regularmente uma pergunta do pote e a lê para o grupo ao redor, aí usamos todo o nosso poder mental para chegar a uma boa resposta. Estamos cruzando os dedos para sua pergunta ser a próxima a sair.

Bem, para sermos honestos, não é assim que funciona. Infelizmente, GA;SH-i 2011 sofreu uma sobrecarga total em milissegundos pela tarefa atribuída a ele porque a Equipe On-line da FREITAG responde a perguntas num ritmo tão acelerado que o sistema de juntas hidráulicas do robô ficou superaquecido, para dizer o mínimo. Desde então, Ga;SH-i 2016 partiu para os confins da internet, com bancos de memória vazios e cabos pendurados. Então, sua pergunta será respondida o mais rápido possível por um dos funcionários humanoides que usam o sistema de dez dedos.

Até a resposta chegar, nós lhe desejamos muita diversão em nosso site 3.0.

Tudo de bom,

Ciborgues da FREITAG Online

▸ NOTAS

[1] MAES, Patrick. Turn Opportunity into Sales Results. *CPI-Consulting*, 2014.

[2] WALKER. Customers 2020: A Progress Report. *Walker Info* [On-line]. Disponível em: http://www.walkerinfo.com/Customers2020/. Acesso em: ago. 2015.

[3] DE VYNCK, T.; BRODALA, Y. De beste verkoper is geen verkoper. *De Tijd* [On-line]. Disponível em: http://www.tijd.be/tech-media/media-marketing/De-beste-verkoper-is-geen-verkoper/9551451. Acesso em: dez. 2017.

[4] WARC. Customer service gets social in UK. *Warc* [On-line]. Disponível em: https://www.warc.com/newsandopinion/news/customer_service_gets_social_in_uk/29854. Acesso em: maio 2017.

[5] LITHIUM. A Community-Driven Culture at giffgaff Drives Competitive Advantage. *Lithium* [On-line]. Disponível em: http://www.lithium.com/why-lithium/customer-success/giffgaff. Acesso em: ago. 2015.

[6] BURN-CALLANDER, R. Giffgaff, the 'bonkers' mobile network, proves that the crowd can run your business for you. *The Telegraph* [On-line]. Acesso em: ago. 2015.

[7] GIFFGAFF. Become a giffgaff Expert. *Giffgaff* [On-line]. Disponível em: https://experts.giffgaff.com. Acesso em: ago. 2015.

[8] MELIS, A. Nederlander maakt met dit slimme trucje treintickets goedkoper voor iedereen. *HLN.be* [On-line]. Disponível em: http://www.hln.be/hln/nl/943/Consument/article/detail/2421994/2015/08/13/Nederlander-maakt-met-dit-slimme-trucje-treintickets-goedkoper-voor-iedereen.dhtml. Acesso em ago. 2015.

[9] WEVER, V. NS wil in gesprek met groepsretoursite. *OV Magazine* [On-line]. Disponível em: http://www.ovmagazine.nl/2015/08/ns-wil-in-gesprek-met-groepsretoursite-1223/. Acesso em: ago. 2015.

[10] VAN DEN BOGAERT, R. Veranderen of verdwijnen: het autobedrijf van de toekomst. *Vroom.be* [On-line]. Disponível em: http://www.vroom.be/nl/autonieuws/interview-luc-de-moor-educam-autobedrijf-toekomst. Acesso em: maio 2015.

[11] VAN DEN BOGAERT, acesso em: maio 2015.

PARTE 2

Não há desculpas para ser chato

Criando sua proposta de valor para vendas disruptivas

A coisa mais importante para o cliente é o valor que você pode criar para ele. Este capítulo dirá a você o que envolve esse valor e como é possível gerenciá-lo através da jornada do cliente.

▸ COLOCANDO O CLIENTE NO CENTRO

Talvez você não tenha ficado preocupado demais com o que leu até agora, porque já colocou o cliente no centro do seu modelo de negócio. E, por já ter feito isso, não vê nenhum motivo para fazer mais mudanças.

Mas está certo disso? O que exatamente você quer dizer com "colocar o cliente no centro"? Como definir isso? O que envolve? E o significado é o mesmo para todos da empresa? Significa a mesma coisa para o departamento de vendas e o departamento de marketing? E o que significa para o motorista que entrega os produtos? Ou para o técnico que faz manutenção neles?

Se você não tomar cuidado, "colocar o cliente no centro" será interpretado de várias maneiras diferentes em toda a organização. Além do mais, para o cliente significa muito pouco ouvir que ele está "no centro", a menos que a ideia se traduza em ações coordenadas que criem algo de valor para ele.

Por esse motivo, como primeiro passo, é crucial definir precisamente para todos da organização o que significa "no centro", em termos práticos. Que valor extra você deseja criar? O que isso envolve? Que atitude ou comportamento isso exige dos membros diferentes de sua equipe?

Todos os membros do time precisam entender o que significa "colocar o cliente no centro".

Vamos falar um pouco em termos de extremos. Para uma organização, colocar o cliente no centro pode significar que o cliente sempre tem razão. No limite oposto do espectro, pode significar algo como "arrecadar o máximo de lucro o mais rápido possível adotando uma atitude inflexível ao lidar com a menor das reclamações".

Acredito no poder do cliente satisfeito. No longo prazo, clientes satisfeitos aumentam o valor da marca e da empresa. Porém, se você leva às últimas consequências seus esforços para deixar os clientes satisfeitos, corre o risco de perder de vista as necessidades da própria organização. Isso pode deixar o cliente superfeliz no curto prazo, mas não se sustenta no longo prazo. Ceder a cada capricho do cliente significa, mais cedo ou mais tarde, virar escravo dele! Se seus clientes querem tudo para ontem e o mais barato possível (às vezes, até de graça), isso só pode acontecer às custas do foco comercial e da saúde de sua empresa.

Entretanto, colocar o cliente no centro exclusivamente da perspectiva da empresa também não funciona. Se você encara os clientes como um alvo para escolhas fáceis, logo se verá forçado a sair do mercado. Hoje em dia, clientes insatisfeitos estão mais que dispostos a contar as próprias histórias de terror sobre sua empresa a qualquer pessoa que der ouvidos, e não somente nas mídias sociais. Relatos negativos boca a boca se espalham mais rápido que os positivos, porque notícias negativas causam maior impacto nas pessoas – e também atrai muito mais leitores na mídia impressa. Dito isto, uma notícia boa realmente marcante ainda pode ser uma ferramenta poderosa para o aprimoramento da marca.

Adote uma abordagem equilibrada de colocar o cliente no centro, uma abordagem que leve em conta tanto os interesses do cliente como os da empresa.

A escolha mais sensata é adotar uma abordagem equilibrada de colocar o cliente no centro, uma abordagem que leve em conta tanto os interesses do cliente como os da empresa. Isso implica muito mais que simplesmente oferecer o melhor preço ou as condições mais favoráveis. Colocar o cliente no centro segundo a perspectiva da empresa significa que você precisa desenvolver uma proposta de valor que convença o cliente a pagar um preço justo e adequado. Em outras palavras, um preço que permita à sua empresa crescer de maneira sustentável no futuro.

Essa proposta de valor deve incluir os benefícios acumulados em que o posicionamento da marca se baseia. Marcas sólidas e bem-sucedidas oferecem uma combinação de benefícios que proporcionam um retrato nítido e consistente das necessidades que a marca busca satisfazer. Em outras palavras, a proposta de valor responde à pergunta: "Por que eu compraria sua marca?"[1]

Desenvolver uma proposta de valor que "coloque o cliente no centro" implica, portanto, buscar satisfazer as necessidades que o cliente está vivenciando nesse contexto em um momento específico. Ademais, isso implica que, com o tempo, o mesmo cliente pode ter diferentes necessidades em outros contextos e outros momentos. A empresa deve estar ciente disso e reagir em conformidade.

Imagine que você é fornecedor de uma matéria-prima escassa. Seu cliente é altamente dependente da sua produção. O significado de colocá-lo no centro poderia ser a pergunta: "Qual preço você acha justo pagar pelo meu produto?" Certamente a lei de oferta e demanda ainda se aplica, e não é preciso dizer que você vai tentar maximizar o preço. Porém, você também vende outras matérias-primas e está louco para expandir sua marca no futuro.

Por esse motivo, pode ser sensato manter seu cliente informado sobre mudanças de preços de seu produto mais escasso – ou possibilitar pedidos para ele 24/7, ou inserir um sistema que permita aos clientes mais fiéis dar um primeiro lance para uma remessa particular. Ou os três. Isso ajudará você a desenvolver seu negócio como um todo.

A matriz Kraljic

A matriz concebida por Peter Kraljic[2] ajuda você a analisar a força da posição de sua empresa, vista da perspectiva do cliente e, em particular, sua estratégia de compras. Até que ponto seus produtos e serviços são importantes para o cliente? Até onde ele é estrategicamente dependente, e existe risco no abastecimento? Até que ponto o impacto financeiro de produtos e serviços é importante sobre o valor total dos produtos para seu cliente e sobre os níveis de abastecimento na empresa?

O modelo Kraljic está em vigor há um certo tempo e ajuda a dar forma a uma estratégia de compras otimizada e profissional. Além disso, pode ser usado para elaborar uma estratégia para cada quadrante individual na matriz. E, sem dúvida, também é possível conceber uma estratégia de vendas que combine com cada estratégia de compras.

Figura 3.1 A Matriz Kraljic

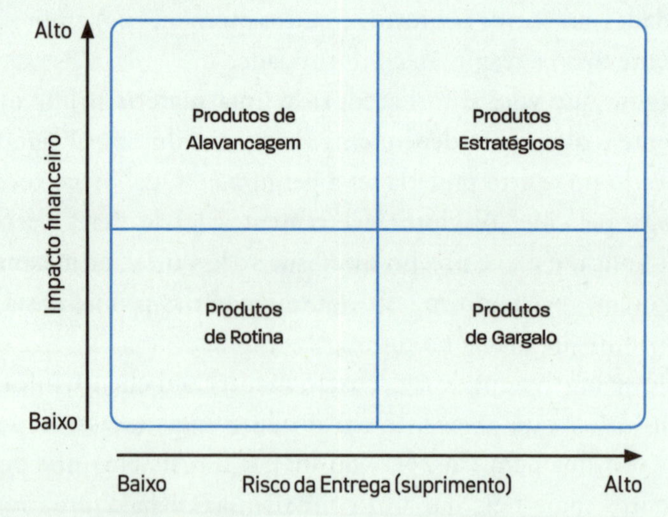

FONTE: Adaptado de Kraljic (1983)

O modelo distingue quatro categorias de produtos e serviços.

Produtos e serviço estratégicos

Esses são os de alto impacto financeiro – ou seja, essenciais para o processo de negócios ou produto do comprador. Tais produtos têm risco alto de abastecimento, causado ou pela escassez ou possíveis problemas na entrega, e há relativamente poucos fornecedores no mercado.

Como consequência, são os fornecedores que assumem a liderança, e a questão mais crucial não é tanto o preço, mas a fiabilidade da disponibilidade do produto e a cobertura dos potenciais riscos de preços. Naturalmente, os volumes grandes em geral envolvidos significam que o preço continua uma consideração importante na negociação, e o objetivo é chegar a uma solução aceitável para ambas as partes.

Produtos e serviços de gargalo

De baixo impacto financeiro e alto risco de abastecimento. Pelo fato de o impacto financeiro ser baixo, em geral há uma negociação sobre o preço mínimo. Como resultado, uma empresa que sistematicamente assume uma posição de gargalo em relação aos clientes muitas vezes se encontra em uma posição confortável. Acima de tudo, ela pode maximizar seus níveis de preços com relativa facilidade.

Produtos e serviços de alavancagem

De alto impacto financeiro e baixo risco de abastecimento. Relacionados a produtos que consomem proporção significativa do orçamento de compra total do comprador, mas em que este também tem à escolha vários fornecedores diferentes no mercado, facilitando a mudança de um fornecedor para outro.

Também facilita que o comprador pressione fornecedores concorrentes, permitindo-lhes jogar um contra o outro.

Esse é um mercado "oceano vermelho". Não é um bom mercado para se trabalhar. Você somente sobreviverá se sua

CAPÍTULO 3

empresa puder gerar repetidamente melhorias na eficiência ou imaginar outros benefícios que convencerão clientes a optar por você.

Produtos e serviços não críticos

De baixo impacto financeiro e baixo risco de abastecimento. Relacionados a produtos e serviços de disponibilidade imediata e com influência apenas limitada sobre os resultados da empresa. Nesse caso, o comprador buscará o melhor negócio, garantindo que o preço seja bom, os níveis de qualidades se mantenham e que o pedido/a entrega sejam diretos.

Uma vez que esses parâmetros foram definidos, fornecedores podem trabalhar relativamente sem incômodo. Pelo menos até a próxima rodada de comparação de preços feita pelo cliente ou ao menos que uma nova disrupção surja em cena, oferecendo uma solução mais fácil e (geralmente) mais barata que permita ao cliente substituir o fornecedor atual de forma rápida e eficiente.

Insights de sua própria pesquisa

A CPI frequentemente faz pesquisas sobre motivadores de preferência de fornecedores não relacionados a preços. Essa pesquisa resultou em alguns *insights* interessantes. Por exemplo, em algumas situações, diferenças de até 20% entre fornecedores serão toleradas antes que se considere seriamente a mudança de fornecedor. Em outras situações, uma diferença de apenas alguns pontos percentuais basta para acelerar a mudança de fornecedor. Tudo depende do portfólio do cliente da empresa e dos outros clientes que são ativos no mesmo setor.

A pesquisa da CPI demonstrou que a posição da Kraljic tem importante papel nisso. Mas a relação entre comprador e fornecedor também está sujeita a uma série de outros fatores tangíveis e intangíveis, cuja influência pode ser igualmente crucial. Em toda empresa, geralmente é possível encontrar grupos

de clientes motivados por propostas de valor específicas que permanecem imunes ao efeito de outros fatores possíveis. Mas, ao mesmo tempo, grupos diferentes de clientes da mesma empresa consideram esses outros fatores – que são irrelevantes para o primeiro grupo – os motivadores-chave para a preferência por determinado fornecedor.

Mapear essas informações e mantê-las atualizadas, para que as experiências do novo cliente possam ser desenvolvidas para refletir uma mudança constante, é o cerne da venda centrada no cliente, que por sua vez é parte fundamental das vendas disruptivas. Muitas empresas cometem o erro de persistir com teimosia em uma proposta de valor única para todos. Longe de deixar todo mundo satisfeito, essa uniformidade restritiva não contenta ninguém, já que se baseia em observações gerais em vez de numa abordagem mais específica que a demanda dos mercados de hoje.

Colocar o cliente numa posição central é, acima de tudo, uma questão de oferecer a ele, de forma respeitosa e autêntica, aquilo de que precisa num momento em particular. Trabalhando a partir dessa atitude básica e arraigado nesse respeito fundamental, o objetivo é proporcionar uma proposta de valor atraente e sob medida.

Essa proposta de valor pode significar entrar no mercado com preços reduzidos. Entretanto, você terá de mostrar ao cliente que ele precisa fazer por conta própria quase todo o trabalho: monitorar o estoque, localizar os pedidos, recolher a mercadoria, providenciar o transporte, preencher a papelada necessária etc. Para alguns tipos de cliente, essa proposta de valor pode ser muito boa.

No outro extremo da balança, talvez você prefira oferecer aos clientes um serviço completo 24/7: você monitora seu estoque, pedidos e armazena os produtos que acredita que eles precisam, embala-os e os entrega a tempo, usando transporte próprio etc. Isso talvez exija que você peça ao cliente que faça um brainstorming sobre seu produto/serviço e a maneira como eles são disponibilizados.

Outra opção é envolver os clientes em certas decisões-chave que os afetem. Talvez seja necessário – e desejável – envolver o cliente no design do produto ou serviço que você oferece, provavelmente com base em um cardápio digital desenvolvido especificamente para esse fim. Em alguns casos, talvez seja aconselhável, inclusive, discutir com os principais clientes o preço de seu produto ou serviço.

Em um extremo, você só envolve os clientes à medida que fornece um produto e eles pagam por isso. No outro extremo, aborda cada etapa da jornada do cliente dispensando-lhe uma orientação exagerada. Isso pode chegar a ponto de envolver o cliente no design, nos preços, na entrega e no serviço pós-venda de seu produto.

▸ A JORNADA DO CLIENTE

A expressão "jornada do cliente" é autoexplicativa. A relação com o cliente é uma jornada compartilhada que vocês fazem juntos, na qual se encontram ao longo do caminho a intervalos regulares. Sua meta em cada etapa deve ser persuadir o cliente a continuar a jornada com sua empresa. Ao longo dessa jornada, é o cliente quem toma as rédeas e as decisões.

A relação com o cliente é uma jornada compartilhada.

Uma metáfora clássica que tem sido usada nos últimos anos para descrever a jornada do cliente é a de um funil. Nessa abordagem do funil, presume-se que potenciais clientes começam sua jornada com vários produtos e vários possíveis parceiros em mente.

Depois, essas opções são sistematicamente reduzidas em um processo linear até que a melhor solução – o produto e o parceiro adequados – seja encontrada. Também se presume que a escolha dessa melhor solução possível será influenciada pelo fornecedor mais assertivo (ou, ao menos, pelo mais ativo).

Na abordagem do funil, o contato com o cliente se limita a uma série de momentos definidos. O cliente vê uma propaganda, telefona em busca de mais informações, é imediatamente contatado por um representante de vendas, recebe uma proposta de custos, assina a encomenda, recebe a entrega e paga a fatura.

As vendas assumem a liderança. É o setor de vendas que guia o cliente pelo processo de compras, e a equipe de vendas será o único ponto de contato com a empresa fornecedora. Como resultado, na abordagem do funil a área de vendas foca intensamente o momento imediatamente anterior à venda. Contanto que o cliente faça uma compra, para que a equipe de vendas e as equipes individuais de vendas possam cumprir suas metas, o fornecedor ficará contente. Esse é o principal elemento da relação.

Igualmente, pode-se dedicar um pouco de atenção a pedidos repetidos e ao cuidado pós-vendas, mas essas considerações são basicamente secundárias. A principal meta é atingir uma situação de retenção, que restrinja a possibilidade do cliente de envolver outros parceiros potenciais em assuntos relacionados a reabastecimento e manutenção.

Em alguns casos, o fornecedor pode até achar que a receita que consegue gerar no pós-venda não vale a pena o esforço.[3] Como consequência, talvez prefiram concentrar todos os recursos na geração de vendas iniciais. Resumindo, a compra inicial também é o objetivo final da estratégia de vendas.

Como o cliente obtém informações sobre os produtos, o que ele faz com os produtos, o que pensa sobre eles depois que foram disponibilizados e o que contam a outras pessoas sobre esses produtos são questões que não estão no radar desse tipo de fornecedor. Da mesma forma, eles não desenvolvem nenhuma trajetória que possa levar o cliente a fazer uma nova transação. Eles simplesmente confiam na sorte de que o cliente demonstrará algum nível de fidelidade.

De fato, uma vez que a venda foi finalizada, não há relacionamento real com o cliente – exceto, talvez, um extremamente oportunista. O fornecedor só se esforçará mais se o cliente precisar muito de algo ou se for possível efetuar uma venda rápida e fácil no futuro.

Figura 3.2 O método tradicional do funil: do *suspect* ao pedido

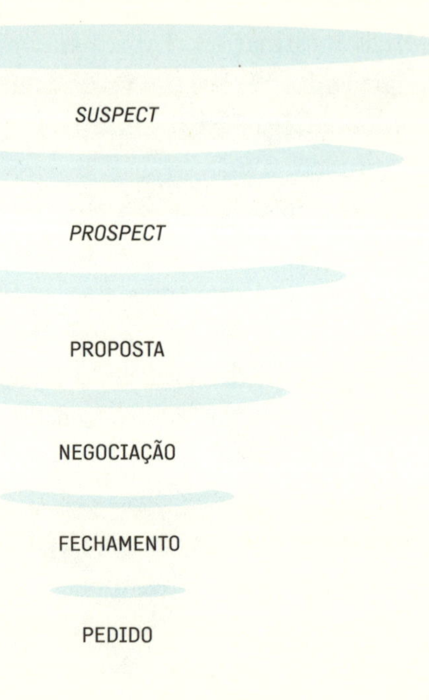

Hoje, tanto o cliente quanto a empresa preferem fazer uma jornada mais longa, e é o cliente quem lidera o caminho. As oportunidades para o cliente colher informações e manipular a decisão de compra e as expectativas do serviço são quase ilimitadas. No mercado moderno, a relação que eles têm com o produto e a empresa tem pouco em comum com a abordagem linear do funil.

Durante e depois do processo de busca, hoje o cliente pode tomar vários atalhos laterais. Isso é o que estimula a opinião. O motor por trás desses atalhos é a onipresente internet, aliada ao acesso instantâneo da comunicação móvel. Consequentemente, a jornada do cliente não segue mais um caminho reto, mas sinuoso.[4]

A jornada do cliente não segue mais um caminho reto, mas sinuoso.

Figura 3.3 Clientes podem adotar uma posição de defensor ou de detrator em qualquer etapa da jornada

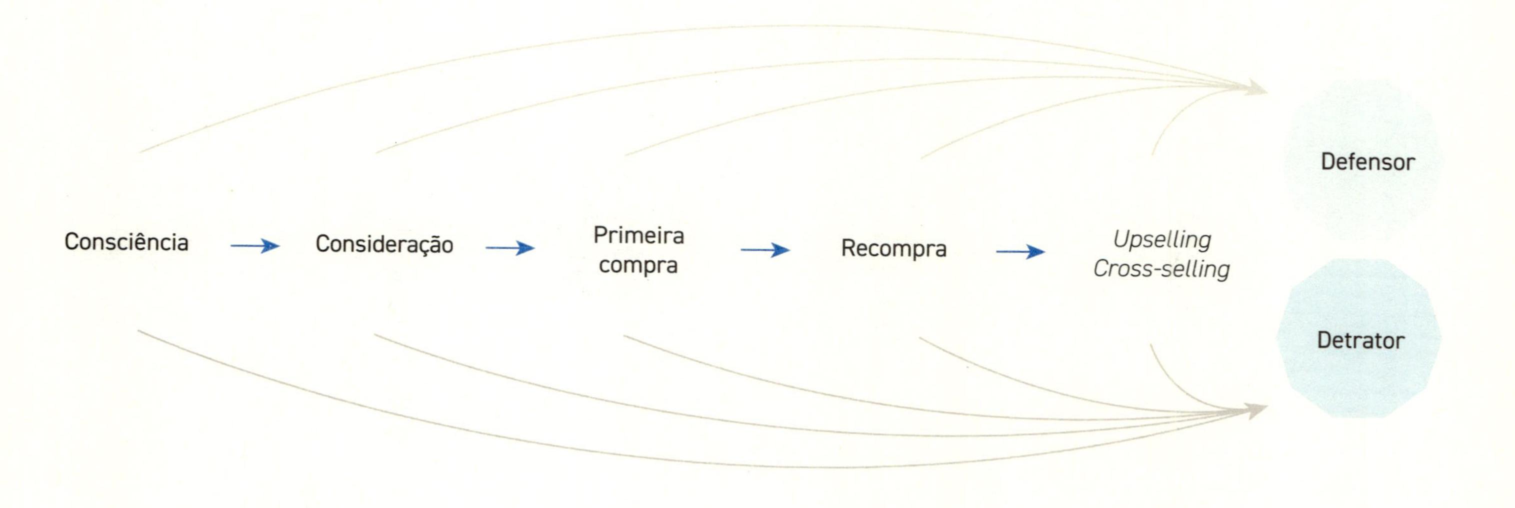

FONTE: ©CPI-Consulting

A jornada do cliente começa quando a consciência é criada. Um exemplo criativo de construção da consciência é o caso da Oreo.

ESTUDO DE CASO

Gamificação: Desafio Oreo das Enterradas

Já ouviu falar no evento de enterradas da Oreo? No YouTube, você pode ver vídeos de enterradas livres, enterradas a longa distância, enterradas com drone, enterradas sincronizadas, enterradas com celebridades, enterradas de cabeça para baixo, enterradas com base em tecnologia que lê mentes/pensamentos... e tudo está relacionado aos biscoitos e um copo de leite.

Figura 3.4 QR code: Enterrada com drone

A Oreo também criou um software leitor de mentes que rastreia os níveis de concentração de participantes em um desafio de enterradas da Oreo, permitindo a eles que controlem o biscoito através de ondas cerebrais. As pessoas foram desafiadas frente a frente em pontas opostas de mesas, usando faixas de detecção de ondas que moveriam um biscoito Oreo em sua direção e o "enterrariam" no leite com as mãos livres; a mente mais forte venceria a competição!

A jornada do cliente pode ser dividida em quatro fases principais. Primeiro, existe a fase em que uma compra está sendo considerada e informações relevantes estão sendo reunidas on-line. Essa é a fase da *consideração inicial.*

Depois, há uma fase em que diferentes soluções alternativas são investigadas ativamente. Comparam-se possíveis parceiros e elabora-se uma pré-lista dos fornecedores mais prováveis. Essa é a fase da *avaliação ativa.*

A terceira fase é aquela em que a compra é concluída de fato. Um compromisso é feito. O potencial cliente se torna um cliente de verdade. Esse é o *fechamento.*

Depois da compra, há uma longa fase final em que o cliente usa e experimenta o que comprou. Essa é a fase de *pós-compra*, que vai desde o instante em que o produto é usado pela primeira vez até o momento em que ele chega ao fim da vida útil e precisa ser substituído.

Antes da venda, seu foco como fornecedor é na possível compra de seu produto. Após a venda, esse foco precisa mudar para uma possível recompra, a compra de serviços adicionais e acessórios relacionados ao produto, e a promoção ativa de todos esses elementos. Entretanto, lembre-se de que ao longo desse processo o cliente está continuamente coletando novas informações, comunicando-se com outras pessoas e considerando decisões. É por isso que falamos sobre a *jornada de decisão do cliente.*

Em cada uma das fases – enquanto considera, avalia, compra e usa –, o cliente está desenvolvendo constantemente as próprias ideias e chegando a novas conclusões. Cada fase também proporciona oportunidades para vários momentos para contato. Nesse ciclo, o cliente busca informações de muitas maneiras diferentes, e também as analisa e avalia de formas distintas. Ele está em busca de um novo papel na relação com o fornecedor em potencial. Se tiver êxito, o cliente acabará contando a outras pessoas sobre sua experiência com a compra do produto e tentando, inclusive, influenciar o que pensam sobre ele.

Uma lista direta da quantidade de visitas a seu site não lhe dá informações suficientes para rastrear e seguir possíveis *leads* de forma direcionada. Não obstante, isso é o que você precisa fazer se quiser gerenciar e cultivar uma relação com o cliente. Não se pode mais rastrear as várias voltas e curvas dadas por clientes modernos com um simples arquivo de Excel em que antigos interesses e perguntas são gravados. Hoje em dia, essa tarefa cada vez mais complexa precisa ser feita por ferramentas de automação de marketing e softwares de engajamento de clientes.

É simplesmente impossível um ser humano rastrear uma visita a um site e decifrar as intenções por trás do comportamento on-line do visitante.

Ninguém consegue olhar dentro da internet, muito menos coletar, comparar, categorizar e analisar a linguagem corporal digital, tarefas de pesquisa e comunicação on-line de (potenciais) clientes. E isso sem sequer mencionar a necessidade de combinar essas análises e convertê-las em métricas utilizáveis para desenvolver ações apropriadas no tempo certo com o conteúdo adequado.

A automação de marketing e o software empregado podem fazer todas essas coisas. E em tempo real.

85% dos visitantes on-line estão apenas "dando uma olhada"

85% das pessoas que visitam seu site e gastam um minuto do próprio tempo lá não necessariamente têm planos de comprar um produto seu.[5] Estão apenas interessadas. Navegando. Dando uma olhada.

Se você começar a ir atrás de todo mundo que visita seu site, bombardeando-os com e- mails e ligações, estará seguindo a tendência contrária de dar ao cliente o papel de liderança na história das vendas.

Figura 3.5 O funil Get-Grow

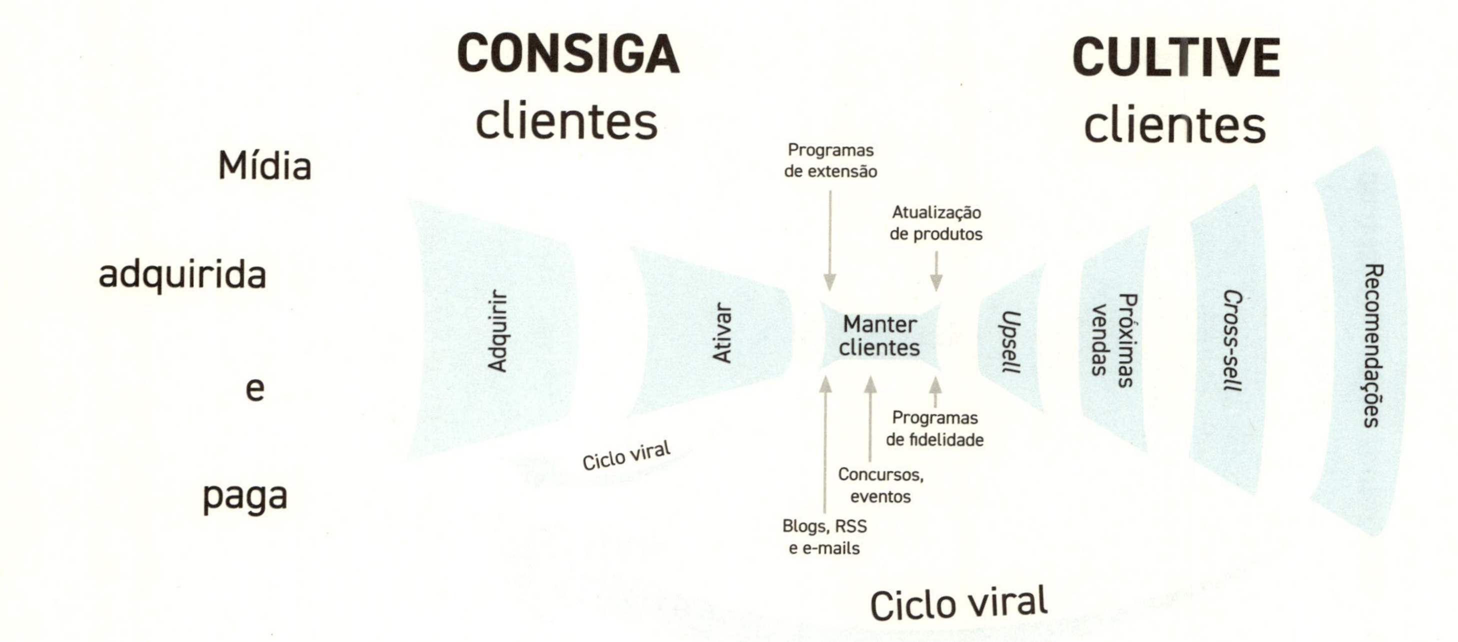

FONTE: Steve Blank

ESTUDO DE CASO

O Barcelona Street Project, da easyJet

Quando você pensa em reservar um voo para Barcelona, a jornada padrão do cliente que vem à mente pode começar com uma comparação on-line de ofertas aéreas, preços e horários, todos temperados com a emoção de experiências anteriores em relação a essa ou aquela companhia aérea. Você faz sua escolha, confirma as datas, preenche os formulários de identificação, transfere o dinheiro e imprime o bilhete.

Alguns dias antes do voo, você faz check-in no site da companhia e imprime o cartão de embarque. O próximo ponto de contato é quando você chega no aeroporto, despacha a bagagem, passa um tempo fazendo check-in e esperando na fila, e embarca. Depois, o avião decola e você espera um pouso suave, na companhia de alguns refrescos e equipe de bordo atenciosa.

A easyJet levou essa jornada aérea do cliente para o próximo nível, não oferecendo um pré-embarque a mais no serviço de bordo, mas ampliando a jornada em si e facilitando a locomoção ao explorar a cidade de destino. Eles introduziram os Sneakairs easyJet, sapatos smart vibratórios que vêm com sensores conectados a um *app* para smartphone via Bluetooth.[6] Você programa um passeio turístico usando o *app* e os sapatos vibrarão para seu destino, disponibilizando direções por viva-voz.

O sistema usa GPS para rastrear sua localização. Ao se aproximar de um cruzamento e dependendo da direção solicitada, ele envia uma vibração para o pé certo, indicando que vire à esquerda ou à direita. Duas vibrações consecutivas em ambos os sapatos significa que você ultrapassou a rua solicitada ou virou para o lado errado. Três vibrações indicam que você chegou ao seu destino.[7]

Talvez esteja se perguntando para quê tudo isso. Você tem um mapa ativo no bolso: seu celular mostra o caminho. Bem, em primeiro lugar, pode ser mais fácil andar pelas ruas sem ter de consultar direções em um mapa ou um celular. Em segundo lugar, você não exibe seu caro aparelho móvel em plena luz do dia, tornando-o um alvo para ladrões de eletrônicos, embora talvez fique tentado a usar a tela do celular para buscar informações enquanto aproveita as atrações que encontra. E, em terceiro lugar, você fica menos parecido com um turista intruso prestes a se perder – embora tênis laranja fluorescentes talvez não necessariamente melhorem sua camuflagem.

Os Sneakairs foram testados no evento "Barcelona Street Project", da easyJet. A empresa aérea está considerando seriamente desenvolvê-lo no futuro como um item de compra imediata para passageiros a bordo de seus voos.

Uma vez em segurança na pista, você espera conseguir desembarcar com eficiência e sair do aeroporto com todos os pertences, antes de tomar rumo para Las Ramblas em Barcelona e confiar no seu celular para guiá-lo via Google Maps.

A easyJet ampliou a jornada do cliente, facilitando a locomoção ao explorar a cidade de destino.

Figura 3.6 QR code: o Barcelona Street Project

▸ *PERSONA*

Um jeito clássico (e, no passado, razoavelmente eficaz) para dividir clientes em categorias é usar critérios objetivos, como idade, gênero e localização. Tais critérios também têm a vantagem de serem fáceis de atribuir.

Porém, se quiser desenvolver uma abordagem comercial em que o cliente esteja no centro, você precisa fazer mais.

As complexidades do comportamento do cliente – como ele pensa, o que sente e como reagirão ao longo da jornada do cliente – não podem ser entendidas dentro de um contexto estereotipado e restritivo de "homem/mulher", "menos de 25 anos/mais de 60 anos" e "mora em Bruxelas/Londres".

É muito mais útil identificar a quantidade de arquétipos diferentes dentro de seu portfólio de (possíveis) clientes. Em geral, esses arquétipos são denominados *persona*, e podem ser identificados através de pesquisas de grupos direcionadas que investigam como tipos diferentes de pessoas reagem a seu produto.

Você pode começar com uma classificação muito simples; por exemplo, clientes "fáceis" e "difíceis". Quem são eles? Quais são suas diferenças de comportamento? Quais são suas preferências? Quais são suas diferentes necessidades? Do que gostam e do que não gostam? Com base nos resultados, geralmente será possível esboçar alguns tipos definidos de personalidade. Você pode, inclusive, dar a eles um nome e um rosto, para que consiga, literalmente, visualizar cada tipo diferente de cliente. Cada tipo também pode se conectar a um perfil de cliente, que detalha prováveis expectativas, comportamentos, fatores de estresse e de satisfação. Esses perfis devem ser divulgados em toda a organização: é importante que todos dancem conforme a mesma música.

Conheço empresas em que as diferentes *personas* são explicitamente retratadas em material promocional, como panfletos, pôsteres e até manequins vestidos em vitrines. Muitas vezes elas recebem nomes, como clientes de verdade. Fred. Frankie. Sebastian. Jean-Claude. Emily.

Se dentro da empresa surge uma discussão sobre o desenvolvimento de um produto ou a implementação de uma ação de marketing, sempre se pode perguntar: "Como Jean-Claude reagiria a essa mensagem?" ou "Como Emily gostaria de ver esse produto?".

Personas possibilitam apreciar melhor, e quase participar, das vidas das personalidades realistas, mas fictícias, de clientes.[8] A intenção é que cada uma delas consiga representar um segmento específico de clientes, a fim de se mapear para cada um deles uma jornada do cliente típica. Quais são suas preferências de coleta de informações? Em que momentos eles precisam dessas informações? Como encontrarão você? Eles usam mídias sociais? Respondem a anúncios pagos?

Cada tipo vivenciará de maneira distinta as fases diferentes do processo de compra. É importante você ter uma imagem nítida desses padrões de experiência esperados. Isso o ajudará, por exemplo, a decidir que tipo de perguntas fazer a cada tipo de cliente. Se você não interagir com cada *persona* distinta de modo diferente, não obterá os resultados que deseja.

Crie *personas* diferentes e mapeie uma jornada do cliente típica para cada uma delas.

As *personas* precisam ser realistas e utilizáveis por todos na organização. Elas servem como um instrumento para adquirir *insights* sobre o comportamento do consumidor, e não são um fim em si mesmas. É uma prática padrão desenvolver apenas três ou quatro *personas*, sendo cinco a quantidade máxima.

Outra forma possível de lidar com expectativas e desejos de uma ampla variedade de clientes é oferecer uma quantidade de variantes básicas bem direcionadas de seu produto. Assim, mais tarde os clientes podem desenvolver e equipar essas variantes da maneira que melhor se adapte às próprias circunstâncias. Você dá a eles uma plataforma básica e alguns constroem blocos, para que consigam fazer o próprio produto sob medida. Essa foi uma técnica bem-sucedida aplicada pela Apple: clientes compram o tipo de iPhone ou iPad que pensam que precisam e, então, acrescentam os *apps* e acessórios que mais querem.

▸ CONSIDERAÇÃO INICIAL

Durante o período em que o potencial cliente ainda está pensando em fazer ou não fazer uma compra, ele é influenciado por estímulos de uma ampla variedade de fontes diferentes. Entre elas, a mídia, visitas a feiras, histórias contadas por colegas, posts que encontram on-line etc.[9]

Dessa forma, várias marcas e mensagens ficarão incorporadas inconscientemente na cabeça do cliente; ele se torna ligado a essas marcas e mensagens. Quando chega o momento em que o potencial cliente decide passar para uma investigação mais ativa da possível compra, primeiro ele focará seus esforços nas marcas e mensagens que já estão certamente alojadas em sua mente.

Em geral, potenciais clientes tendem a deixar bem curta sua primeira lista de possíveis fornecedores. Eles ouviram falar em um produto específico e estão considerando comprá-lo. Mas é mais provável que comecem as investigações com uma marca que conhecem ou sobre a qual ouviram falar ou leram. Para garantir que sua marca encontre uma brecha nessa pré-lista inicial, primeiro você precisa se certificar que ela é reconhecida e lembrada pelo cliente. Marcas que conseguem fazer isso são 300% mais propensas a serem adquiridas do que outras marcas.[10]

Logo, ser incluído nessa primeira pré-lista é uma vantagem e tanto. Mas não conseguir isso não significa que tudo está perdido. Ao contrário do conceito linear do funil, em que o potencial cliente risca sistematicamente da lista uma marca atrás da outra da lista, o cliente atual compara suas escolhas originais com as várias ofertas alternativas on-line interessantes. Como consequência, nomes novos também podem ser adicionados, assim como velhos podem ser riscados.

▸ OITO SEGUNDOS E NADA MAIS

O consumo digital e móvel, um excesso de estímulos e informações que precisam ser reduzidas a 140 caracteres que nosso limiar de atenção está ficando cada vez mais reduzido. Na verdade, uma pessoa comum acha difícil se concentrar em alguma coisa por mais que oito segundos.[11]

Essa foi a assustadora conclusão de um estudo encomendado pela Microsoft canadense. Trocando em miúdos, a típica pessoa moderna, conectada digitalmente, perde a concentração mais depressa que um peixe dourado, que tem um limiar de atenção de nove segundos! Quinze anos atrás, antes de ficarmos tão dependentes de nossos smartphones e da internet, o limiar médio de atenção humana era de 12 segundos.[12] Em outras palavras, nossa capacidade de concentração ficou um terço pior.

Além disso, esses oito segundos nada têm a ver com a duração de tempo que as pessoas estão preparadas para esperar para acessar uma página da internet. Esse tempo de espera são meros dois segundos; se tiverem que esperar três segundos, cerca de 40% dos visitantes deixam o site imediatamente.[13] Mesmo que consiga segurá-los, você tem no máximo quatro segundos para atrair e manter a atenção deles para o centro de sua mensagem. Durante esses primeiros quatro segundos, você precisa causar impacto suficiente para ganhar sua atenção nos quatro segundos restantes de seu tempo de concentração.

Mais ou menos 17% de todas as páginas da web são visualizadas por menos que quatro segundos. Apenas 4% são visualizadas por mais que alguns minutos.[14]

Evidentemente, os resultados do estudo canadense não querem dizer que as pessoas nunca conseguem focar nada por mais que oito segundos. Se algo desperta nosso interesse, conseguimos nos concentrar nisso por períodos muito mais longos. Oito segundos é o tempo que permitimos que o interesse inicial seja estimulado. E se essa breve janela tende a se tornar cada vez menor no futuro (o que parece provável), isso é algo que profissionais de marketing on-line terão de levar em conta.

Esse já é o caso da propaganda televisiva. Em média, um comercial de TV dura entre 15 e 30 segundos, mas os produtores sabem que o verdadeiro impacto precisa ser causado nos primeiros quatro segundos; senão, a atenção do espectador começará a se dispersar. Se a atenção é capturada e mantida, apenas aí os segundos restantes podem ser usados para obter informações adicionais.

Crianças passam muitas horas no YouTube e outras plataformas, em que o uso de propagandas geralmente é vivenciado como algo irritante. Os sites espertos tentam contornar isso com jogadas igualmente espertas. Pense, por exemplo, no YouTube, no qual você tenta fechar os olhos durante o anúncio antes de cada vídeo e, depois, clica no momento exato em que pensa que ele acabou.

Se você assiste à televisão quase toda noite, logo perceberá que alguns anunciantes ainda não aprenderam essas lições básicas. Os anúncios precisam ser inspiradores *e* divertidos. Opiniões, resumos de benefícios de produtos e mensagens de empresas quase sempre são vivenciadas pelos espectadores como inapropriados e indesejados. Se quiserem informações extras, eles podem buscá-las por opção própria em outro momento.

Isso ajuda a explicar o sucesso dos bloqueadores de anúncios e a imensa falta de empatia por divulgadores que querem restringir seu uso. Trocando em miúdos, as pessoas odeiam anúncios ruins e chatos. Mas o oposto também é verdade. Propagandas boas, lugares originais e jogadas promocionais inteligentes são incrivelmente populares, sobretudo entre os jovens, que os visualizam e compartilham repetidas vezes.

▸ AVALIAÇÃO ATIVA

No passado, clientes tendiam a selecionar uma quantidade limitada de marcas e produtos, a partir das quais fariam a escolha final. O cliente de hoje prefere manter a mente aberta, sujeitando sua pré-lista a análises detalhadas e acrescentando novas marcas ou produtos que possam descobrir durante o processo de pesquisa. Em outras palavras, a avaliação ativa de marcas e produtos é muito mais longa e mais minuciosa do que costumava ser.

Naturalmente, isso resulta de uma quantidade imensa de informações hoje disponíveis aos clientes. Essa riqueza de dados lhes permite alterar continuamente seus critérios de seleção. A internet oferece centenas de potenciais soluções. Para descobri-las, tudo o que o cliente precisa fazer é clicar de um site para outro. Isso pode levar a um certo grau de indecisão ou à necessidade de ainda mais pesquisas, o que estende ainda mais essa etapa do processo de compra.

É aí que entram os profissionais do marketing, desenvolvendo atividades e conteúdo adequados. Seu marketing precisa garantir que só você oferece informações inteligentes – e só enquanto o cliente sentir que esse conhecimento extra agrega algo à sua capacidade de fazer a melhor escolha. É importante evitar sobrecarga de informações, a ponto de o cliente não conseguir entender o que está acontecendo, pois isso vai gerar dúvidas. É tarefa da marca excluir essa dúvida mostrando que entende, de forma adequada, as necessidades do cliente. Isso é essencial para o cliente escolher você no fim das contas.

Em parte, essa sobrecarga é culpa do próprio cliente, por ter jogado nas próprias costas muita parte da história do processo de vendas moderno. É inevitável acabar entrando em contato com montes e montes de informações, ativa ou passivamente. Empresas sensatas evitam piorar esse problema bombardeando o cliente com correspondências e material promocional.

O que ajuda de verdade é mostrar a seus clientes que sua organização é a melhor parceira para guiá-los através da jornada do cliente. Isso não somente permitirá que eles adicionem seu produto à pré-lista, como, também, pode garantir que alguns de seus rivais sejam excluídos. Naturalmente, se você for sortudo o bastante para constar na lista original, isso não significa que seu lugar está necessariamente garantido. Outras empresas tentarão fazer o mesmo com você!

O poder da publicidade que você ganha (comentários de clientes satisfeitos e opiniões de criadores independentes de tendências) é muito maior que a publicidade que você detém (seu site e canais de mídias sociais) ou pela qual você paga (anúncios, outdoors, conteúdo patrocinado etc.).

É aqui que você pode ver o poder do ciclo. Um de seus clientes sempre será mais capaz do que você de persuadir outro cliente. É por isso que é tão importante manter boas relações com o cliente no período de pós-compra. Isso o estimula a adquirir acessórios (ou a repetir a compra), e pode até deixá-los dispostos a contar a outras pessoas como estão satisfeitos com seus produtos e com a relação entre vocês. Como diz o velho ditado de marketing: a propaganda é a alma do negócio. E em nenhum lugar isso é tão verdadeiro quanto no boca a boca.

▸ PÓS-COMPRA

Clientes continuam a considerar e reconsiderar suas opções até finalmente tomarem uma decisão e fazerem a compra. Desde o momento em que essa compra é feita, a experiência do cliente como usuário tem início. Isso quer dizer que ele avaliará o valor que você prometeu. Ele analisa se o produto corresponde às expectativas que você ajudou a criar antes da venda. Tempo de entrega: confere. Facilidade de uso: confere. Capacidade produtiva: confere. Consumo de energia: confere. Facilidade de manutenção: confere. E assim por diante. Tudo o que você disse para promover o produto será testado diante da realidade da experiência.

Mesmo depois que a compra é finalizada, muitos clientes continuam buscando informações sobre características desconhecidas do produto, outras aplicações, acessórios, experiências de outras pessoas etc. Se a experiência corresponde às expectativas iniciais, há uma chance de que esses clientes deem suas opiniões a outros, inclusive se tornando prováveis defensores da marca. Porém, se eles descobrem que compraram gato por lebre, não apenas dificultarão as coisas como também falarão sobre sua frustração para quem quiser ouvir.

Logo, é crucial deixar os clientes tão satisfeitos quanto possível, para que eles permaneçam no ciclo do círculo de fidelidade. Se toda experiência durante cada momento de contato for positiva, o cliente continuará a se identificar positivamente com seu produto. Como resultado, dentro do mesmo círculo eles voltarão para sua empresa sempre que quiserem comprar o mesmo produto ou similares, e recomendarão aos colegas que façam o mesmo.

A necessidade de um serviço excelente de pós-venda não é nenhuma novidade. Porém, pode-se trabalhar com clientes fiéis de maneiras diferentes. Resumindo, eles podem ser ativa ou passivamente fiéis. Clientes passivamente fiéis ficam com sua marca porque estão acostumados com ela. É a opção mais fácil que têm. Mas eles não a consideram uma marca do coração. Consequentemente, não farão nenhum esforço para promovê-la. Pelo contrário, podem se abrir para futuras investidas de seus rivais.

Clientes ativamente fiéis confiam em sua marca, são ligados emocionalmente a ela e dispostos a promovê-la. É nesse grupo que você precisa focar sua atenção. Você precisa ter como meta transformar clientes comuns em clientes fiéis, e clientes fiéis em defensores.

Graças à automação de marketing, hoje também é possível acompanhar melhor a trajetória de pós-venda de seus clientes, a fim de responder às suas necessidades específicas no instante exato. Uma triagem e análise do tráfego on-line devem lhe dizer rapidamente se um cliente é ativa ou passivamente fiel. E, se seus produtos são smart, para que transmitam dados sobre uso próprio, você pode usar essas informações para refinar ainda mais o perfil do cliente.

▸ RASTREADORES SOCIAIS

Recentemente, tornou-se comum representar a jornada do cliente moderno como uma nuvem. Isso reflete a capacidade dos clientes, em nosso mundo hiperconectado e conectado on-line por redes, de mudar de opinião a qualquer momento. Há sempre uma nova oportunidade, uma nova possibilidade, uma nova ferramenta, novas informações, um novo estímulo ou uma nova opinião. A qualquer instante, o cliente, se assim quiser, pode passar de defensor para detrator.

Essa bipolaridade significa que a fidelidade do cliente é uma coisa muito instável. Ela pode ser dada e tirara num piscar de olhos. Para mim, essa ideia nebulosa é outro motivo para focar a automação de marketing. Por quê? Porque ela permite que sua organização acompanhe o momento, que faça parte dele. Essa é a única maneira de ficar a par das verdadeiras necessidades do cliente em todos os pontos de contato.

Com isso em mente, é muito importante ouvir o que está acontecendo nas mídias sociais por meio de rastreadores sociais, como o Obi4Wan e o Radion6. Esses rastreadores vasculham canais de mídias sociais em busca de posts em que sua marca, empresa ou qualquer outro termo selecionado de pesquisa sejam mencionados. Dessa forma, milhões de posts podem ser monitorados a cada segundo. Se houver uma correspondência, sua central de mídias sociais receberá uma cópia do post. Em alguns casos, existe literalmente uma luz vermelha piscando! Independentemente de o post ser bom ou ruim, pelo menos você fica sabendo o que ele diz e pode responder, se apropriado.

Hoje em dia, reputação se constrói e se desfaz on-line. Se você não sabe o que as pessoas estão dizendo a seu respeito na web, sua empresa está ficando cega. Um dos exemplos que gosto de discutir em minhas sessões de treinamento é a experiência infeliz de um importante fornecedor de farinha. As circunstâncias impunham que o fornecedor se sentiu obrigado a aumentar o preço para os clientes. No entanto, comunicaram essa decisão por meio de uma carta impessoal.

Para piorar as coisas, ela foi enviada durante o período de férias. Em termos contratuais, isso estava correto, mas os padeiros reagiram com fúria. Dependendo da gravidade da reação, o fornecedor começou a fazer concessões caso a caso. Vários padeiros espertos abriram um grupo no Facebook. Não é difícil imaginar o resultado. Os padeiros começaram a trocar detalhes dos preços que conseguiram negociar, o que resultou numa espiral negativa de preços para o fornecedor em acordos posteriores com outros padeiros.

Não demorou muito para que o fornecedor ficasse sabendo da existência do grupo no Facebook. No início eles ficaram furiosos, mas logo começaram a perceber que haviam lidado mal com a situação. Moral da história? Hoje, o fornecedor compreende que é preciso acompanhar as mídias sociais – e de perto. Eles até contrataram um especialista em marketing de mídias sociais – e um novo diretor comercial.

O segredo do sucesso nas vendas no mercado atual é rastrear depressa histórias virais envolvendo sua empresa, a fim de poder reagir com a mesma velocidade. Também é útil pesquisar histórias on-line em que você possa ter um papel. Certa vez, meu colega da Antuérpia teve problema com os serviços do provedor de internet Telenet. Ele ficou irritado porque, em sua primeira noite livre depois de meses, não conseguiu assistir ao filme que escolheu. Para desabafar sua frustração, ele postou esta foto no Facebook.

Figura 3.7 OBI4WAN, um dos rastreadores de redes sociais de melhor desempenho no mercado

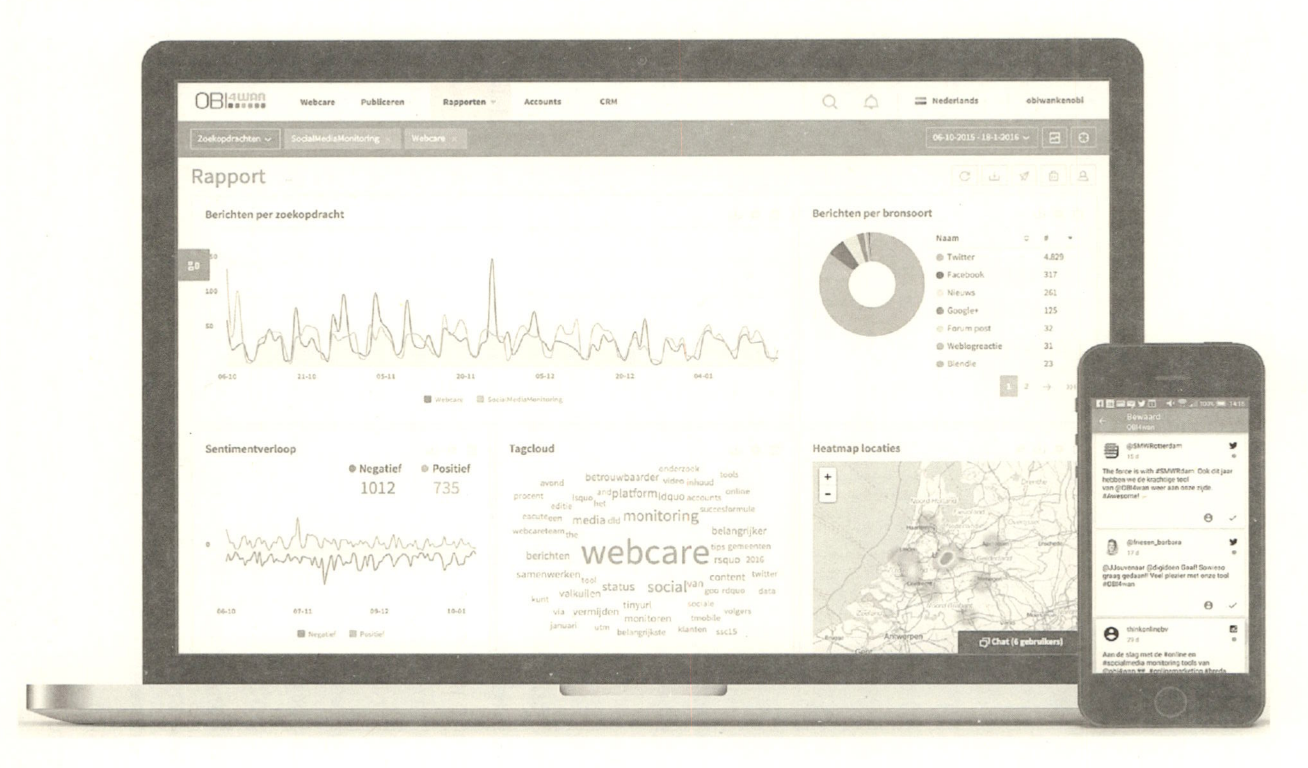

FONTE: Obi4Wan

Figura 3.8 O exemplar atendimento ao cliente da Telenet

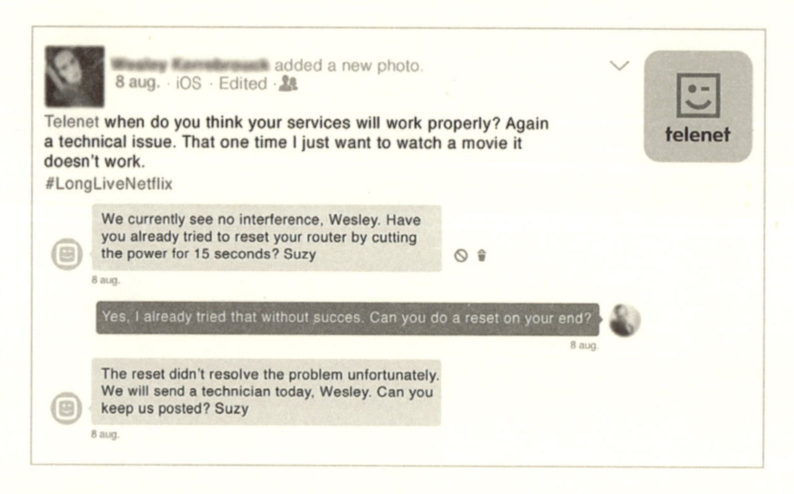

FONTE: ©Telenet

A resposta da Telenet foi imediata e impecável.

O feedback do meu colega também foi. Um cliente satisfeito pode ajudar a promover a imagem da Telenet (ou de qualquer outra companhia) como uma organização que responde rápido e é atenta ao cliente. Esse é um bom exemplo de como os clientes estão achando cada vez mais normal o uso de rastreadores, já que cada vez mais deles sentem que isso pode gerar benefícios para si. Certamente muitos grupos-alvo agora esperam que toda e qualquer pergunta (ou crítica) que fazem será tratada com rapidez e de forma automática – e muitas vezes, com uma recompensa. Por exemplo, uma pessoa que tenha algum problema com a correia de transmissão da máquina de lavar não telefona mais para o atendimento ao cliente, mas, em vez disso, faz um post e coloca uma foto divertida on-line.

Acertadamente, eles esperam que isso seja detectado pelo rastreador da empresa e tratado com prontidão.

E, na verdade, é o que geralmente acontece – pelo menos com empresas visionárias que investiram na tecnologia certa. Dito isto, ainda há muitas empresas que não conseguem cumprir as expectativas de seus clientes nas mídias sociais.

Essa foi a conclusão de uma pesquisa com clientes feita pelo Northridge Group nos EUA.[15] Um terço dos clientes que havia feito uma pergunta ou reportado um problema on-line nunca recebeu resposta da empresa em questão. E isso porque muitos clientes só postam mensagens quando o problema está saindo do controle. Mesmo assim, 47% dos clientes questionados disseram que futuramente pretendiam usar mídias sociais com a mesma frequência, ou ainda mais, para lidar com problemas de atendimento ao cliente.

Morton's Steakhouse no aeroporto

O especulador Peter Shankman estava com fome ao desembarcar de seu voo para Newark, nos EUA. Ele enviou um tuíte para a Morton's Steakhouse, perguntando se eles podiam encontrá-lo com um filé no aeroporto, onde desembarcou duas horas depois. A Morton's aceitou!

A história do filé da Morton é um exemplo clássico de como ouvir e reagir ao que está sendo dito sobre você nas mídias sociais. Também mostra como pode ser fácil conseguir atenção valiosa da mídia para sua marca e sua atenção para com o cliente sem custo nenhum. Hoje, é assim que as empresas criam *satisfação do cliente* – conceito que, nos próximos anos, se tornará lugar-comum.

Só para constar, Shankman tem 100 mil seguidores no Twitter e é cliente assíduo da Morton's. E a história sobre seu tuíte não é nova: ela data de 2011.[16] A façanha não apenas deu à Morton's Steakhouse uma inestimável propaganda gratuita em seu mercado nacional. Também proporcionou exposição internacional em uma escala sem precedentes.

Como resultado, muitos viajantes internacionais decidiram experimentar a comida do restaurante na próxima visita aos EUA. Conteúdo ganho em escala mundial. É só contar os lucros!

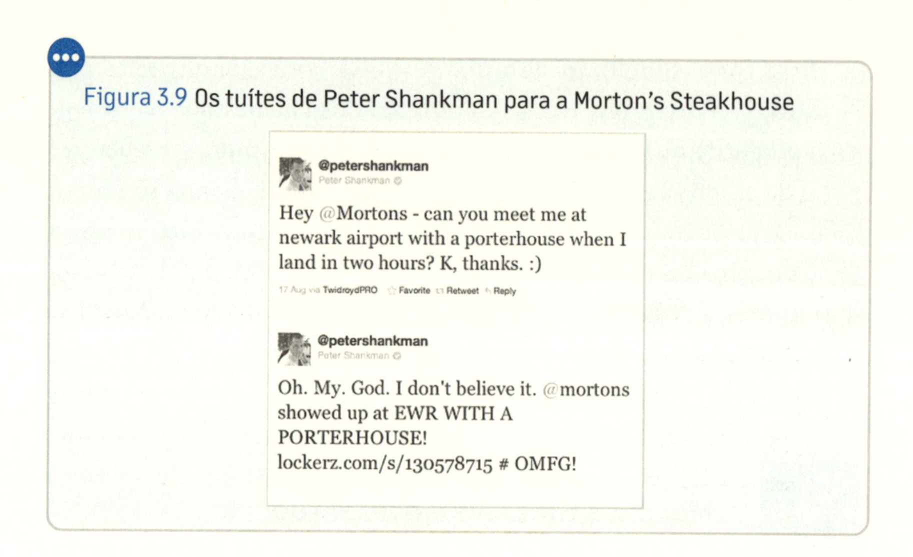

Figura 3.9 Os tuítes de Peter Shankman para a Morton's Steakhouse

▸ ESTRATÉGIA DE CONTATO

Toda experiência durante todo momento de contato com um cliente tem potencial para estimular uma decisão que definirá o comportamento dele em uma etapa seguinte da jornada do cliente. Portanto, é importante saber quais momentos de contato têm extrema relevância para o cliente – e que podem fazer a diferença – e também o que ele espera de você em tais momentos. Sabendo isso, você pode tornar esses momentos de contato mais valiosos para o cliente – e para sua empresa.

Se um cliente quer informações, é quase certeza de que vai procurar na internet, visitando os sites de potenciais fornecedores e coletando os dados que pensa serem relevantes para a própria situação. Logo, o site é o recurso proeminente para estabelecer o primeiro contato com clientes em potencial. E esse primeiro contato precisa deixar sua marca imediatamente. O cliente está esperando mais que "só umas informações". Ele está esperando as informações de que precisa em um ponto específico da jornada do cliente.

Além disso, clientes as esperam em uma linguagem que consigam entender e num formato que lhes permitirá passar para a etapa seguinte da jornada. Como se não bastasse, também esperam acesso imediato 24/7 a essas informações. Por todos esses motivos, o uso de conteúdo dinâmico em sites é crucial. Mais adiante neste livro, vou contar a você como é possível fazer isso.

Os clientes decidem sozinhos quando estão prontos para maiores investigações e para concretizar suas intenções. Quando entram em contato com sua empresa, você pode presumir, de forma sensata, que eles já mantiveram contatos detalhados com outros fornecedores em potencial. Se o cliente apenas pede mais informações, dê-as sem tentar empurrá-lo imediatamente a uma compra. Sem dúvida, você pode sugerir (com calma!) uma série de possíveis próximos passos e, talvez, até mesmo uma atitude ou duas, mas não mais que isso. Foi-se o tempo de vender gelo para esquimós!

Clientes também têm expectativas igualmente elevadas depois que uma compra é feita. Se o produto estiver estragado ou com defeito, ou se houver algum problema, eles exigem solução ou substituição imediatas.

▸ CHEGA DE VENDER GELO PARA ESQUIMÓS

A viagem de descoberta do cliente para encontrar a solução perfeita envolverá vários momentos de contato com sua empresa e seus concorrentes. Se conseguir detectar e influenciar ativamente esses momentos, você ganhará vantagem sobre seus rivais na corrida para garantir a compra final. Como tornar esses momentos de contato mais valiosos? Qual abordagem usar? Quais informações trocar? O que a concorrência está fazendo e qual reação você pode esperar dela?

Nem sempre você precisa esperar até o cliente tomar a iniciativa de conversar com sua empresa. Você também pode iniciar momentos de contato. Se coletou informações relevantes de importância ou interesse para o cliente, você pode informá-lo a respeito em um e-mail ou ligação cuidadosamente elaborados (sem forçar a barra!). Não há dúvida que ajuda se o conteúdo também estiver presente nos fóruns que o cliente consulta durante a jornada do cliente.

E não se trata apenas de momentos de contato feitos diretamente com sua empresa. Por uma taxa, vendedores de espaços para anúncios na internet ficarão contentes em lhe dizer quais potenciais clientes estão buscando produtos ou serviços específicos e quais sites da concorrência eles já visualizaram. Isso lhe dá a chance de contatar proativamente esses clientes em potencial com mensagens apropriadas através de mídias diversas.

No ambiente B2B, cada vez mais se desenvolvem novas ideias que permitirão às empresas que coletem e absorvam informações de mídias sociais com o objetivo de vender essas informações em formato de *leads*.

Uma dessas empresas é a Datanyze, que astutamente aproveitou o fato de que a automação de marketing de um site está ligada ao uso de códigos específicos, que podem ser identificados e decifrados com o software certo. A Datanyze usa esse *insight* para informar às empresas de automação de marketing quais outras empresas instalaram automação de marketing nos próprios sites. A maioria dos projetos de automação de marketing começa com uma avaliação gratuita. Isso significa que todo mundo pode descobrir que a empresa X tem interesse em automação de marketing e atualmente está testando o sistema da companhia Y. Esse é o sinal para outras empresas tentarem convencer esse potencial cliente pronto para comprar a experimentar outro sistema antes de tomar uma decisão final de compras.

▸ ALVOS E SUSTENTABILIDADE

Ter um ciclo de fidelidade é uma beleza, mas como combiná-lo com um melhor resultado de vendas? No fim das contas, seu negócio ainda é ter lucros. E isso significa mais vendas.

A pressão para atingir resultados é onipresente. Mas, ao mesmo tempo, você precisa mimar o cliente no ritmo que ele estabelece e do modo que determina. Esses são os estresses e dificuldades que áreas de vendas devem conseguir gerenciar. Mesmo assim, é preciso evitar a abordagem "registre-se agora ou não cumprirei as metas trimestrais para obter bônus".

Esse é o tipo de atitude que conferiu uma reputação tão ruim às vendas nas últimas décadas. As táticas agressivas anteriormente usadas com os clientes para atingir metas não são mais compatíveis com a cultura do cliente predominante.

Hoje em dia, se quiser vender mais, você precisa ser muito menos voltado para as vendas do que no passado. Force demais a barra e seu cliente irá para outro lugar.

As táticas agressivas anteriormente usadas com os clientes para atingir metas não são mais compatíveis com a cultura do cliente predominante.

Aprenda com a Salesforce e sua abordagem de vendas reorganizada

A automação de marketing proporciona a você um *insight* em tempo real de sua relação com o cliente ou da relação que está construindo com um cliente em potencial. Mas o fato de estar usando automação de marketing não significa que você não cometerá mais erros. Um dos principais pontos fracos dos vendedores insistentes é que eles querem fechar negócio tão logo recebem o primeiro sinal de compra de um potencial cliente. Eles forçam a barra como um touro na porteira, a tal ponto que muitas vezes afugentam a presa.

A Salesforce, por exemplo, é uma empresa fantástica com produtos incríveis de software em nuvem. Fundada em 1999 por Marc Benioff e Parker Harris, hoje ela é uma das dez principais empresas de TI do mundo. Quando a Salesforce foi lançada no mercado de ações em 2004, ela tinha apenas 400 funcionários. Hoje tem 13 mil, gerando uma receita de 5 bilhões de dólares em 2010 e 2014. A empresa foi escolhida como a mais inovadora por quatro anos consecutivos pela prestigiada revista *Forbes*.[17]

Se você compara todos os sistemas de CRM no mercado, o da Salesforce sem dúvida é o melhor em termos de qualidade, e seu site é um modelo de como auxiliar clientes e mantê-los informados sobre os mais recentes desenvolvimentos tecnológicos.

Porém, seu sucesso foi resultado de uma mudança da mentalidade "bombardeio de vendas" e da abordagem comum de vendas de obter detalhes de chamadas não solicitadas de perfis no LinkedIn e pressionar por resultados. Isso melhorou demais sua reputação e os resultados, reorganizando-a em uma abordagem mais consultiva.

Todos os que operam on-line automaticamente terão mais chances de manter relações com uma rede mais ampla de pessoas. Todos os instrumentos on-line padrão são úteis para esse fim: e-mails, anúncios, mídias sociais, vídeos etc.

Resumindo, tudo o que puder ser usado para acondicionar conteúdo e proporcionar valor ao cliente do jeito certo e no momento certo. Os clientes também esperam mais contato instantâneo. Quando querem algo, querem agora – e o fornecedor tem de encontrar, depressa, com facilidade e sem problemas. Construir uma relação on-line é como construir uma relação presencial.

Primeiro, há a etapa de farejamento. Depois, a etapa exploratória. Em seguida vem a etapa de avaliação, quando os critérios de compra são cuidadosamente pesados. Por fim, faz-se a escolha. Tudo isso tende a fluir com tranquilidade, contanto que ambas as partes se tratem com respeito e a relação permaneça mutuamente vantajosa.

E, assim como você provavelmente tenta evitar pessoas que estão sempre falando de si mesmas, os clientes tentarão evitar vendedores insistentes interessados apenas na mesma ladainha de elogiar os próprios produtos.

A regra 4-1-1 das vendas em redes sociais

Se você usa mídias sociais para iniciar e construir relações com novos clientes em potencial, precisa conhecer os benefícios da regra 4-1-1.[18] A regra foi elaborada pelos Laboratórios Tippingpoint e por Joe Pulizzi, o padrinho do marketing de conteúdo e fundador do Content Marketing Institute.

A regra 4-1-1 define que só se deve começar a promover a própria ofertas após ter retuitado um tuíte relevante e, o mais importante, compartilhado quatro textos de conteúdo relevante escritos por outras pessoas.

Logo, o marketing social trata primeiro de vasculhar a rede para verificar quais outras mensagens externas podem ser

compartilhadas para respaldar a sua mensagem, em vez de simplesmente lançar desde o início a própria mensagem a seus potenciais clientes despreparados.

Fidelidade e durabilidade estão intimamente conectadas uma à outra. O segredo de uma relação duradoura é começar a tempo. Você precisa fazer tudo o que puder para aparecer no radar do cliente o mais cedo possível. Ao fornecer informações corretas de maneira também correta e discreta a (potenciais) clientes bem no início de sua jornada do cliente, sua existência será notada, e esses clientes passarão a vê-lo como um possível parceiro nessa jornada.

Porém, para conseguir isso, você precisa estar permanentemente acessível e também registrar e reinterpretar constantemente novos dados relevantes para a relação. Se o cliente solicitar, forneça a ele feedback específico, preciso e atualizado – e faça isso depressa. Guiar uma pessoa numa jornada é mais que apenas desejar vender algo a ela.

Uma relação sustentável não é compatível com pressionar o cliente.

Se os (potenciais) clientes aos poucos se encantam com as informações que você disponibiliza, a ponto de aos poucos passarem para uma compra, há uma chance muito boa de que eles o envolvam na fase de avaliação. Durante essa fase, eles também se lembrarão das experiências anteriores (positivas). Você precisa ser paciente e aceitar que talvez eles adiem sua decisão, talvez porque queiram examinar mais a fundo as ofertas on-line ou desejem garantir a adesão de colegas.

Porém, no momento em que a decisão da compra é finalmente tomada, o cliente vai querer uma atitude imediata. A abordagem cautelosa até então será substituída por uma expectativa instantânea.

Se você conseguir corresponder a essa expectativa de forma adequada, estará a caminho de construir uma relação sustentável.

Uma relação sustentável com o cliente significa respeitá-lo, mas também implica que seus próprios sócios tenham respeito por sua abordagem comercial. Talvez os lucros de hoje sejam obtidos com menos rapidez que no passado, mas provavelmente sejam mais sustentáveis. E, por sustentáveis, quero dizer bem-sucedidos no longo prazo.

▶ O CLIENTE É QUEM FAZ O TRABALHO

Oferecer valor aos clientes é bem diferente de atingir suas próprias metas. No mercado moderno, é preciso oferecer um valor que se venda, porque é isso que o cliente quer.

Clientes comparam produtos antes de fazer a compra. Mesmo depois dela, eles continuam a comparar experiências. O fato de o cliente comprar seu produto e continuar a fazer propaganda dele não depende mais exclusivamente da qualidade do produto. Hoje em dia, também depende da maneira como você envolve o cliente no processo e do nível do serviço proporcionado. Essencialmente, o clientes se tornaram compradores. Agora, adotam o comportamento que aprenderam como consumidores comuns. Se não estão satisfeitos, vão a algum lugar melhor. Sua tarefa é garantir que consiga prender a atenção e o interesse deles.

A vantagem de clientes fixos e potenciais que buscam se informar melhor do que nunca é que eles terão mais facilidade para entrar em contato com sua proposta de valor. Se você dá ao cliente informações corretas e relevantes desde a etapa inicial, a busca que ele faz pelo produto certo trabalhará a seu favor. Em essência, os clientes fixos e potenciais de hoje em dia encontram o caminho até sua empresa, em vez de você encontrá-los. Isso lhe poupa trabalho. Tudo o que você precisa fazer é garantir que colocou as placas certas ao longo do trajeto.

Clientes modernos se empoderaram, mas em troca concordaram em assumir muitas das tarefas anteriormente esperadas dos fornecedores. Empresas bem-sucedidas fazem uso hábil da curiosidade e do entusiasmo desses clientes atuais e potenciais interessados. São homens e mulheres que vasculham a internet e as mídias sociais quase constantemente, de forma que se apropriaram de grande parte do processo de vendas tradicional. Literalmente.

Todas as informações que um cliente lhe dá durante a busca pelo produto certo são as que você não precisa mais procurar para si mesmo. Os detalhes que o cliente deixa para trás marcando opções e preenchendo formulários on-line são detalhes de que você não precisa mais para entrar no próprio sistema. Em vez disso, você pode analisar e interpretar imediatamente essa fartura de dados, o que lhe permite fornecer soluções que despertem ainda mais o interesse do cliente.

Dito isto, esse novo tipo de abertura comercial exige mudança de atitude mental, que se reflete em uma abordagem comercial menos explícita. Mas ser mais distante e mais reservado na abordagem não significa ser ausente. Significa acompanhar a jornada do cliente, ajudar em que puder, mas não impor aonde ele deve ir de uma forma forçada ou intrusiva. Primeiro, você precisa proporcionar valor antes de esperar recebê-lo de volta. Isso envolve um nível considerável de marketing de permissão: você só faz as coisas se o cliente concordar. Se ele está no seu radar há algum tempo, sem dúvida você pode lhe enviar dois ou três e-mails com perguntas, mas não mais que isso. Perseguir os clientes por telefone depois que eles visitam seu site pela primeira vez também é contraproducente.

Para empresas habituadas à cultura de "vendas forçadas" do passado, muitas vezes pode ser difícil fazer essa mudança. É complicado se livrar de velhos hábitos. Não é incomum gerentes de vendas à moda antiga solicitarem uma lista dos visitantes de sites aos colegas do marketing. De posse dessa lista, eles sistematicamente contatam esses visitantes por telefone, em geral na esperança de convencê-los a concordar com uma reunião, já que reuniões geram vendas, não geram?

Talvez no passado, mas não mais. Hoje em dia, esse tipo de abordagem assertiva fará sua empresa perder toda a credibilidade com potenciais clientes, com efeitos inevitáveis na motivação e no retorno das vendas.

Fazer uma abordagem reservada significa deixar o cliente fazer as escolhas com base nas informações corretas, atualizadas e transparentes. Trate seu cliente como um parceiro com quem você queira firmar um relacionamento autêntico e respeitoso. Você pode presumir que toda decisão que o cliente toma por livre e espontânea vontade – da escolha dos produtos ao nível do serviço – é uma decisão consciente e ponderada. Isso lhe poupa uma quantidade imensa de trabalho tentando descobrir com exatidão o que o cliente quer, e permite formular uma proposta de valor que você pode apostar que corresponderá às expectativas dele.

Se os clientes assumem a dianteira no processo de vendas, se conseguem exatamente o que querem em cada etapa da jornada do cliente, se podem contar com sua compreensão e boa vontade para ouvir, se suas contribuições à jornada são eficientes e inspiradoras, então é razoável presumir que eles ficarão satisfeitos. Cliente satisfeito é sinônimo de lucro. Acima de tudo, a satisfação também é a chave para cultivar clientes fiéis, que, por sua vez, podem se tornar defensores. E, no mercado moderno, defensores valem ouro.

▸ DANDO CONTA DO RECADO

Dar conta do recado. Fazer o que se promete. Quer estejamos falando de uma informação, um produto ou um serviço, isso pode fazer toda a diferença, porque uma relação profissional se baseia mais em considerações racionais que em simpatia, a expectativa moral inerente nessa relação também se traduz em termos relacionais, através de um contrato assinado ou um formulário de pedido em papel. E, quando a entrega é feita, ela será verificada em relação ao contrato ou formulário do pedido para garantir que você fez o que disse que faria. Colocar as coisas no papel é fácil se tudo for palpável, se puder ser classificado e contado, organizado em caixas, carregado, transportado, descarregado, desembalado e guardado. Isso era possível, contanto que o produto ou o serviço não passasse de um produto ou serviço, e nada mais.

Mas no mercado moderno o sucesso também depende de você proporcionar outras vantagens, menos palpáveis. Isso é muito mais difícil de quantificar. Por exemplo, apenas colocar um número de telefone no seu site não quer dizer que você esteja sempre disponível para o cliente.

E complica ainda mais quando você precisa fazer promessas relacionadas a questões de experiências de vendas, acessibilidade ao cliente, velocidade, facilidade, um tipo particular de ambiente etc. Se você promete facilitar as coisas para o cliente, eles decidirão sozinhos, com precisão, o que isso quer dizer. Hoje, clientes esperam que as empresas saibam o que eles preferem. Eles sabem que as companhias coletam e processam detalhes on-line, a despeito das implicações negativas de privacidade que isso às vezes acarreta. Em troca de tolerar todo esse rastreamento, os clientes esperam um serviço ideal:

> "O quê? Quer dizer que você não envia SMS antes da entrega? Tenho certeza de que você sabe que estou com trabalho até o pescoço! Não sabe? Qual o problema com você? Não tem LinkedIn?"
>
> "Você sabe que eu esquio, porque recentemente postei uma foto de férias no Facebook. Então, por que não alterou minha apólice de seguro? Quer dizer que nunca olha o Facebook? Em que século você vive?"
>
> "Bando de amadores! Vocês precisam ler um livro sobre vendas disruptivas!"

E por aí vai. Mais do que você imagina, e muitas vezes com mais emoção e linguagem agressiva!

Os clientes esperam comunicação proativa e se sentem passados para trás se não a conseguem. Na era das mídias sociais, a falta de comunicação instantânea e precisa é como riscar um fósforo numa fábrica de fogos de artifício. Explode na sua cara. Pior, é visto como um serviço ruim. E não há nada tão imprevisível e vingativo que um cliente que acha que foi maltratado.

Em linhas gerais, há cinco motivos principais para o cliente não ficar satisfeito:

1. Você promete demais, mas entrega pouco.
2. Você não consegue se comunicar proativamente.
3. Sua prestação de serviços não atende aos padrões atuais.

4 Você perde sinais do cliente em canais que não consegue monitorar.

5 Você irrita os clientes tomando decisões em vez de dar a eles a opção de escolha ou, pelo menos, consultá-los.

Como empresa, você precisa ter um posicionamento objetivo. Uma vez que você decidiu sua posição, é essencial comunicá-la com precisão ao mercado. Se sua proposta de valor consiste em produtos não criativos que você promete vender pelo preço mais baixo, precisa fazer valer essa promessa. Se o fizer, você será avaliado com menos crítica em outras áreas. Se você promete ser o mais criativo, ou proporcionar o melhor serviço, mas no fim é menos criativo ou agrada menos o cliente do que pensava, terá um problema sério de credibilidade.

Também é importante lembrar que o que você promete nem sempre é o que seu cliente vai esperar com base nessa promessa. As mesmas palavras têm significados diferentes para clientes diferentes – mais ainda quando se trata de aspectos da experiência da jornada do cliente.

Sua empresa precisa acompanhar as mudanças do tempo. Isso significa que a ênfase em sua proposta de valor também mudará. Mas você ajustou seu site e padrões para refletirem isso? Se não, está ajudando a criar mal-entendidos, simples assim. Clientes novos e já existentes esperam receber produtos e serviços como descritos no seu site e promovidos em sua comunicação.

O telefonista que atende sua ligação no 0800 pode ter uma interpretação diferente sobre um aspecto de sua mensagem em relação ao colega da mesa ao lado, ao gerente, ou mesmo a você próprio. Qual o número máximo de vezes que um telefone pode tocar? Cinco vezes? Então, deixamos o telefone tocar cinco vezes antes de atender ou atendemos no primeiro toque? E o que é rapidez quanto o assunto é fazer cotações de preços ou passar pedidos?

Quanto mais você conseguir comunicar explicitamente essas coisas ao longo de toda a organização, mais será capaz de proporcionar o tipo de experiência uniforme que os clientes estão buscando.

Quando se trata de criar valor e cumprir promessas, o CEO desempenha uma função crucial. Ele precisa comunicar com precisão a todos os níveis da organização – de cima a baixo, horizontal e verticalmente – o que a empresa defende, o que está oferecendo aos clientes e sob quais condições. Como toda boa comunicação, isso precisa ser adaptado a grupos-alvo específicos, em termos de forma e de conteúdo. A maneira como você comunica a mensagem a seu contador será diferente, em termos de ênfase e tom, da que você comunica a mesma mensagem básica a um de seus motoristas de empilhadeira.

O importante é que todos estejam na mesma sintonia. Por exemplo, com frequência acontece alteração na política de preços sem que o pessoal do marketing e do atendimento ao cliente fique ciente dessa informação vital. Também é comum os vendedores moverem montanhas para conseguir um pedido, mas sem repassar essa notícia importante aos colegas de outros departamentos.

Cumprir uma promessa envolve todas as pessoas da empresa. A única maneira de proporcionar uma experiência uniforme ao cliente é garantir que todos estejam dançando conforme a mesma música. E a automação dos processos não exclui a necessidade de uma comunicação boa e precisa de pessoa para pessoa.

▶ DECOMPOSIÇÃO DO VALOR

Você fica em um dos lados do processo de compra, fazendo uma promessa que pretende cumprir. Do outro lado fica o cliente, que espera que sua promessa (e o que você proporciona) será exatamente o que ele deseja. Em outras palavras, os clientes exigem uma proposta de valor sob medida e estão preparados para pagar um preço pelas coisas que têm valor para eles. O que não tem valor para eles não vale a pena ser pago, em sua opinião.

Resumindo, o processo de compra não é, simplesmente, sua empresa fazer uma promessa e mantê-la. Também é fornecer com precisão o valor que mais importa ao cliente naquele momento específico e a tempo. Muitas empresas focam demais o cumprimento da promessa sem saber de fato (ou sem se importar em saber) se o valor inerente à promessa é realmente o valor que o cliente está esperando ou de que mais precisa. E você nunca conseguirá descobrir isso a menos que pergunte ao cliente esse ponto-chave.

Muitas empresas focam demais o cumprimento da promessa sem saber de fato (ou se importar em saber) se o valor inerente à promessa é realmente o valor que o cliente está esperando ou de que mais precisa.

É possível que o cliente fique satisfeito com o que você fizer ao longo da jornada do cliente e dê grande importância a isso. Mas também é possível que ele fique satisfeito com o que você fizer ao longo da jornada e, mesmo assim, não dê importância alguma a isso.

Esse tipo de situação – em que você impressiona os clientes sem, de fato, dar a eles o que querem – é jogar dinheiro fora, simples assim. Quando isso acontece, você precisa repensar sua abordagem. Ainda mais nocivas são as situações em que você oferece aos clientes algo a que dão extremo valor, mas eles ficam totalmente frustrados. Aqui, é preciso encontrar um jeito melhor de proporcionar o valor que você cria.

O esquema a seguir resume as situações e reações diferentes.

Figura 3.10 A matriz de priorização

FONTE: ©CPI-Consulting

O eixo horizontal ilustra o valor fornecido em relação à importância atribuída a ele pelo cliente. O eixo vertical ilustra o nível de satisfação obtido pelo cliente a partir desse valor. As duas perguntas a seguir são feitas ao cliente: "Até que ponto X é importante?" e "O quanto você está satisfeito com X?".

O valor oferecido ao cliente pela empresa pode ser examinado com detalhes. De fato, esse tipo de afinação é o objetivo do exercício. O valor que você oferece ao cliente em cada ponto da jornada do cliente consiste em uma mistura de diferentes elementos de valor. É útil identificar e separar esses elementos diferentes – um processo conhecido como decomposição do valor. Cada elemento pode receber um valor financeiro (monetização de componente).

Vamos tomar como exemplo uma simples lata de tinta. Vista com base numa única perspectiva, tinta é apenas tinta. Porém, para uma pessoa com um problema específico para resolver, essa perspectiva muda. A lata de tinta se transforma depressa em algo mais que 'um produto com um preço'. Em vez disso, agora ela é um novo produto com diferentes componentes, cada um com o próprio valor: preço, embalagem, certificação, definição de cores, opacidade, facilidade de uso, nível de pureza, disponibilidade, disponibilidade garantida no caso de pedidos recorrentes, garantias relacionadas a possíveis variações de preço de matérias-primas etc.

Para cada um desses componentes, é possível perguntar:

- "Até que ponto X é importante?"
- "O quanto você está satisfeito com X?"
- "Quanto você estaria disposto a pagar a mais por X se tivesse certeza de que X corresponde exatamente ao que espera dele?"

Clientes diferentes atribuirão um valor diferente a componentes diferentes de sua proposta de valor. A importância que eles atribuem a cada componente refletirá o ambiente e as condições em que operam.

> O que é valioso difere de cliente para cliente e de momento para momento.

É fundamental lembrar que as coisas importantes para o cliente podem mudar de um momento para o outro. Quando ele compra seu produto, um serviço de atendimento 24 horas pode ter prioridade baixa na lista. Por quê? Porque isso talvez não tenha efeito no preço no instante em que este é o aspecto mais relevante. Porém, se mais tarde se descobrir que seu produto ou serviço se tornou um fator crítico, deixá-lo em perfeito estado de funcionamento de repente terá muito mais importância que antes. Esses são os tipos de mudanças de expectativa do cliente a que você precisa estar atento.

Como consequência, sua proposta de valor não apenas precisa depender do que o cliente indica que é importante para ele no início da compra, mas você também deve levar em conta várias outros possíveis cenários futuros. Você precisa desenvolver soluções adequadas e estratégias de preços para cada um desses cenários. Para questões não previstas de imediato, mas para as quais ainda há solução, você pode, justificadamente, cobrar um pouco (ou muito) mais do cliente.

Mas como identificar e elaborar esses cenários alternativos? Observando seus clientes, conversando com eles e usando a imaginação. Examinando e compreendendo seus modelos de negócio e métodos de trabalho. Ouvindo o que eles dizem durante as conversas com o serviço ao cliente. Analisando essas conversas em busca de palavras frequentemente repetidas e reestruturando os resultados em perguntas frequentes e emoções expressas várias vezes.

Os componentes de valor contêm um peso diferente de um cliente para outro. Alguns serão cruciais, outros não, e outros apenas parcialmente. Uma vez ciente disso, fica possível focar os componentes que são mais importantes para cada cliente em particular. Outros componentes menos interessantes podem ser abandonados.

Dessa maneira, você pode abordar diferentes segmentos de clientes de formas diferentes, oferecendo-lhes precisamente o valor de que mais precisam e pelo qual estão dispostos a pagar. Isso se chama *valor correspondente*. Por exemplo, o produto básico pode ser equipado com componentes de valor adicionais "sob medida", dependendo do segmento a que se destina. Tomando como exemplo nossa lata de tinta, você pode focar clientes motivados pelo preço baixo (produtos básicos sem componentes de valor extra), clientes motivados pela necessidade de longevidade (tinta que conserva a cor por vários anos), clientes motivados pelo conforto (tinta rápida e fácil de usar) etc.

Você pode levar isso uma etapa adiante conectando componentes de valor particulares a perfis ou *personas* particulares de clientes. Isso possibilita oferecer combinações específicas entre produto e serviço a certas categorias de clientes, dependendo de seus perfis; por exemplo, um combo com a venda da tinta + "bicos" de pintor. Sem dúvida esses combos precisam ser agregados com antecedência como um produto ou um serviço integral.

Fazer esse tipo de conexão entre os componentes de valor e os perfis dos clientes possibilita introduzir um sistema de alerta. Isso permite que você proponha certas combinações de valor a clientes específicos, com base no perfil deles. Uma abordagem mais avançada usa um questionário on-line de perfis. Nesse caso, o cliente responde a uma série de perguntas em que indicam o que querem e o que não querem, bem como se estão ou não preparados para pagar (mais) por isso. Com essas informações detalhadas, você pode fazer uma proposta sob medida ainda melhor, que pode constituir a base de negociações futuras.

Se você sabe quais componentes de valor são importantes e quais não são importantes para o cliente em cada ponto de contato, e se consegue mapear e integrar esses componentes e o efeito cascata resultante ao longo da jornada do cliente, você conseguirá desenvolver mais sua oferta com base em escolhas bem-informadas. Uma proposta de valor nitidamente definida ajuda o cliente a fazer sua escolha. Logo, garanta que a sua esteja límpida como água.

Uma proposta de valor claramente definida ajuda o cliente a fazer sua escolha.

Um cliente que elabora uma lista com os próprios critérios de seleção e depois faz uma busca na internet para encontrar empresas que cumpram esses critérios achará essa abordagem particularmente útil. Em comparação, se sua proposta de valor é vaga ou genérica demais, você perderá a chance de rotular sua empresa ou marca como exclusivas ou marcantes no mercado.

Algumas empresas talvez digam "tenho um logo que chama a atenção" ou "meus produtos são todos da cor laranja", presumindo que isso basta para garantir uma identidade distinta. É verdade, mas só até certo ponto. Um logo chamativo e cores vibrantes sem dúvida podem ajudar a aumentar o reconhecimento da marca. No entanto, não são fatores que convencerão o cliente a comprar o que você está oferecendo, a menos que haja um valor igualmente distinto por trás dessas características superficiais.

▸ DESIGN DA EXPERIÊNCIA DO CLIENTE

Ao descobrir quais componentes de valores são importantes para o cliente em cada ponto de experiência durante a jornada do cliente, você pode saber com antecedência quais componentes o cliente usará para avaliar seu desempenho. Em seguida, você pode desenvolver sua proposta de valor para tomar nota desses elementos, de forma que façam uma diferença real para o cliente, em comparação com a concorrência. Ao combinar todas essas informações, você pode elaborar uma experiência completa do cliente ao longo de toda a jornada.

A empresa de móveis sueca IKEA foi pioneira no design da experiência do cliente. A IKEA foi a primeira a elaborar uma trajetória completa para seus clientes, desde seguir as placas de direção até as lojas a montar os móveis em casa. Também foi a primeira a sintonizar sua proposta de valor com a experiência emocional do cliente. Ao mesmo tempo, ela também continuou a levar totalmente em consideração os próprios valores centrais, reforçando os valores que tanto entusiasmaram os clientes.

Toda a jornada do cliente foi visualizada com uma metodologia desenvolvida pela G-CEM, uma empresa que desenvolve modelos para otimizar a gestão da experiência do cliente.

Os diferentes pontos de contato são mapeados a tempo, num processo linear. O último ponto de contato é mais importante, já que define a sensação do cliente ao sair da loja. A IKEA permite ao cliente experimentar como o valor positivo de uma visita à loja (preço baixo, design moderno etc.) compensa muito o esforço negativo envolvido (estacionamentos cheios, filas longas na saída, montagem por conta própria etc.).

A IKEA é uma loja de móveis que cabe no orçamento e no estilo de vida. Caber no orçamento significa que ela tenta manter os custos mais baixos possíveis. Isso é algo que a empresa deixa patente. Você precisa pegar a própria mobília de lugares cheios de estantes. Os móveis são embalados em caixas simples de papelão. Algumas partes das lojas têm decoração escassa. Há poucos funcionários, então, às vezes os clientes têm de esperar para fazer perguntas.

Mas esses pontos negativos são mais que equilibrados pelos positivos: móveis baratos com design tendência, artigos divertidos e inesperados também baratos, refeições exóticas por preços extremamente baixos no restaurante etc. A IKEA, intencionalmente, faz pouca coisa para reduzir as filas longas no caixa, mas compensa montando uma barraca de cachorro-quente, sorvete e bebidas sem álcool próximo à saída, também a preços irrisórios. Isso faz as pessoas voltarem contentes para casa.[19]

Para os clientes, a história da IKEA parece verdadeira. O significado da loja não é rapidez; é orçamento bom – e é isso o que ela proporciona. Se algum dia ela tentar incrementar suas lojas aumentando os preços ou diminuindo a qualidade do restaurante, não será mais a autêntica IKEA azul-amarela que tantos de nós conhecem e adoram. A experiência do cliente mudaria drasticamente e seu conceito fracassaria.

▸ POR QUE O *OVER-DELIVERY* (ENTREGAR MAIS QUE O PROMETIDO) NÃO É UMA BOA PRÁTICA

"Prometa menos e entregue mais" é uma frase popular nos círculos de vendas anglo-saxões. Significa que você precisa tentar e fazer mais do que promete. Na verdade, esse é o intuito de muitas empresas. Elas presumem que isso fará o cliente elogiá-las com as mãos para o céu. Hoje, muitas equipes de vendas se sentem obrigadas a se comportar dessa forma, quase a ponto de virar rotina, em que o vendedor é uma espécie de mágico. Mas isso é tão vantajoso como todo mundo pensa?

Um dos problemas em proporcionar coisas demais é que muitas vezes não há acordos internos na empresa sobre o que isso significa. E, mesmo que haja, a equipe de vendas rapidamente desvia deles, porque aquela cliente específica é tão importante, não é? E todos nós queremos cumprir as metas trimestrais, não queremos? Um vendedor oferece 10 amostras extras. Outro dá um desconto adicional de 3%. Um terceiro acrescenta 20 quilos a mais. Logo todo mundo entra na dança.

Outro problema é que esse excesso de zelo comercial logo passa a ser encarado como uma prática padrão, mesmo pelo cliente, uma situação que os espertalhões sabem como explorar. Alguns anos atrás, estive envolvido na análise de uma estratégia comercial de uma empresa de produtos têxteis. O clima na equipe de vendas não estava bom, e fui encarregado de descobrir o porquê. Logo foi possível ver que toda a equipe de vendas estava desmotivada.

Mas o motivo só ficou patente quando conversei com o CEO. Não foi tanto o que ele me disse. Foi a maneira como seu telefone não parou de tocar durante nossa reunião. A cada vez, ele parava a conversa para atendê-lo. Todas as ligações eram de clientes que tinham linha direta para falar com o chefe! E todos perguntavam a mesma coisa: será que ele poderia oferecer "um pouquinho mais" no próximo pedido? Todos sabiam que havia a opção de desviar da equipe de vendas e ir direto para o chefe.

E o chefe, então, telefonava para a equipe de vendas para dizer que já tinha fechado o acordo com os clientes. Não surpreende que estivessem desmotivados! Talvez o CEO tivesse uma queda por esse tipo de coisa; quem sabe? O que é certo é que a empresa – e a equipe de vendas – passou a ter um desempenho bem melhor quando o CEO foi substituído.

Pesquisas recentes nos EUA enfraqueceram ainda mais o mito do "prometa menos e entregue mais".[20] Os cientistas comportamentais Ayelet Gneezy, da University of California, em San Diego, e Nicholas Epley, da University of Chicago, investigaram se fazer mais do que se promete resulta de fato num efeito duradouro em quem se beneficia disso.

Os pesquisadores desenvolveram uma série de testes que examinaram as reações de voluntários que receberam mais do que esperavam, que receberam menos do que esperavam ou que receberam exatamente o que esperavam. Em um teste, por exemplo, os participantes foram solicitados a lembrar como reagiram no passado quando uma promessa foi cumprida com exatidão, ou quando se cumpriu menos ou mais do que se esperava. Em outro experimento, foram solicitados a resolver uma série de enigmas, com o auxílio de um assistente.

Havia três grupos de assistentes. O primeiro não ajudou nada. O segundo ajudou o suficiente. O terceiro fez tudo o que pôde para ajudar. Após a finalização dos enigmas, mensurou-se o impacto do assistente. Todos os testes mostraram que tentativas de impressionar alguém (um voluntário, um cliente etc.) fazendo mais que o prometido são esforços jogados no lixo – simples assim. Isso não faz o beneficiário de sua generosidade sentir mais gratidão ou apreciação.

O resultado surpreende? Talvez. Sem dúvida, surpreendeu Gneezy e Epley, que haviam esperado descobrir um efeito moderadamente positivo. Nicholas Epley comparou uma promessa alojada em nossa mente com um tipo de contrato, que comanda automaticamente nossas expectativas futuras. Se alguém nos promete algo, esperamos minimamente que a pessoa cumpra o que prometeu. Mas também temos uma tendência geral de esperar que ela faça um pouco mais – porque consideramos que fazer menos é injusto e, portanto, moralmente inaceitável.

Isso explica por que é crucial, para sua reputação, sempre fazer o que você promete. E também explica por que fazer mais é desnecessário: as pessoas meio que esperam isso de qualquer forma e, consequentemente, não agradecem quando acontece.

Invista em cumprir suas promessas, mas não em excedê-las.

Há, no entanto, uma exceção: ser competitivo em termos de preço, oferecendo um pouco mais do que foi acordado no início, não é o mesmo que tentar criar valor adicional não solicitado, com o qual você busca entusiasmar o cliente. Invista tempo e esforço em uma proposta sólida de valor – e então, siga firme nela. Não faça mais, mas menos também não.

É melhor fazer o que você prometeu no início do que tentar inventar moda conforme avança. Sem dúvida, você pode prometer mais coisa do que os concorrentes estão prometendo: isso é concorrência direta. Afinal, seu objetivo é fazer o cliente falar "uau". Deixe tão explícita quanto possível sua oferta ao cliente. Se não consegue fazer isso apenas com palavras, faça por meio de imagens e de seu próprio comportamento. Garanta que sua comunicação não seja ambígua ou inconsistente. E não se esqueça de verificar que todos na empresa estejam na mesma sintonia.

▸ NOTAS

[1] KOTLER, P.; SAUNDERS, J.; WONG, V.; BROERE, F.; ARMSTRONG, G. *Principes van Marketing*. 5th ed. Amsterdam: Pearson Benelux, 2009.

[2] KRALJIC, P. Purchasing must become supply management. *Harvard Business Review*, p. 109–17, set. 1983.

[3] O processo clássico de vendas com base no método do funil leva pouco em consideração (ou nem leva) o período pós-venda e o possível desenvolvimento da lealdade do cliente. Também é insensível a interações feitas por clientes durante o processo de vendas, o que pode alertá-los a investigar as ofertas de fornecedores concorrentes, ou acrescentar ou remover, inesperadamente, novas especificações do conjunto inicial de exigências e expectativas.

[4] COURT, D.; ELZINGA, D.; MULDER, S.; VETVIK, O. J. The consumer decision journey. *McKinsey & Company* [On-line]. Disponível em: http://www.mckinsey.com/insights/marketing_sales/the_consumer_decision_ journey. Acesso em: maio 2015.

[5] Maes, Patrick (2013) *Sales 3.0*, CPI-Consulting

[6] WOOLLASTON, Victoria. EasyJet launches 'Sneakairs': Smart shoes fitted with sensors VIBRATE to help direct wearers around new cities. *Daily Mail* [On-line]. Disponível em: http://www.dailymail.co.uk/sciencetech/article-3588413/EasyJet-launches-Sneakairs-Smart-shoes-fitted-sensors-VIBRATE-help-direct-wearers-new-cities.html. Acesso em: maio 2017.

[7] ROBARTS, Stu. EasyJet smart shoes let you follow your feet, *New Atlas* [On-line]. Disponível em: http://newatlas.com/easyjet-barcelona-street-project-sneakairs/43369/. Acesso em: 2015.

[8] PERSONA (USER EXPERIENCE). *In*: Wikipedia [On-line]. Disponível em: https://en.wikipedia.org/wiki/Persona_(user_experience). Acesso em: jul. 2015.

[9] COURT, D *et al.*, acesso em: maio 2015 [On-line].

[10] SALESMANAGO. Marketing Automation – The Definitive and Ultimate Guide to Marketing Automation. *SALESManago* [On-line]. Disponível em: https://www.salesmanago.com/info/definitve_and_ultimate_new_knowledge.htm. Acesso em: dez. 2017.

[11] MICROSOFT CANADA. Attention Spans – Consumer Insights. *Microsoft.com* [On-line]. Disponível em: http://advertising.microsoft.com/en/cl/31966/ how-does-digital-affect-canadian-attention-spans. Acesso em: maio 2015.

[12] STATISTIC BRAIN RESEARCH INSTITUTE. 15 statistics that should change the business world – but haven't, Statistic Brain. *Statistic Brain Research Institute* [On-line]. Disponível em: http:// www.statisticbrain.com/attention-span-statistics/. Acesso em: maio 2017.

[13] MOTH, D. Site speed: case studies, tips and tools for improving your conversion rate. *Econsultancy* [On-line]. Disponível em: https://econsultancy.com/blog/10936-site-speed-case-studies-tips-and-tools-for-improving-your-conversion-rate/. Acesso em: ago. 2015.

[14] STATISTIC BRAIN RESEARCH INSTITUTE, acesso em: maio 2017 [On-line].

[15] NORTHRIDGE GROUP. The State of Customer Service Experience 2015. *Northridge Group* [On-line]. Disponível em: http://www.northridgegroup.com/The-State-of-Customer-Service-Experience. Acesso em: ago. 2015.

[16] SHANKMAN, P. The greatest customer service story ever told, starring Morton's steakhouse. *Shankman.com* [On-line]. Disponível em: http://shankman.com/ the-best-customer-service-story-ever-told-starring-mortons-steakhouse/. Acesso em: ago. 2015.

[17] KONRAD, Alex. Salesforce Innovation Secrets: How Marc Benioff's Team Stays On Top. *Forbes* [On-line]. Disponível em: http://www.forbes.com/sites/alexkonrad/2014/08/20/marc-benioffs-innovation-secret/. Acesso em: maio 2015.

[18] PULIZZI, J. How Content Marketing Can Save the Book Industry. *Content Marketing Institute* [On-line]. Disponível em: http://contentmarketinginstitute.com/2012/09/how-content-marketing-can-save-the-book-industry/. Acesso em: set. 2015.

[19] HARZEVOORT, S. Drie Nederlandse topmerken over customer experience management. *Marketing Tribune* [On-line]. Disponível em: http://www.marketingtribune.nl/b2b/nieuws/2013/11/drie-nederlandse-topmerken-over-customer-experience-management31_0/index.xml. Acesso em: maio 2015.

[20] STILLMAN, Jessica. Why 'Underpromise and Overdeliver' is Terrible Advice. *Inc.com* [On-line]. Disponível em: http://www.inc.com/jessica-stillman/underpromise-and-overdeliver-is-terrible-advice.html. Acesso em: abr. 2015.

PARTE 3

Transformando oportunidades em resultados de vendas

Usando pessoas e recursos em sua estratégia disruptiva

As vendas disruptivas impactam todas as etapas do processo de vendas. Como consequência, é uma boa ideia analisar cada etapa separadamente e reatribuir as funções e responsabilidades da sua área de vendas. Foque a distribuição de tarefas e a colaboração entre vendas, marketing e atendimento ao cliente.

A maioria das empresas ainda espera que a equipe de vendas corra atrás de todos os *leads*.

▸ OS TEMPOS ESTÃO MUDANDO*

Durante as décadas de 1960 e 1970, equipes de vendas eram treinadas de acordo com os princípios de Gitomer e Ogilvy. Obras como *O Livro Vermelho de Vendas* estavam constantemente nas mesas de cabeceira de muitos vendedores, bíblias confiáveis que lhes proporcionavam conforto durante noites insones. Esses princípios não foram totalmente abandonados nos anos subsequentes. O essencial da "grandiosidade nas vendas" de Gitomer e a importância de propostas bem-estabelecidas para grupos-alvo específicos, conforme argumentado por Ogilvy, ainda são os marcos de uma abordagem de vendas bem-sucedida.

---

* Referência a uma canção de Bob Dylan intitulada "The Times They Are A-Changing". (N. T.)

Acrescente a isso modelos de gestão de contas e solução de vendas e terá o pacote perfeito de ferramentas que todo vendedor, profissional do marketing ou responsável pela cadeia de suprimentos precisa dominar.

Todos esses princípios servem o mesmo propósito: eles dizem ao vendedor como abordar potenciais clientes, como transformar *leads* em contratos e como manter uma boa relação com o cliente quando a venda for feita.

O período de 1960 até boa parte de 1980 (e, em alguns casos, 1990) foi de divisão absoluta entre o marketing e as vendas. O marketing forneceu os catálogos e os impressos que encheram as pastas dos representantes de vendas, que os distribuíam aos possíveis clientes: "Gostaria de saber mais? Você encontrará tudo de que precisa neste lindo catálogo, repleto de textos informativos, fotos chamativas e especificações técnicas completas".

Da década de 1990 em diante, esse material impresso foi suplementado por um site, e agora o contato não era feito somente por telefone, mas também por e-mail. Os vendedores ficavam sobrevoando o processo inteiro como águias. Eram os contatos principais que viam tudo, sabiam tudo e se comunicavam de forma exclusiva com os clientes. Também eram responsáveis por orientar e acompanhar as atividades do serviço interno, os pedidos, a cadeia de suprimentos e o atendimento.

A cada dia eles se deslocavam em seus percursos, os porta-malas dos carros lotados de catálogos, material de apresentação, produtos para demonstração e amostras. Uma série de clientes atuais e potenciais eram visitados, após o que era feito um registro no banco de dados de clientes. E, 12 meses depois, o mesmo vendedor ia visitar os mesmos clientes outra vez. Podemos, com razão, chamar essa abordagem tradicional para vendas modernas de *Vendas 1.0*.[1]

Para os vendedores, foi uma época de liberdade extrema. Mas, como sabemos... os tempos mudam. O processo de vendas ficou mais complexo e foi acompanhado mais de perto, tanto por empresas quanto por clientes. Era preciso fazer economias. Eram necessários ideias novas e criatividade. "Eficiência" e "eficácia" surgiram como as novas palavras da moda. Não era mais aceitável que as informações sobre os clientes ficassem dentro das cabeças das "águias vendedoras".

Era preciso reorganizar com urgência as tarefas e, com o passar do tempo, aos poucos isso foi ficando mais fácil. Os primeiros sistemas CRM foram introduzidos. Daí em diante, a relação com o cliente teve de ser gerenciada. Todas as suposições, potenciais clientes, endereços, negociações, fechamentos e pedidos foram mantidos de maneira sistemática. Além disso, essa sistematização facilitou monitorar e conduzir as vendas, já que significava que a equipe de vendas sabia a todo momento quais clientes eram bons. A chegada subsequente de computadores portáteis, conexões remotas e tablets possibilitou preparar melhor as visitas, acessar informações em tempo real e até atualizar as apresentações no último minuto. No mundo das vendas e do marketing, a introdução dessas novas possibilidades causou o efeito de um pequeno terremoto. Isto é, as vendas evoluíram da caixa preta (em que a área de vendas controlavam todas as informações sobre clientes atuais e potenciais) para um modelo em que as informações eram compartilhadas em toda a empresa. Podemos, com razão, chamar essa nova abordagem de *Vendas 2.0*.[2]

As Vendas 2.0 garantiram que a função do serviço interno se tornasse mais importante na maioria das empresas. Os clientes acharam vantajoso ter alguém a quem poder ligar, que respondesse às perguntas depressa e com precisão, tivesse acesso a dados sobre pedidos e históricos de clientes e também contatassem diretamente as equipes de planejamento, manutenção e técnica. A aplicação do modelo de Vendas 2.0 resultou imediatamente em uma explosão de dados utilizáveis de clientes atuais e potenciais. A segmentação e o direcionamento ficaram mais fáceis do que nunca, bem como a mensuração do impacto das ações de marketing em relação aos resultados concretos.

Mas essa não foi a mudança mais profunda, porque, como as Vendas 2.0 focaram os *leads* como o início do ciclo de vendas, a tarefa de gerar *leads* aos poucos foi migrando para o marketing. Agora, a equipe de vendas era responsável por converter esses *leads* em clientes. Uma consequência dessa evolução foi uma queda drástica na importância e compartilhamento das *cold calls, ou* "chamadas frias", no setor de vendas.

O momento era propício para o surgimento das Vendas 3.0.[3] O site da empresa cresceu em importância e foi equipado com todas as ferramentas de comunicação mais recentes. O desempenho da tecnologia melhorou depressa e, aos poucos, foi usado para estruturar o processo de vendas. O cliente também começou a se aventurar cada vez mais on-line e, em particular, nas mídias sociais. Rapidamente, essas mídias se tornaram fontes de informação para alimentar o CRM e possível recurso para propagandas boas e ruins. Gestores de conversas foram indicados para monitorar e orientar esses novos fenômenos, e logo todas as empresas que se prezavam estavam no Facebook e no LinkedIn.

Agora, a prioridade era se conectar com o cliente, e a necessidade de fazer isso em tempo real logo se tornou imprescindível. Isso exigiu o desenvolvimento de sistemas de CRM maiores e melhores, para que a massa de dados pudesse ser processada, os contatos preparados, as necessidades do cliente mais bem-analisadas e os resultados, acompanhados mais de perto. O âmbito de trabalho das vendas se afastou cada vez mais das visitas e se aproximou cada vez mais do Skype, do telefone e das mídias sociais.

Os três parágrafos anteriores foram escritos de propósito em tempos verbais do passado porque as vendas disruptivas vão muito além das Vendas 3.0. Hoje, são os clientes que assumem as rédeas – mas eles esperam ser guiados e acompanhados ao longo de cada etapa de decisão da jornada do cliente. E a jornada é longa: do instante em que consideram a primeira compra até o momento em que pensam em comprar de novo.

Em vendas disruptivas, é tarefa de todos da empresa cuidar bem da relação com o cliente. Não pode haver nenhum muro artificial entre vendas, marketing e atendimento ao cliente. As áreas devem ser integradas em um único processo de vendas. Suas respectivas responsabilidades devem estar sobrepostas e misturadas umas às outras porque a experiência de valor do cliente é central, e deve ser garantida por cada funcionário em cada setor da organização. Dessa forma, por exemplo, a gestão de produtos e portfólios e a maneira como o valor é oferecido ao cliente também são parte do processo integrado de vendas. A meta comum é otimizar a experiência do cliente escolhida pela empresa, na expectativa de que isso convencerá as pessoas a comprar seus produtos e serviços.

Pare de vender, comece a ajudar.
O novo modelo de vendas resulta em uma crise de identidade para muitos profissionais de vendas tradicionais. Eles terão de passar por novo treinamento ou desaparecerão.

O propósito da nova área de vendas não é mais dizer alguma coisa – aliás, nada – ao cliente. Hoje, o vendedor moderno busca ajudar o cliente, oferecer-lhe o valor específico que ele deseja, de acordo com suas necessidades e vontades. Essa inversão radical de papéis não virá tão somente com a criação de cargos e departamentos novos. Também será preciso investir em novos processos, nova tecnologia e – acima de tudo – novo pessoal.

Na maioria dos casos, uma revisão da abordagem comercial também será necessária, resultando em uma redistribuição e uma reinvenção dos talentos da empresa. Será preciso atrair pessoas novas com novas habilidades. Outras, incapazes de se ajustar à nova situação ou cuja função se tornou redundante no novo modelo de negócios, terão de ser dispensadas.

Além do mais, essa mudança não é somente pontual: é um processo contínuo. Você deve se preparar para reavaliar com regularidade sua estrutura e abordagem, fazendo ajustes quando e se necessário. Isso não será possível com procedimentos que levam semanas para atualizar ou com *brainstormings* anuais acerca da abordagem Kaizen, gerenciamento *lean* e melhoria permanente.

Se você quer introduzir vendas disruptivas de forma bem-sucedida, há três valores cruciais que precisa tornar centrais – e todos eles começam com a letra 'A'.

▸ O MODELO DOS TRÊS As: AUTENTICIDADE, *ACCOUNTABILITY* E AGILIDADE

Autenticidade, *accountability* e agilidade são três valores fundamentais que garantirão que a experiência do cliente seja maximizada ao longo da jornada do cliente. Foi com isso em mente que a CPI desenvolveu o modelo dos três As.

Quadro 4.1 Vendas 3.0: um modelo funcional

FONTE: ©CPI-Consulting

VENDAS 3.0			
MARKETING	VENDAS		ATENDIMENTO AO CLIENTE
· O marketing se responsabiliza por gerenciar a jornada do cliente antes, durante e depois da venda. · O marketing gera *leads* qualificados.	· As vendas garantem que *prospects* qualificados se tornem clientes efetivos. · Visitas de vendas se tornam exceção.	· As vendas acontecem por telefone, e-mail, mídias sociais e chats por vídeo.	· O atendimento ao cliente é o *hub* da gestão do relacionamento. · Clientes são atendidos de forma proativa. · *Upselling* e *cross-selling* são tarefas do atendimento ao cliente.
RELEVÂNCIA DIGITAL E SOCIAL			
· Presença em mídias sociais e na internet é a base de qualquer estratégia de vendas.		· Conteúdo relevante, fácil acessibilidade por meio de todos os tipos de dispositivos, resposta rápida a perguntas e reputação como consultor de confiança são essenciais.	
INOVAÇÃO			
· Inovação relacionada a produtos e serviços. A inovação é criada em colaboração com os clientes.		· O processo de inovação se baseia em parcerias inteligentes. A disrupção no modelo de negócio é um objetivo em si mesmo.	
TECNOLOGIA			
· A tecnologia é um facilitador. A automação de marketing e a inteligência nos negócios fazem a diferença no envolvimento do cliente e no poder do marketing.		· Ferramentas colaborativas inteligentes substituem o e-mail e reduzem reuniões.	
GESTÃO E CONTROLE			
· A gestão é realizada com base nos objetivos e no monitoramento periódico de resultados-chave.		· Inspirar, entusiasmar, facilitar e empoderar o time é o papel mais importante dos gestores e líderes de equipe.	

Figura 4.1 O modelo dos três As

FONTE: ©CPI-Consulting

Autenticidade

Autenticidade é sempre estar presente para seus clientes. Significa que os clientes sentirão continuamente que você está cuidando bem deles. Isso só é possível porque você sempre sabe o que seu cliente realmente quer. Você entende o comportamento e as preferências deles. As informações que coletou por meio de sua tecnologia de marketing possibilita analisar as necessidades deles e tomar a atitude apropriada.

Quanto mais interações você tiver com o cliente e mais dados seu sistema CRM coletar, mais fácil isso se tornará. Sua imagem do cliente vai adquirir um foco mais nítido, para que você consiga tornar sua oferta cada vez mais pessoal e sob medida – por exemplo, com um conteúdo referente ao contexto particular do cliente.

Ao conectar o perfil individual do cliente às *personas* em seu CRM, você conseguirá reconhecer e até prever potenciais problemas. Isso lhe permitirá resolvê-los quase antes que surjam, com propostas de soluções testadas e aprovadas. Após várias intervenções personalizadas desse tipo, o cliente começará a se sentir à vontade na relação.

E, porque o perfil do cliente é automaticamente enriquecido com novos dados e retrabalhado, sua equipe terá de gastar menos tempo tentando investigar e interpretar o que os clientes querem de verdade. Isso os deixará com mais tempo livre para providenciar ajuda útil. Ao mesmo tempo, também aliviará a pressão para o seu pessoal, logo, eles se sentirão mais relaxados e se sairão melhor.

Accountability

Accountability é algo necessário para proporcionar à sua equipe a chance de desenvolver o próprio potencial, mostrando o que ela é capaz de fazer. Também garante o valor de seu desempenho tanto para a empresa quanto para o cliente. Você precisa mensurar quanto custa usar pessoas e recursos em determinadas circunstâncias e equilibrar isso em relação aos lucros futuros e atuais que pode esperar gerar com base em cada cliente atual ou potencial.

Esse exercício de custos tem como base dois princípios subjacentes. O primeiro é o "custo de vender", relacionado a toda a trajetória da geração de *leads* até o momento da compra; em outras palavras, quanto custa vender alguma coisa para alguém. O segundo é o "custo de servir": quanto custa proporcionar ao cliente as informações e serviços necessários para convencê-lo a continuar cliente.

Naturalmente, ambos os conceitos estão, ainda, ligados ao orçamento do marketing e aos custos envolvidos para manter todas as vendas e a estrutura operacional de marketing. É sobretudo importante, ao tomar decisões sobre o uso da tecnologia, que você saiba, com certeza, o custo total do ciclo de vendas.

Accountability é algo mais necessário hoje que no passado. Por quê? Porque você terá de fazer vários investimentos em automação de marketing e, depois, vai querer saber qual retorno esses investimentos geram em combinação com sua equipe e campanhas. Em minha experiência, relativamente poucas empresas compreendem bem seu "custo de vender" e seu "custo de servir". Muitos desses custos permanecem ocultos. Por exemplo, com sistemas mais antigos não é fácil avaliar com precisão o custo real de um vendedor que todos os dias sai para a rua.

O rastreamento de contatos ou pontos de contato agora torna isso possível, com base em dados concretos que podem ser alocados para um membro individual de uma equipe ou um time. Isso lhe permite tomar decisões com base em fatos e índices reais, resultando em uma área de vendas muito mais eficiente, em que o ROI dos investimentos pode ser maximizado.

Accountability também ajuda a tornar as pessoas responsáveis por atingir metas e resultados definidos. Em geral, os funcionários de hoje desejam mais liberdade e responsabilidades. Foi-se o tempo do "comando e controle". Eles foram substituídos por equipes que não são mais julgadas tão somente com base no atendimento, mas em resultados. A maneira como geram esses resultados fica a critério deles. O gerenciamento com base em resultados significa que é necessário medi-los e avaliá-los, compensando os custos investidos para atingi-los.

Coringas para o atendimento ao cliente

Antes de fundar a CPI, trabalhei por vários anos como consultor empresarial. Sempre que visitávamos uma empresa, nosso objetivo era fazer mais com menos. Isso levava à introdução de regras e critérios restritos que só refletiam os interesses da empresa. Em suma, o objetivo era maximizar o retorno em cada minuto de trabalho. Isso parece bom no papel, e ainda melhor em planilhas.

Certa vez, durante uma auditoria, quando eu estava observando as atividades de um centro de atendimento ao cliente, atenderam a uma chamada telefônica de uma cliente pequena.

Ela teve problema com uma entrega e obviamente não estava bem organizada. A conversa se arrastava *ad infinitum*, às vezes descambando para questões pessoais. O dono da empresa estava no hospital, e sua esposa fazia o melhor que podia para manter as coisas andando na ausência dele. Mesmo assim, as contas estavam acumulando e agora aquele pedido crucial tinha dado errado como consequência de um erro bobo.

O operador propositalmente deu as costas para mim e tentou encontrar uma solução para sua interlocutora cada vez mais desesperada. Por fim, a conversa durou cerca de 20 minutos. Mas, ao final, mesmo essa cliente menor sentiu que a empresa se importava com ela. E o operador sentiu que sua intervenção fez a diferença. Após desligar, ele se virou para mim e disse: "Se quiser me demitir por passar tanto tempo nessa ligação, não posso impedi-lo. Mas, se eu não tivesse feito isso, não conseguiria me olhar no espelho. E teríamos perdido um cliente".

Naturalmente, me "esqueci" de incluir esse caso no relatório final, mas nunca me esqueci do incidente, e ele me preparou para buscar uma abordagem mais positiva em minha vida profissional. Em particular, me inspirou a desenvolver o conceito de Coringas de Atendimento ao Cliente.

Hoje, aconselho meus clientes a dar aos próprios funcionários do serviço de atendimento ao cliente uma quantidade de minutos "livres" por hora de ligação. Durante esses minutos, eles podem fazer as coisas do próprio jeito, sem necessidade de levar em conta as regras triviais do custo de servir e do custo de vender. Ao quantificar com cuidado esse tempo livre, é possível manter o custo total de servir dentro de limites razoáveis e acordados, ao mesmo tempo permitindo aos operadores que adotem uma abordagem mais humanizada.

Coringas são uma garantia para a autenticidade, e garantem que seu pessoal possa fazer a diferença quando ela for realmente importante.

Agilidade

A necessidade de agilidade vale tanto para a atitude da equipe quanto para a atitude ou cultura da empresa como um todo. Cada vez mais as empresas deparam com avanços sobre os quais não têm mais controle. Um bom exemplo é a expectativa do cliente. Uma concorrente que entra no mercado com um modelo de negócio disruptivo é outro. A tecnologia também está se aprimorando constantemente o tempo todo.

Não há dúvidas que mudanças podem ser vantajosas. Logo, é importante que uma empresa consiga responder com velocidade e flexibilidade à mudança. É isso que queremos dizer com agilidade. A agilidade exige um modelo organizacional em que as pessoas podem se ajustar e serem recolocadas depressa. E a base tecnológica deve ser organizada de tal forma que os componentes possam ser trocados ou substituídos sem disrupção.

Hoje em dia, ferramentas de software evoluem à velocidade da luz. Isso significa que monitorar produtos novos e avaliar se podem ser ou não adicionados a seu sistema de modo que agregue valor a ele tornou-se uma tarefa quase diária. Ferramentas são substituídas com mais rapidez do que nunca. Pelo menos se você quiser continuar no páreo com a concorrência. Como consequência, raramente se compra software hoje em dia; em vez disso, ele é alugado por assinatura. Você não vai trocar seu sistema de CRM a cada seis meses, mas provavelmente mudará o rastreador que exibe o comportamento on-line dos clientes.

Muitas empresas ainda sentem necessidade de certo nível de permanência, de organizar as coisas por um período de tempo maior. Isso é um erro. Na nova era das vendas, a situação está sempre fluindo. É importante questionar continuamente se sua empresa "se adequa ao propósito" em termos de abordagem, talento e ferramentas de TI.

Em particular, suas ferramentas exigem monitoramento constante porque as novas aparecem o tempo todo. Antigamente, substituir uma ferramenta após seis meses era visto como sinal de fracasso. Hoje, é preocupante se você não considera uma nova alternativa a cada quatro meses! É crucial ficar de olho na esfera tecnológica, avaliando constantemente as inovações, comparando-as com seu sistema atual, substituindo componentes se necessário e, então, reiniciando mais uma vez o mesmo exercício de avaliação/substituição.

Agilidade significa definir objetivos precisos, conectados a resultados-chave, e uma estratégia linear para atingir esses resultados. Isso implica a necessidade de testar, avaliar e substituir coisas, repetindo o processo com regularidade. Isso mantém sua empresa afiada e focada.

O ciclo de avaliação que aplico na CPI para monitorar nossos objetivos e resultados-chave (OKR) abrange um período de 12 semanas. Também é o que recomendamos aos clientes. Significa que você examina tudo o que faz pelo menos uma vez a cada três meses. Às vezes, chegamos a reduzir o período de avaliação para seis semanas.

Considere, por exemplo, um objetivo de vendas. Provavelmente, os resultados das vendas de seis semanas estão ligados a um processo de vendas, construção de tráfego, geração de *leads* etc. Em outras palavras, estão ligados a uma estrutura, processos e tecnologia organizacionais. Nas primeiras seis semanas, as vendas são feitas conforme os procedimentos acordados e as ferramentas disponíveis. Ao final dessas seis semanas, observam-se os resultados. Durante as seis semanas seguintes, mantêm-se os mesmos procedimentos e ferramentas. Porém, faz-se uma investigação para verificar onde são necessários ajustes, nova tecnologia ou mudança organizacional.

A meta, portanto, é testar essas conclusões no período de seis semanas subsequente. Isso resulta em um ciclo de 18 semanas no total. Trocando em miúdos, após 18 semanas que você identificou e implementou as mudanças necessárias para aprimorar seu processo de vendas.

Autenticidade, agilidade e *accountability* constituem parte de uma cultura. Toda cultura é elaborada ou rompida por pessoas. Consequentemente, sua equipe precisa se ajustar à cultura – ou se moldar a ela. Mas o fator que mais facilita a cultura dos três As é a tecnologia de marketing. Isso fornece a você *insights* cruciais e constantemente atualizados sobre seus clientes e a posição deles no processo de vendas.

A tecnologia de marketing ajuda você a entender melhor seus clientes atuais e potenciais. E, se você os compreender melhor, pode servi-los melhor naquele momento, permitindo desenvolver um relacionamento mais adequado e mais sustentável.

No passado, algumas pessoas também eram responsabilizadas por seus resultados. Mas esse costumava ser um caso de tentativa e erro. Hoje em dia, no entanto, a tecnologia de marketing possibilita mensurar o comportamento do cliente e avaliar/alocar os efeitos dos esforços de marketing e das ações de vendas de maneira bem mais objetiva. O mesmo vale para a agilidade. Graças à ampla variedade de novas ferramentas, hoje as empresas podem responder com mais rapidez e eficiência às mudanças de comportamento do cliente.

Mas isso só é possível dentro de uma estrutura de objetivos concretos, em que os resultados-chave de cada funcionário são definidos e monitorados sistematicamente. Logo, as pessoas precisam receber os recursos e a responsabilidade necessários para atingir esses objetivos. Vale a pena repetir: foi-se o tempo do "comando e controle". A tarefa mais importante dos gestores e líderes de equipe de hoje é inspirar, entusiasmar, capacitar e empoderar seus colegas.

▸ TRABALHANDO COM OBJETIVOS E RESULTADOS-CHAVE OKRs

Desde a década de 1950, empresas vêm introduzindo várias técnicas na tentativa de aprimorar o desempenho de suas equipes. Peter Drucker apresentou a administração por objetivos (*Management by Objectives* – MBO, na sigla em inglês). Durante a década de 1980, objetivos SMART e indicadores-chave de desempenho (KPIs, na sigla em inglês) se tornaram populares.

OKR é a sigla de "Objetivos e Resultados-chave" (*Objectives and Key Results*, em inglês). O conceito foi apresentado pela primeira vez no Google em 1999 pelo investidor John Doerr. Isso permitiu à empresa se expandir de uma organização de apenas 40 funcionários para um colosso mundial de 40 mil pessoas, que mudou nossa forma de viver e trabalhar.

Figura 4.2 O modelo OKR*

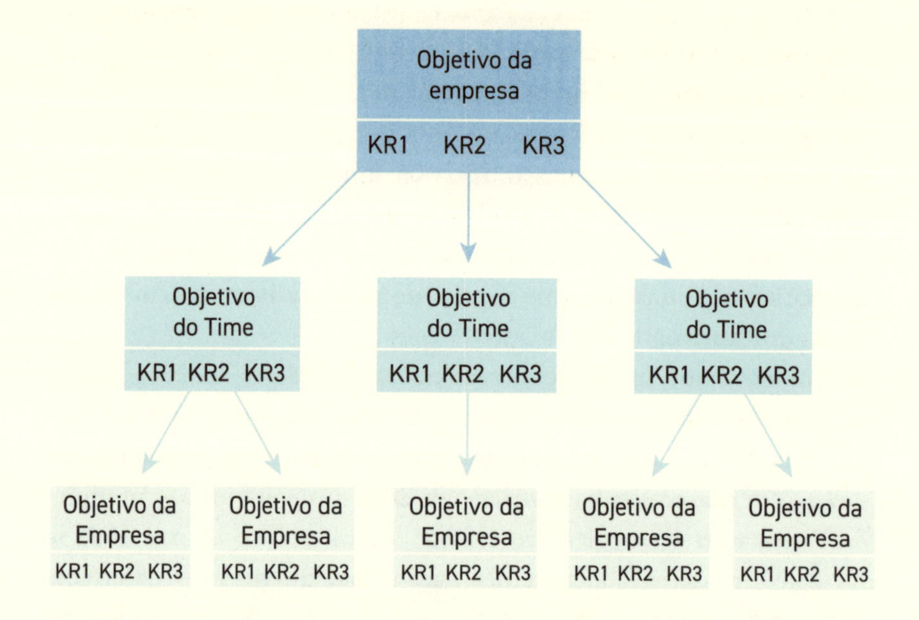

FONTE: criado por Andy Grove da Intel, popularizado por John Doerr do Google

Se você quer que sua empresa e pessoal sejam ágeis, é útil trabalhar com objetivos e resultados-chave. Aplicar o OKR ajuda a aumentar o nível de ambição da organização e dos funcionários em particular, e permite que seus respectivos objetivos estejam intimamente alinhados.

Vale a pena o esforço para definir objetivos com prazos limitados e mensuráveis, e os resultados-chave para todo nível e função. Esses objetivos e resultados-chave precisam ser compartilhados com transparência pela empresa. Assim, as pessoas se sentirão mais envolvidas pessoalmente com os objetivos da empresa como um todo, destacando a importância de sua contribuição pessoal para o objetivo maior.

Se você quer começar com um OKR, pode usar softwares divertidos, como o Weekdone, em que sua equipe pode preencher o nível de satisfação. Essa é uma boa maneira de lidar com o relatório de fim de semana necessário, incorporando os elementos que sempre recomendamos a

* KR: abreviação em inglês de resultado-chave. (N. T.)

nossos clientes da CPI: progresso – planos – problemas. Cada funcionário pode acrescentar algumas linhas de comentários sobre cada um desses temas, explicando o que aconteceu durante a última semana e destacando o planejamento para a próxima.

Deve-se formular um objetivo para cada membro da equipe, conectado a um número máximo de cinco resultados-chave. O objetivo deve ser ambicioso, mas também atingível tanto para a empresa quanto para o funcionário envolvido. Os resultados-chave devem ter limite de tempo, ser mensuráveis e tornar possível a realização do objetivo se os resultados forem obtidos.

Por exemplo, "fazer um homem pousar em Marte em 2025" é um objetivo. Para a organização envolvida – a NASA, por exemplo –, os resultados-chave podem ser: "Desenvolver e testar um foguete para um voo de ida e volta para Marte em 2022" "Construir um módulo para ocupação no espaço que não pese mais de 500 kg, em 2022"; "Selecionar e treinar astronautas para a missão em 2024". Por sua vez, esses resultados-chave se tornam objetivos para níveis menores na organização, cada um com seu próprio conjunto de objetivos-chave para obter êxito.

Dessa forma, o objetivo ambicioso da organização como um todo é separado em uma série de objetivos pessoais e resultados-chave menores, mas igualmente ambiciosos.

▸ O DIGITAL SE TORNA HUMANO

Em seu livro, *When Digital Becomes Human* (*Quando o Digital se Torna Humano*, em tradução livre), Steven Van Belleghem descreve a relação com o cliente do futuro e o elo entre o digital e o humano que ela envolverá.[4] De acordo com Van Belleghem, a maioria das empresas reconhece que têm condições de compensar em termos tecnológicos, mas superestimam a qualidade do contato entre a equipe humana e seus clientes. "Só porque sua empresa atualmente trabalha com pessoas, não quer dizer que elas tragam valor agregado suficiente para o relacionamento".

Van Belleghem prevê que empresas sem uma base digital não sobreviverão. "Como consequência da forte digitalização, o contato humano entre cliente e empresa continuará caindo a cada ano. Mas uma coisa que se torna escassa inevitavelmente passa a valer mais. Essa lei da economia é antiga e imutável. Significa que, quanto menos contato pessoal houver em uma relação com o cliente, mais importante ele se torna. Essa análise portanto, exige uma dupla transformação de toda organização: uma digital e uma humana".

Ambas as dimensões podem gerar valor para o cliente. Consequentemente, é sensato considerá-las por inteiro em termos estratégicos: "O melhor conselho a uma empresa é fazer uso do poder preditivo de dados e do caos criativo de talentos humanos. Todas as organizações visionárias devem considerar a introdução de sistemas self-service para os clientes, respaldados por um sistema de suporte humano".

Como esse combo digital + humano pode ser traduzido em uma abordagem eficaz de vendas? Onde focar os processos automatizados? Quando você usará seus recursos humanos escassos e valiosos? O que você pode fazer para reforçar a lealdade do cliente, para que os relacionamentos se tornem sustentáveis no longo prazo? Essas e milhares de outras perguntas exigirão uma análise completa de todas as funções, cargos, responsabilidades e estruturas de sua organização.

▸ A EMERGÊNCIA DO PROFISSIONAL DE MARKETING

O Economist Intelligence Unit Ltd publicou um relatório interessante sobre futuras mudanças no mundo do marketing: *The Rise of the Marketeer: Driving engagement, experience and revenue* (*O Advento do Profissional de Marketing: Impulsionando o engajamento, a experiência e a receita*, em tradução livre).[5] O relatório resultou de uma pesquisa feita com 478 diretores de marketing e executivos de marketing seniores no mundo todo. Um terço dos pesquisados trabalha na Europa.

Segue abaixo o que eles descobriram.

Agentes da mudança

A grande maioria dos profissionais de marketing achava que havia chegado a hora de dar uma nova dimensão ao papel do marketing. Mais de quatro em cada cinco deles queriam uma estrutura e design diferentes para a organização do marketing. Na Europa, mais de 90% pensam assim, em comparação com 72% nos EUA – o que sugere que o velho continente tem muitas atualizações a fazer.

Se os índices forem analisados do lado oposto, apenas 19% dos profissionais de marketing acham que nenhuma mudança é necessária; em cinco anos, eles esperam trabalhar do mesmo modo que hoje, enquanto 52% sentem que certa mudança é inevitável, mas prefeririam vê-la acontecer passo a passo. Para eles, a mudança é um progresso incremental, uma evolução gradual.

Só 29% são a favor de uma mudança radical e imediata. "São os agentes da mudança", diz o relatório. "Em comparação com seus colegas mais conservadores, esses 'revolucionários corporativos' são mais propensos a serem considerados um centro de custos, e almejam gerar receita, ser responsáveis por gerenciar a experiência e o envolvimento do cliente de ponta a ponta, pôr a mão na massa com tudo para adquirir talento e aproveitar ativamente os dados e a tecnologia."

Experiência do cliente

O estudo também revelou que o marketing está se tornando cada vez mais a força-motriz por trás da otimização das experiências do cliente. Todas as pessoas da empresa têm contato com o cliente em algum momento. Profissionais do marketing querem fazer uso mais amplo da automação de marketing para manter uma visão geral desses contatos e gerenciar a experiência do cliente do início ao fim. Isso, por sua vez, prevê menos pontos de contato com as vendas e as equipes de atendimento ao cliente, e um ligeiro aumento de gerenciamento de produtos e finanças.

Em busca de novas habilidades

O abismo entre o que os profissionais do marketing costumavam fazer no passado e o que terão de fazer no futuro nunca foi tão grande.

Quatro de cada dez pesquisados querem se cercar de talento e expertise nas áreas de engajamento digital e tecnologia de marketing.

Mais da metade espera que a internet das coisas revolucionará a área do marketing nos próximos anos. A ampla acessibilidade à comunicação móvel e personalizada é vista como outro fator propenso a causar mais impacto.

Novos investimentos

Três quartos dos investimentos planejados citados com maior frequência focam a comunicação *omnichannel* com o cliente: redes sociais, aplicativos para celular e e-mail. O quarto investimento mais popular é a análise de dados (em particular, lidar com *big data*). Há um desejo generalizado de amalgamar dados coordenados e descoordenados de fontes diferentes, a fim de traçar um retrato mais preciso do cliente e suas necessidades, desejos e intenções.

Marketing como fonte de receita

Certa vez, o guru da gestão Peter Drucker disse que a tarefa do marketing era tornar as vendas desnecessárias. De modo geral, o marketing ainda é visto como um centro de custos.

Porém, daqui a três a cinco anos, quatro em cada cinco empresas verão o marketing como um incentivo às vendas. O marketing terá novas responsabilidades e será avaliado até que ponto é capaz de cumpri-las com sucesso. De agora em diante, geração de receita é o nome do jogo.

O marketing será cada vez mais considerado uma fonte de receita.

▸ MUDANÇA NAS VENDAS, NO MARKETING E NO ATENDIMENTO AO CLIENTE

É difícil prever como as funções de vendas, marketing e atendimento ao cliente evoluirão durante os próximos anos. Sempre será necessário fazer uma venda – isso nunca mudará –, mas o processo de vendas hoje envolve muito mais, tanto antes quanto depois do momento da compra. A esse respeito, distinguem-se várias tendências específicas.

A primeira, certamente, é a necessidade de assumir *uma visão mais ampla da experiência de vendas*. Já discutimos exaustivamente essa questão. A capacidade de proporcionar uma experiência positiva aos clientes em todos os pontos de contato e por meio de todos os canais disponíveis em todas as diferentes etapas da jornada do cliente desde a primeira vez que eles entram em contato com seus produtos até o momento em que (a esperança é a última que morre) se tornam defensores é a chave para o sucesso no mercado moderno.

Uma segunda tendência importante é a consciência crescentes da necessidade de *relevância social e digital*. Marcar presença na internet e nas mídias sociais é a base de sua estratégia de vendas. Desenvolver conteúdos relevantes é essencial hoje em dia. Mas esse conteúdo precisa estar facilmente acessível por meio de todos os canais e em todos os tipos diferentes de smartphones, tablets e portáteis (relógios smart, roupas inteligentes etc.).

Também é importante ter um alto nível de receptividade a sugestões do mercado e boa vontade para responder a perguntas com rapidez e destreza. Isso quer dizer que você precisa gerenciar essas mídias em três dimensões diferentes: o fornecimento de conteúdos relevantes, a expansão de seu alcance e a manutenção das relações estruturais com o cliente potencial e o cliente atual. Seu objetivo é se tornar um consultor confiável. Mas você precisa tornar sua consultoria divertida, além de informativa.

Lembre-se de que a capacidade de concentração de seus clientes diminui o tempo todo, e que a pressão por comunicação de seus concorrentes está crescendo.

A terceira tendência-chave é a *inovação*. A inovação garante que você continue interessante para os clientes. Ela se refere não somente a seus produtos e serviços, mas também ao modelo de negócio. Isso significa que você precisa analisar as maneiras como as pessoas podem pagar, o modo como as ajuda depois da venda, a forma com que colabora com outros parceiros para proporcionar uma experiência livre de problemas para o cliente etc.

Figura 4.3 O modelo de estágios Vendas 3.0

Expectativa do cliente	Reconheci-mento Consciência Relevância	Escopo Atributos Benefícios Custos UX	Atração Adequação Credibilidade Acessibilidade	Disponibilidade de informações Transparência	UX Jornada do cliente	Entrega do prometido Adequação da experiência do cliente	Inspiração Proatividade respeitosa	Vínculo com a marca Adequação cultural
Necessidade	Pesquisa on-line	Explorar soluções	Explorar potenciais parceiros	Pré-seleção	Engajar	Transação inicial	Repetição da transação	Defesa
Ferramentas de Vendas e Marketing	SEO SEA Landing Pages Site Banners Artigos Newsletters Recomendações	Artigos técnicos Webinars Ferramentas de comparação	Casos de referência Webinars Eventos	Teste grátis Verificando referências	Reunião online Demonstração Teste Solicitação de proposta	Jornada do cliente Entrega de valor Perfil do cliente	Previsão preditiva Aviso preditivo *Cross-selling*	Feedback positivo nas redes sociais Caso de referência

FONTE ©CPI-Consulting

A quarta tendência é o *impacto crescente da tecnologia*. Em geral, a área de vendas está se tornando mais tecnológica. Automação de marketing, CRM e inteligência empresarial podem fazer a diferença em termos de engajamento do cliente e poder do marketing. A análise de dados, a leitura e a interpretação correta de métricas, a capacidade de reconhecer padrões de dados e de reagir de forma flexível por meio do canal certo e da mensagem certa, o ajuste direcionado das ações de marketing e vendas: essas e várias outras funções tecnológicas significam que o marketing, as vendas e o atendimento ao cliente estão rapidamente se tornando ciências analíticas. A meta é proporcionar *insights* precisos no momento ideal, alimentados por um fluxo constante de dados produzidos pelo cliente e, cada vez mais, pela internet das coisas.

Como consequência desses aprimoramentos, softwares, ferramentas e dispositivos existentes usados para gerenciar dados e perfis dos clientes, gerenciamento de projetos e de processos terão de ser integrados em um sistema mais coeso. Isso exigirá tecnologia mais potente para fazê-lo funcionar.

Mas como exatamente essas tendências afetam as funções do marketing, vendas e atendimento ao cliente em termos práticos?

Profissionais do marketing continuarão a trabalhar em sites e consciência de marca. Folhetos e catálogos ainda serão necessários. Seminários e congressos ainda serão organizados. É verdade que os folhetos provavelmente não serão mais impressos, e os seminários serão virtuais em vez de presenciais. Mas os princípios básicos da *criação de consciência* e *construção de marca* ainda permanecerão. Porém, o marketing também será responsável por cogerenciar o ciclo de vendas e a geração de *leads* antes, durante e depois que o cliente faz a compra. Se um cliente faz uma compra, você quer que ele compre de novo – e, para isso, precisa de marketing.

Como consequência, profissionais de marketing receberão dados que lhes possibilitem criar um pacote de valor sob medida para cada cliente atual e potencial em particular. Isso significa que eles terão de analisar mais a fundo as necessidades do cliente, criar segmentos, buscar metas, definir perfis de clientes e grupos-alvo, além de desenvolver propostas de valor criativas e inovadoras para cada um deles.

O objetivo é proporcionar ao cliente atual ou potencial uma série de experiências que os incentive a se mover voluntariamente pelo funil de vendas em direção a uma (nova) compra. Para os novos profissionais de marketing, será esperado que tenham bom conhecimento das jornadas dos clientes para os diferentes perfis de clientes.

Eles devem ser aptos a analisar e interpretar dados; estar familiarizados com tecnologia de marketing; ser criativos o bastante para oferecer ao cliente atual ou potencial exatamente o valor e a experiência que ele espera em cada etapa diferente da jornada do cliente.

Isso exige um nível de tino comercial. Se alguém lhe pede informações sobre produtos, você não pede o CPF dessa pessoa. Se alguém baixou um artigo de seu site e passou um tempo lendo suas matérias, você não precisa ser gênio para perceber que essa pessoa gostaria de um convite para um webinar.

Gerenciar a experiência do cliente é totalmente diferente de trazer um produto ao mercado. É o fim do gerente de marketing? Sim e não. No futuro próximo, a função será conhecida como 'gerente de experiências'. Ou, talvez, esse cargo já exista. A abreviação de Customer Experience Officer (Executivo de Experiência do Cliente) também é CEO – e por um bom motivo!

Não há por que haver mais *leads* se eles não oferecem nenhuma previsão de venda futura. *Leads* ruins só custam dinheiro.

A qualidade intrínseca dos *leads* está se tornando mais importante do que nunca. Isso foi mostrado no *Demand Gen Report Benchmark Study*. Três quartos dos melhores profissionais de marketing que foram questionados disseram que no futuro desejam focar a qualidade dos *leads* em vez da quantidade. Faz muito sentido. Não há por que ter mais *leads* se eles não oferecem nenhuma previsão de uma venda futura. *Leads* ruins só custam dinheiro.

Nos próximos anos, é o marketing que terá de providenciar esses *leads* de alta qualidade. Em particular, a automação de marketing possibilitará avaliar o potencial real de *leads* individuais, permitindo separar o joio do trigo. Também será possível determinar em qual etapa do funil de vendas cada *lead* qualificado de marketing está situado em dado momento. Isso facilitará definir qual outra ocasião é necessária para mover o *lead* para a próxima etapa. Assim, o marketing será responsável por converter *leads* qualificados de marketing em *leads* qualificados de vendas (*Sales-Qualified Leads*, SQLs).

O momento em que o lead pode ser categorizado como "pronto para a venda" depende de critérios que você pode selecionar e configurar em seu CRM. Por exemplo, há forte probabilidade de que o *lead* será persuadido pelas vendas a fazer uma primeira compra dentro de um determinado período de tempo? Porém, a base para esses critérios sempre devem ser a comparação de possíveis gastos com possíveis rendimentos.

Em geral, você conseguirá ver quando alguém está pronto para fazer uma compra com base no tipo de perguntas que essa pessoa faz, o tipo de artigos que baixa do site e sua própria atividade on-line.

Figura 4.4 Do TOFU ao BOFU, passando pelo MOFU[6]

	Funil	Ofertas
Marketing	**TOPO DE FUNIL** Oferta para gerar *leads*	Artigos Guias E-books Artigos técnicos Vídeo
	MEIO DE FUNIL Oferta para gerar potenciais clientes	Webinars Estudos de Caso Faqs Catálogos Fichas Técnicas Amostras
	BASE DE FUNIL Oferta para gerar *leads* qualificados para vendas	Testes Demos Consultoria Estimativas Avaliações Cupons de desconto
Vendas	**SQLs**	***Leads* qualificados para vendas**

No futuro, o marketing também terá muito mais responsabilidades na parte de vendas. Como consequência, cada vez menos o marketing será considerado um centro de custos e visto cada vez mais como um propulsor de receita. No entanto, o sucesso ou o fracasso do marketing também será avaliado com base nessa nova responsabilidade. Não será mais questão de quantos e-mails foram enviados, quantas pessoas assistiram aos seminários deste ano, quantas visualizações o último vídeo promocional atraiu etc.

Em vez disso, o assunto será quantos SQLs resultaram desses e-mails, seminários e vídeos. Ou quantos desses *leads* foram (ou ainda têm potencial para ser) convertidos em geração de receita (no longo prazo) para a empresa.

Como veremos adiante, a automação de marketing moderna gera medidas que analisarão o retorno de cada ação de marketing individual em um nível de *accountability* individual. Portanto, o marketing terá informações e índices à disposição, que demonstrarão o valor agregado que criou, algo que muitas vezes é escasso hoje. Além disso, será possível alocar esse valor agregado a pessoas e projetos específicos.

E quanto à área de vendas? No passado, eram as vendas que disponibilizavam os *leads*. No futuro, as equipes de vendas receberão SQLs de seus colegas do marketing. Será tarefa de vendas converter esses primeiros em possíveis clientes qualificados e, por fim, em clientes permanentes. Trocando em miúdos, a nova função do profissional de vendas não é mais vender, mas desenvolver as vendas.

É uma questão de lógica que mais *leads* qualificados que não qualificados serão convertidos em compras. O envolvimento do marketing e, acima de tudo, da automação de marketing no processo de qualificação e alimentação de *leads* é mais barato que dedicar muitos recursos caros de vendas a essas tarefas.

Isto posto, uma das clássicas funções das vendas no passado ainda irá sobreviver. A área de vendas ainda precisará saber qual a melhor maneira de persuadir um potencial cliente a fazer sua primeira compra de verdade e se tornar um cliente efetivo. Ainda serão os vendedores que farão o acordo final, mas de uma forma mais respeitosa e menos insistente que no passado. O velho modo pesado de trabalhar com vendas não será mais tolerado pelo cliente. O vendedor que fica correndo feito uma galinha sem cabeça atrás de todo e qualquer *lead* vai sumir de cena.

O trabalho moderno de vendas terá de ser mais direcionado, em que a equipe de vendedores só vai interferir se suas habilidades de vendas realmente puderem fazer a diferença. Eles só farão visitas quando for esperado, a pedido do cliente atual ou em potencial. Ou quando houver sinais nítidos de que esses clientes querem estabelecer uma relação mais profunda e mais pessoal. Acima de tudo, as vendas do futuro serão feitas por telefone, ou por Skype, GoToMeeting e mídias sociais. Isso pode facilmente ser feito em casa.

Profissionais de vendas só farão visitas a pedido do cliente ou quando houver sinais nítidos de que esse cliente quer estabelecer uma relação mais profunda e mais pessoal.

Quanto ao atendimento ao cliente, sempre será preciso alguém para atender ao telefone e fornecer aos clientes o apoio para resolver problemas do qual eles tanto necessitam. Mas, nos próximos anos, o atendimento ao cliente será muito mais do que isso. Operadores de atendimento ao cliente também terão de trabalhar proativamente e oferecer serviços sob medida para clientes atuais e potenciais.

O atendimento ao cliente se tornará o foco da gerência de relacionamento. Todos os tipos de mídia serão usados para tornar isso possível: telefone, redes sociais, e-mail, o site e o chat da empresa. Como no marketing, o atendimento ao cliente não será mais considerado um centro de custos, mas um investimento na lealdade do cliente.

O atendimento ao cliente se tornará o ponto de contato prioritário para clientes atuais e potenciais, muito mais que as vendas.

Figura 4.5 Diferentes formas para lidar com o excesso de informação

FONTE: Com base em dados do National Centre for Biotechnology Information e da National Library of Medicine, EUA

Para manter uma relação otimizada com clientes atuais e potenciais, a acessibilidade e a velocidade do tempo de resposta são cruciais. As pessoas usarão vários canais diferentes para informar os problemas pelos quais estão passando. Toda empresa precisa garantir que é capaz de receber todas essas mensagens.

Também é tarefa do atendimento ao cliente acompanhar conversas on-line e, quando necessário, interferir nelas em tempo real. Da mesma forma, o atendimento ao cliente deve abordá-los de maneira proativa, propondo atitudes que podem ajudar a evitar os problemas antes que eles surjam. Para tornar isso possível, o atendimento ao cliente precisa estar em constante comunicação de mão dupla com as vendas, o marketing e a entrega de valor.

Atividades on-line e a necessidade de alimentar constantemente a experiência do cliente significa que o gerenciamento de detalhes (em dados, na tecnologia, em mensagens e operações de marketing) inevitavelmente se tornará cada vez mais importante.[7] Por um lado, será preciso ter um amplo panorama da imensa quantidade de informações disponíveis hoje. Por outro lado, será necessário aprofundar-se nessa massa de informações, a fim de encontrar as diversas peças que o ajudarão a fazer o melhor para cada cliente particular.

Atualmente, circula uma estatística nos meios comerciais que sugere que os clientes, após receberem ajuda útil pós-compra, ficarão fortemente inclinados a seguir futuras recomendações feitas por equipes de atendimento ao cliente. Em mercados com cultura comercial anglo-saxônica, isso levou ao desenvolvimento de uma linha de raciocínio questionável. Essa linha argumenta que a equipe deveria usar essa credibilidade durante momentos de contato com os clientes para empurrá-los em direção a uma compra nova ou repetida. Porém, isso é arriscado. Se o cliente tem um problema, ele espera que esse problema seja resolvido. Ele não espera se tornar alvo de uma proposta comercial não solicitada.

Gerar valor significa oferecer aos clientes o que eles acham que precisam – não o que você acha que precisam. Beira a desonestidade ajudar um cliente, perguntar a ele se a ajuda foi útil e, então, golpeá-lo com uma proposta de compra, como se fosse um tipo de *quid pro quo*, dar uma coisa pela outra.

Não transforme seu setor de atendimento ao cliente numa oportunidade de negócios. Isso é quase uma abordagem fria de vendas, e totalmente incompatível com o conceito de autenticidade. Uma pergunta errada na hora errada poderia destruir em segundos todo o fascínio duramente obtido que você elaborou com tanto cuidado durante meses e anos. É quase como tirar do mar uma pessoa se afogando, fazer respiração boca a boca – e então perguntar se ela quer comprar um colete salva-vidas de você!

A abordagem correta e mais acolhedora é ajudar os clientes quando necessário, garantindo assim que a experiência deles como clientes de sua empresa permaneça memorável e livre de preocupações. Essa é a melhor maneira de promover indiretamente vendas futuras, em vez de ver o atendimento ao cliente como um tipo de porta dos fundos para um setor de vendas mais direto.

Se você ainda insiste em *upselling*, ao menos pratique-o de forma honesta e com um pouco mais de sutileza, num momento em que tenha certeza de que o cliente estará aberto para uma oferta sem se sentir ofendido.

Quadro 4.2 Um resumo das mudanças no marketing, vendas e atendimento ao cliente

MARKETING	VENDAS	ATENDIMENTO AO CLIENTE
• O marketing assume responsabilidade por gerir o ciclo de vendas antes, durante e depois da compra. • O marketing gera *leads*.	• As vendas convertem *leads* qualificados para vendas em clientes em potencial qualificados e clientes efetivos. • Visitas de vendas se tornam exceção em vez de regra.	• O atendimento ao cliente é o novo *hub* de gestão do relacionamento com o cliente. • Clientes são abordados de forma proativa, com sugestões e atitudes que podem ajudar a evitar problemas antes que eles surjam.

MARKETING	VENDAS	ATENDIMENTO AO CLIENTE
• O marketing se encarrega de nutrir as vendas a fim de permitir *leads* qualificados para marketing (MQL) para desenvolver *leads* qualificados para vendas (SQL). • O marketing está em comunicação permanente com o setor de vendas e o atendimento ao cliente.	• O setor de vendas faz seu trabalho por telefone, Skype e mídias sociais. • As vendas estão em comunicação permanente com o marketing e o atendimento ao cliente.	• O atendimento ao cliente está em comunicação permanente com as vendas e o marketing.

▸ GERAÇÃO DE *LEADS*

No passado, era sempre o setor de vendas que gerava os *leads*. Isso geralmente acontecia quando as vendas ainda precisavam ganhar seu lugar dentro da organização ou em seus raros momentos de tempo de qualidade entre todas as visitas constantes para ver clientes atuais e em potencial (espontâneos). Nesse ínterim, o marketing organizava correspondências e catálogos impressos para despachar e distribuir.

O marketing era responsável pelo estande da empresa em feiras e por filmes exibidos nelas, bem como (mais tarde) pelo site chamativo e pela página obrigatória no Facebook. Eles também telefonavam para perguntar se a correspondência tinha sido recebida, e a partir daí seus colegas das vendas faziam visitas pessoais às empresas em questão, na esperança de despertar o interesse delas.

Era mais ou menos como atirar iscas em um viveiro de peixes e esperar para ver se algum morderia. A equipe de vendas sempre acreditava que alguém morderia a isca e, após as visitas ao site, acreditavam inclusive que poderiam prever quem seria. Mas seu "instinto de vendedor" era tudo o que nossa empresa tinha para seguir em frente. O que de fato estava acontecendo nas águas escuras além da superfície do lago permanecia um mistério...

Não era exatamente um modelo de eficiência. Na verdade, era caro e consumia tempo – e, sem dúvida, não é mais apropriado para os mercados modernos de hoje. Considere, por exemplo, apenas esses elementos: o aumento incessante dos engarrafamentos e a crescente má vontade dos clientes para reservar um tempo para discussões sobre vendas. Isso significa que o número de visitas de vendas qualificadas que um representante de vendas pode fazer em um dia foi drasticamente reduzido nos últimos anos – com um impacto inevitável no retorno geral.

Você precisa ser realmente bom para competir pela atenção do cliente contra todos os outros spams e ruídos pairando ao redor.

Sempre é possível optar por uma solução intermediária, focada em telemarketing e distribuição regular de mala direta. Infelizmente, no entanto, essas técnicas já estão sendo praticadas numa escala maciça, portanto, elas não produzem mais os resultados que produziam. De fato, hoje em dia é mais provável que elas induzam uma alergia que uma reação positiva.

Você precisa ser realmente bom para competir pela atenção do cliente com seus e-mails e chamadas telefônicas contra todos os outros spams e ruídos pairando ao redor. Além do mais, as leis sobre privacidade tornam quase impossível simplesmente telefonar para alguém do nada, enquanto excesso de spams levam à lista suja. Cartão vermelho para comportamento inapropriado.

A geração de *leads* deve acontecer dentro de uma estrutura bastante restrita, em que você sabe quais clientes são um tiro certo para sua estratégia e quais não são. Uma vez tomada essa decisão, é uma questão de contatar os clientes apropriados, usando uma abordagem gentil. Assim, eles conseguirão formar uma opinião sobre sua empresa e seus produtos de um jeito calmo e sereno.

Mas gentileza não quer dizer mansidão. Você ainda vai querer passar uma boa e confiante primeira impressão. É só durante a próxima fase que você permite ao cliente encontrar o primeiro rastro para sua organização. Ter criatividade suficiente para se fazer ouvir adequadamente em meio ao imenso cenário ruidoso do mercado é essencial.

Lembre-se de que você só tem quatro segundos para romper a barreira de indiferença do cliente e mais 30 segundos para ganhar sua atenção. Depois disso, ou eles continuarão lendo sua mensagem – ou a colocarão na categoria "chata, irrelevante e não vale a pena me importar com ela".

A criatividade – em ideias, em design (gráfico), no uso das mídias etc. – sempre pode fazer a diferença, mesmo em uma abordagem gentil. Profissionais do marketing que produzem conteúdo tedioso e alucinante, postam no Hootsuite e outros campeões de eficiência e, então, continuam repetindo o mesmo *nonsense* empolado quase *ad infinitum* irritam potenciais clientes mais do que você pode imaginar. Isso gera sobrecarga de informações e uma sensação geral de falta de confiança e relutância, quando se trata de mensagens comerciais.

A geração de *leads* começa quando seus clientes estão on-line.

Hoje, a geração de *leads* começa quando seus clientes estão on-line. Isso significa que você precisará fazer perguntas e lançar tópicos no Facebook ou no LinkedIn, ou em outros fóruns em que seus potenciais clientes estejam presentes. Por esse motivo, é importante identificar esses fóruns e as comunidades em que eles estão ativos. Hoje em dia, qualquer pessoa que tenha um problema pode facilmente "jogá-lo no grupo" on-line. Clientes em potencial também farão isso dentro de suas próprias comunidades. Gente que compartilha problemas dessa forma conta com outras pessoas para ajudarem a resolvê-los. Essa é uma das vantagens da internet. Portanto, faz sentido para sua empresa organizar uma plataforma de escuta on-line que reaja imediatamente quando potenciais clientes fizerem perguntas ou sinalizarem problemas. Também seria uma boa ideia configurar um grupo de usuários.

Esteja aberto às sugestões e colaborações de seus clientes. E garanta que as pessoas vejam o que você está fazendo – literalmente. Faça bom uso de *apps* de foto ou vídeo, como Instagram, Pinterest, Vimeo e YouTube. Tente, também, formatos como o Snapchat para acrescentar nova dinâmica à sua comunicação. E não se esqueça de investir em infográficos e outras ferramentas que permitirão que assuntos complexos sejam mostrados de forma compreensível, simples e divertida.

Hoje, o marketing está à frente do processo de geração de *leads*. É o marketing que oferece aos clientes as soluções que eles estão buscando. É o marketing que gera os *leads* e constrói a presença de marca em todos os fóruns possíveis. É o marketing que configura e gerencia os instrumentos on-line que apoiam os potenciais clientes na busca de respostas às próprias perguntas. É o marketing que cria o conteúdo que os clientes atuais e potenciais acham interessante. O método clássico de vendas entra em cena apenas se existe algo que o marketing não consiga fazer com facilidade on-line.

▸ CONSEGUINDO NOVOS CLIENTES VIA FACEBOOK E INSTAGRAM

Em abril de 2012, Mark Zuckerberg anunciou um marco importante na história do Facebook. A empresa acabara de pagar US$1 bilhão em ações e dinheiro para acrescentar em seu portfólio o *app* Instagram, de compartilhamento de vídeos e fotos. A partir de então, ambas as marcas investiram em seu relacionamento. No terceiro trimestre de 2012, o número de usuários ativos do Facebook ultrapassou um bilhão, o que a tornou a primeira rede social a conseguir esse feito.[8] Hoje, o Facebook é de longe o canal de mídia social mais popular do mundo, e envolve o universo de consumo de mídias sociais. Com 1,94 bilhões de usuários ativos por mês,[9] ele contém, sozinho, um quarto da população humana da Terra (perfis de cães e gatos não contam).

O Facebook conta com 1,23 bilhões de usuários ativos por dia, dos quais 1,15 bilhão acessam a plataforma de mídia social pelo smartphone.[10] 80% de sua renda é gerada por dispositivos móveis. Somando-se a isso o fato de que o Facebook também é dono do WhatsApp, do Messenger e do Instagram, você tem uma ideia do alcance desse império de mídia social. A base de fãs do WhatsApp contabiliza 1,2 bilhões de usuários ativos. O Facebook Messenger acrescenta outro bilhão.

E desde a criação, a taxa de crescimento do Instagram tem sido bastante excepcional,[11] passando de 1 milhão de usuários no início, em 2010, para 600 milhões de usuários ativos em 2017. Cada vez mais, profissionais do marketing e empresários marcam presença no Instagram, e esses índices continuam a crescer depressa. O ano de 2017 viu mais de 8 milhões de perfis de empresas no Instagram, aumentando cerca de cinco vezes desde setembro de 2016; ele também atinge mais de um milhão de propagandas por mês.[12]

O combo Facebook + Instagram precisa ser uma parte crucial do seu plano de vendas e marketing.

CAPÍTULO 4

Todos esses números tornam extremamente importante sua abordagem em relação ao Facebook e *apps* de fotos e vídeos conectados. Considere, por exemplo, aquele vídeo on-line que representou 75% de tráfego on-line em 2017; na época, 59% dos executivos concordaram que, se texto e vídeo sobre o mesmo tópico estão disponíveis, é mais provável que prefiram o vídeo.[13] Todas essas informações são vitais para seu planejamento de conteúdo.

Plataformas de compartilhamento de fotos e vídeos são muito mais pessoais que as simples plataformas de textos. Isso significa que as empresas precisam mudar sua identidade de marca para um estilo personalizado,[14] ou para um estilo expressivo interativo e chamativo, relacionado à imagem on-line do cliente.

A coisa mais importante é obter uma visão precisa sobre o tipo de conteúdo que você deseja compartilhar. Qual é o propósito? O conteúdo que você posta pode se relacionar tanto com os usuários quanto com sua marca, inspirando usuários-alvo a se conectar com seus valores.

O Instagram e o formato de foto e vídeo são ideais para compartilhar o que a sua empresa é.[15] Isso inclui coisas como espiadelas por trás dos bastidores sobre o que ela está fazendo para agradar os clientes, vitrines do cliente, histórias de sucesso, citações que podem inspirar clientes, humor e jogos. Adicione uma hashtag chamativa, local e data relacionados a seu conteúdo. Insira um *call-to-action*.

A capacidade para compartilhar conteúdo por múltiplas plataformas com um único clique é um trunfo. A maneira mais tranquila para fazer isso é conectando o Instagram ao Facebook. Mas tome cuidado. Ser multitarefas em mídias sociais pode dar terrivelmente errado. Para evitar lapsos, é melhor configurar uma conta empresarial no Facebook e um perfil profissional no Instagram. Quando quiser combinar ambas as plataformas de conteúdo, você precisa garantir que ambas estejam conectadas nas configurações das duas plataformas sociais. Uma vez conectadas, você usa "Configurações de Compartilhamento" para definir onde compartilhará conteúdo – por exemplo, as páginas de seu perfil empresarial.

▸ A IMPORTÂNCIA DO LINKEDIN COMO MOTOR DE VENDAS

O LinkedIn se posiciona como uma ferramenta poderosa de networking empresarial, tornando mais fácil do que nunca ser mais produtivo e bem-sucedido. Com isso, ele se tornou amplamente popular, sobrevivendo às mudanças tecnológicas e a modismos de redes sociais. O valor de cada e de todas as redes depende amplamente da quantidade e do valor dos vínculos de relacionamento.

Com seu número de membros crescendo de forma estável, revelando um aumento de dois dígitos a cada trimestre e atingindo 500 milhões em abril de 2017, o LinkedIn talvez seja o principal jogador no cenário público corporativo de mídias sociais. 40% dos membros usam o LinkedIn todos os dias, e um usuário médio passa 17 minutos por mês no LinkedIn.[16]

Na prática, o LinkedIn geralmente envolve pessoas acessando a rede para postar seus currículos, gerenciar conexões e convidar contatos a se conectarem, publicando histórias sobre pontos de interesse e elaborando tópicos em fóruns de discussão.

Em meio a esse rio de talentos, cada vez mais recrutadores e headhunters exploram a rede, usando a plataforma na busca por potenciais candidatos. Com as ferramentas de busca avançada à disposição, eles ficam de olho em talentos, combinando palavras-chave específicas e, subsequentemente, postando oportunidades de trabalho pelo InMail. Para ficarem mais conectados, eles podem entrar em grupos da área ou relacionados ao tópico do negócio. Como resultado, o LinkedIn é amplamente considerado um site de empregos ou relacionado a carreiras.

O LinkedIn também é um sistema de vendas, embora não amplamente percebido como tal.

No entanto, o LinkedIn também é um sistema de vendas, embora não amplamente percebido como tal. Na era das mídias sociais, aproveitar uma rede social profissional como o LinkedIn para impulsionar *leads* de vendas é algo a se considerar. Quando adotado com as estratégias e técnicas certas, e equipado com o mindset correto, ele pode se tornar uma poderosa ferramenta de vendas.

Com sua vasta gama de pesquisa avançada e sistema de filtragem, o LinkedIn possibilita sucesso na geração de *leads* permitindo aos profissionais de vendas que encontrem os potenciais clientes certos com facilidade e rapidez. Uma estatística interessante: 50% dos compradores B2B usam o LinkedIn como recurso para tomar decisões de compra.[17]

O LinkedIn anuncia seu Sales Navigator como suporte a profissionais de vendas para encontrar e construir relacionamentos com clientes atuais e potenciais por meio de vendas sociais. A parte racional por trás dessas vendas sociais é que a abordagem cara a cara nas vendas está se tornando menos eficaz. Em 2017, uma decisão de compras era influenciada por uma média de 5,4 tomadores de decisão, afirma o LinkedIn.[18]

Em nossa era de organizações mais horizontais – equipes ágeis autônomas, tomada de decisão interativa aberta e governança distribuída – a abordagem de vendas cara a cara está rapidamente se tornando obsoleta, um reflexo do tempos de organizações verticais e hierarquias correspondentes. Assim, "profissionais de vendas têm de se aprofundar na estrutura de compras da equipe, criando e construindo muitos relacionamentos".[19] O sistema de busca e filtragem avançado do LinkedIn pode ser usado para identificar rapidamente influenciadores e tomadores de decisão, e salvá-los como *leads* para criar listas de *leads* de alta qualidade.

O Sales Navigator é um produto impulsionado por dados, aprimorando a eficiência e a relevância da relação entre você e o comprador. A ferramenta Sales Navigator o capacita a obter *insights* em tempo real sobre suas contas e *leads*, incluindo mudanças de emprego, novas menções e novos *leads* em potencial em que você não havia pensado antes.[20] Ele gera recomendações de clientes para descobrir mais pessoas em suas contas-alvo.

O Sales Navigator também oferece a possibilidade de destravar a rede, permitindo-lhe identificar e contatar potenciais clientes que não estejam nas primeiras três camadas de sua rede pessoal. O motivo principal por que as organizações que usam essa ferramenta são mais de 50% mais bem-sucedidas em *converter oportunidades em resultados de vendas* é que elas podem confiar na rede compartilhada e compartilhar abertamente os pontos de contato.[21]

O LinkedIn oferece oportunidades incríveis para alavancar as vendas. Na CPI, o LinkedIn business é uma de nossas áreas que mais crescem.

Dicas de vendas para usar o LinkedIn

1. Crie um perfil executivo eficaz.
2. Conecte-se de maneira eficiente com as pessoas relevantes.
3. Aproveite suas conexões mútuas.
4. Encontre seus clientes de primeira linha.
5. Acompanhe em tempo real as atividades de seus clientes.
6. Ouça conversas e debata.
7. Use o LinkedIn Pulse para ficar no topo das tendências industriais.
8. Alcance pessoas de forma direta e mais confiável com o InMail.
9. Envolva-se com os clientes.
10. Publique conteúdos.

FONTE: LinkedIn, 2017[22]

A abordagem de vendas sociais está relacionada a impulsionar a rede de uma pessoa para mapear o grupo de compradores 'a convencer' dentro da organização dos potenciais clientes e construir a quantidade necessária de pontos de contato. 76% dos compradores B2B preferem trabalhar com recomendações de sua rede profissional.[23] A introdução por meio de uma rede social parece gerar algum tipo de efeito psicológico positivo, que se traduz em uma impressão mais favorável do vendedor com o cliente.

Resumindo, você pode ser considerado menos uma conexão de vendas e mais uma conexão valiosa. O LinkedIn afirma que estudos de caso demonstram que impulsionar redes de pessoas apresentadas elimina chamadas frias e os *insights* adquiridos de conversas em mídias sociais ajudam a personalizar as apresentações.[24]

Evidentemente, as redes têm dois lados. No seu lado do corredor virtual, outros colegas talvez já tenham desenvolvido uma conexão com o potencial cliente, não com a meta de vender, mas oferecendo a oportunidade de uma introdução ao gráfico de decisão desse potencial cliente. A ferramenta TeamLink no Sales Navigator revela as melhores formas de obter apresentações calorosas com potenciais clientes por meio da rede de sua empresa.

A apresentação por meio de uma rede social se traduz em uma impressão mais favorável do vendedor com o cliente.

▸ *LEADS*: NUTRIÇÃO, PONTUAÇÃO, QUALIFICAÇÃO E CONVERSÃO

Para transformar um potencial cliente em um cliente efetivo, é necessário criar e, depois, aprofundar um vínculo de interesse mútuo. Em alguns casos, esse bom relacionamento pode nem sempre levar a muitos pedidos. No entanto, o mínimo que isso faz é produzir informações sobre a experiência do usuário que podem ser valiosas a outros novos clientes em potencial.

Resumindo, nessa nova era das vendas você precisa dar aos clientes um tempo para evoluírem do modo prospecção ao modo aquisição. Mas isso não deveria impedi-lo de planejar suas possíveis jornadas do cliente, antecipando com cuidado e continuidade as vontades e perguntas deles. Isso não é perder tempo. É realista esperar que essa jornada – com um pouco mais de ajuda e estímulo da sua parte – um dia será empreendida.

A arte das vendas modernas é colocar a empresa sob os holofotes on-line, ao mesmo tempo acompanhando as atividades de seu potencial cliente e colhendo mais informações sobre ele. Se você conseguir fazer isso, estará apto para reagir com rapidez e eficácia quando o primeiro contato ao vivo for feito. Deixe que os clientes em potencial venham até você e espere até chegar o momento em que eles decidam, por vontade própria, se tornar clientes efetivos, antes de assumir um papel mais ativo. Até que isso aconteça, limite-se a acompanhar, observando as ações deles.

Graças à automação de marketing, você saberá quantas vezes aproximadamente um potencial cliente visitou seu site, o que ele visualizou, em que ordem, quanto tempo ficaram em cada página e quais informações baixou. Isso terá como complemento detalhes adicionais das diferentes telas de solicitação e simuladores usados. Você também pode obter *insights* dos dados que o potencial cliente deixou para trás ao surfar em mídias sociais e outros sites de recursos, aos quais os melhores sistemas de CRM se conectam automaticamente.

Esse tipo de informação coloca você bem à frente na corrida para garantir a adequação ao potencial cliente. Você sabe com quem está lidando, logo, quando chegar o momento do primeiro contato direto, pode focar imediatamente interesses pré-identificados.

Você notará que usei a palavra "aproximadamente". Fiz isso de propósito. O rastreamento digital é fantástico. Mas está conectado ao endereço IP de um usuário ou algum outro código de identificação de um dispositivo usado por ele. Além disso, você precisa pedir permissão para rastrear essas interações. Isso significa que, tão logo o potencial cliente volte a visitar seu site com um dispositivo novo, ou se recuse a aceitar seus cookies, você temporariamente perde o rastro dele e seu registro do ponto de contato não será mais exato.

Felizmente, hoje em dia a maioria das pessoas trabalha com dois ou três aparelhos. Elas também tendem a aceitar cookies de maneira mais ou menos automática. Como resultado, depressa você vai recuperar o rastro de suas pegadas digitais, possibilitando-lhe acompanhar a maioria de suas interações. Isso é muito melhor que no passado, quando – sem tecnologias de rastreamento – você ficava apenas tateando no escuro.

Mas há um lado ruim. Quando o uso de rastreamento se torna comum, potenciais clientes e clientes atuais receberão uma quantidade "espontânea" cada vez maior de ofertas e informações. É de se esperar que eles se tornem mais seletivos sobre quem permitirão acompanhá-los na jornada do cliente. Essa seletividade provavelmente encontrará expressão em uma recusa crescente de aceitar cookies e rastreamento. Clientes atuais e potenciais instalarão sistematicamente *ad-blockers* ou ferramentas como o Clutter.

Como consequência, e-mails que não correspondam ao comportamento leitor autoprogramado do potencial cliente serão automaticamente classificados como não importantes – e, provavelmente, não serão lidos.

Isso significa que, no futuro, você precisará demonstrar uma boa dose de originalidade se quiser ser admitido no círculo interno de seu cliente. O bombardeamento de conteúdo é fracasso garantido. Foi-se o tempo em que você podia enviar a mesma mensagem a cada duas horas para quinze plataformas diferentes com um mero clique no mouse. Essa abordagem não funcionará mais, o que assinala o fim dos profissionais de marketing da velha escola que colocam quantidade na frente da qualidade.

A nova moda é *nutrir os leads*, a fomentação de *leads* com belos nacos de valor agregado. Passo a passo. Se um contato demonstra que está interessado em um tema específico – por exemplo, fazendo o download de um documento técnico (o que dará a você o endereço de e-mail dessa pessoa) –, você pode abordá-lo espontaneamente, talvez enviando convite para um webinar ou uma sugestão informal para ver um de seus vídeos. Mais uma vez, o comportamento dos cliques será monitorado.

Se o potencial cliente reage positivamente à sua iniciativa, isso pode ser tomado como um sinal de engajamento crescente. Cada sinal positivo, como mais páginas lidas ou perguntas feitas, fornece a você maiores informações e pontos do perfil para o desenvolvimento de iniciativas futuras.

Os pontos que você registra dessa maneira lhe permitirão dar uma pontuação ao *lead*, chamada *lead score*. Com base nessa pontuação do *lead*, você pode ativar automaticamente uma quantidade de ações e/ou tarefas extras. Clientes atuais e potenciais com elevado *lead score* logo aparecerão no radar de vendas e do atendimento ao cliente, para que possam ser acompanhados da maneira mais adequada. O não recebimento de mais sinais positivos pode resultar na redução da pontuação dos *leads*.

Dessa forma, você pode mover sistematicamente seus potenciais clientes através do funil de conversão. A intenção é gerar a maior quantidade possível de *leads* qualificados, mas sem lançá-los de imediato em algo parecido com uma jornada de vendas.

Nutrição de *leads*: a natureza da criatura

A natureza da informação e do meio em que o potencial cliente está interessado pode lhe informar muita coisa sobre a etapa da jornada que atualmente ele percorre como cliente em potencial. Conforme vai se movendo aos poucos para a etapa de compra, ele ficará mais aberto a conteúdos diferentes.

Isso também se aplica à forma como o conteúdo é acondicionado. Essas evoluções possibilitam avaliar a mudança de nível do engajamento do potencial cliente. A automação de marketing é vital nesse processo, com sua capacidade de monitorar constantemente os cliques de seus contatos e comportamento de navegação, reações a e-mails, o preenchimento de formulários on-line etc.

Figura 4.6 Gerando *leads* qualificados – quais técnicas funcionam melhor?

FONTE: Estudo comparativo do relatório de geração de demanda (2015)

Figura 4.7 Convertendo contatos em clientes – quais técnicas funcionam melhor?

FONTE: Estudo comparativo do relatório de geração de demanda (2015)

Provavelmente, o cliente suspeitará que você está coletando informações sobre ele. Mas não necessariamente isso precisa ser motivo de irritação. Afinal, você deve informar aos visitantes se está usando cookies em seu site. Além disso, o uso de cookies se tornou uma prática mais ou menos padronizada, que hoje em dia a maioria dos clientes aceita sem se preocupar. Também não haveria motivo para preocupação. Afinal, eles conseguem uma coisa em troca: inspiração em troca de informação.

A qualificação de *leads* é essencial se você quiser desenvolver *leads* ou transformar potenciais clientes em clientes efetivos. Lembre-se de que nem todo *lead* resultará em uma relação com o cliente. A prática tradicional de distribuir e coletar cartões de visita em uma feira, talvez atraído por um preço especial, raramente gera *leads* interessados de fato. Você pode se esquecer imediatamente deles (visitantes eventuais, estudantes, concorrentes etc.).

Um número mais limitado de pessoas levará seu produto a sério, enquanto as intenções de um terceiro grupo serão mais enigmáticas, mas, ainda assim, potencialmente interessantes. É tarefa do setor de marketing separar o joio do trigo e decidir quando um *lead* está realmente pronto para a venda.

É tarefa do marketing decidir quando um *lead* está realmente pronto para a venda.

Quando o marketing entrega os *leads* ao departamento de vendas, é tarefa desse último orientar o cliente a comprar. Mas as vendas precisam continuar a manter o marketing informado sobre o sucesso ou o fracasso da conversão dos *leads*. Assim, o marketing saberá quais dessas várias iniciativas/ações são mais eficazes, para que a programação do marketing fique mais sintonizada. Essa troca de informações acontece através do CRM e de relatórios de desempenho de vendas e marketing automaticamente gerados.

Se uma feira comercial resulta em uma quantidade maior de *leads*, mas se poucos ou nenhum deles são posteriormente convertidos em clientes, fica aberta a questão sobre se frequentar essa feira específica no futuro serve a algum propósito real. O mesmo princípio pode ser aplicado a uma campanha Google Adwords. Se depois de seis meses você tiver muitos *leads*, mas nenhum cliente, cancele tudo.

Daqui a alguns anos, as vendas serão muito menos focadas na geração de *leads*, concentrando-se, em vez disso, na conversão de *leads*. Isso será feito amplamente com base em contatos por e-mail e telefone. Muitas das comunicações atuais podem ser automatizadas. Mesmo a conclusão final da compra pode ser organizada on-line. Nessa nova configuração, o telefone se torna uma tábua de salvação para pessoas que ficam atoladas no processo automatizado. Como já mencionado, visitas a clientes se tornarão uma raridade: em vez da regra, a exceção.

Essas considerações levam logicamente a uma outra pergunta: é possível justificar a divisão organizacional entre serviços internos e externos? Se um *lead* é convertido em um cliente por meio de um sistema on-line totalmente automatizado, nenhuma intervenção futura é realmente necessária. O acordo é fechado automaticamente, e os dados relacionados à venda são registrados e processados de forma automática.

Se ainda for necessário fazer alguma coisa por telefone, o tempo gasto também será registrado e analisado. E se – exceção das exceções – uma visita ao site for solicitada ou exigida, verificações automáticas serão feitas primeiro para ver se esse modo caro de compras pode ser justificado em termos financeiros, com base em um prognóstico da probabilidade de sucesso.

▸ ENTREGA DE VALOR

A entrega de valor se relaciona ao processo inteiro através do qual você gerencia a relação com os clientes prometendo e, por fim, fornecendo valor a eles. Não é tão somente uma questão de valor representada por um produto ou serviço, mas também a forma como você a comunica, como respeita os acordos, como ouve, como compreende as necessidades dos clientes, como aceita os conselhos deles e lhes permite ajudar a elaborar soluções apropriadas.

Por fim, também se trata de facilitar ao máximo a manutenção do relacionamento para os clientes: fornecendo-lhes ferramentas que lhes permitam revelar suas vontades de forma rápida e simples, respondendo prontamente a seus desejos, gerenciando com cuidado os dados e a administração, estando constantemente disponível por meio de uma linha direta, suporte técnico ou chat, desenvolvendo úteis páginas do cliente, downloads e documentos de especificação do cliente etc.

Clientes estão sempre em busca da maneira mais eficiente e eficaz de alcançar seus objetivos. Isso quer dizer que todo atraso e obstáculo desnecessário pode levar a frustrações. O que os clientes querem é "o mais simples, mais fácil e mais barato".

As empresas geralmente esperam até que um cliente sinalize uma necessidade antes de responderem com uma oferta de valor. A iniciativa no relacionamento é deixada nas mãos do cliente: por exemplo, telefonando para obter informações ou fazer um pedido. Resumindo, o cliente age primeiro. Isso ficou ainda mais fácil com a internet. O cliente entra on-line, encontra a página de pedidos e faz um. É quase um processo DIY (*Do It Yourself*, faça você mesmo): os clientes se servem, enchem o carrinho de compras, verificam e pagam. Na empresa, esses detalhes são automaticamente processados, o pedido é feito e o pacote é enviado.

Hoje em dia, a maioria dos fornecedores já está monitorando o uso e a evolução de estoque dos clientes. Agora, os fornecedores lembram os clientes de que seus estoques estão acabando e, em alguns casos, até iniciam automaticamente pedidos de recompra. Isso também possibilita gerir melhor seu próprio nível e produção de estoques. Em troca desse compartilhamento de informações, o cliente espera receber soluções para problemas e necessidades que ainda não surgiram.

▸ FEEDBACK DO CLIENTE

É a experiência do cliente que conta. Consequentemente, todos os feedbacks de clientes são importantes, inclusive os que não são inicialmente direcionados à sua empresa. A captura sistemática e análise correta do feedback do cliente é crucial. Assim, você pode descobrir se seu produto ou serviço, na percepção do cliente, fornece o valor que prometeu. Isso também lhe dá a chance, se necessário, de ajustar sua oferta com base na informação recebida antes que sua relação azede ou até termine.

Todos os feedbacks de clientes são importantes, inclusive os que não são inicialmente direcionados à sua empresa.

Mas o feedback do cliente faz mais do que simplesmente dizer se você está ou não no caminho certo, permitindo-lhe calcular o provável valor futuro desse cliente. Também é uma alavanca que pode ajudá-lo quando se trata de recompensar seu próprio pessoal. Se você pergunta aos clientes sobre a qualidade de suas experiências recentes com sua empresa, e se depois você perguntar a eles se estariam prontos para recomendar seu produto ou serviço, pode conectar suas respostas à trajetória que eles seguiram por meio de sua organização. Trocando em miúdos, você pode rastrear suas respostas a membros específicos da equipe.

Isso estabelece a conexão entre satisfação e transparência de abordagem. Esse método já é aplicado no varejo e no B2B, além de um estímulo colossal para empresas tornarem o cliente o centro de tudo o que fazem.

▸ GESTÃO E CONTROLE

Gestão e controle andam juntos. Sempre foi assim. No passado, porém, isso envolvia um grande elemento de adivinhação. Gerentes de vendas faziam previsões e alvos eram definidos. No entanto, porque havia uma ausência de informações intermediárias sobre o progresso que estava sendo feito (em outras palavras, como os clientes estavam evoluindo), colocava-se uma forte pressão sobre os vendedores. Eles precisavam cumprir as próprias metas – a qualquer custo.

Os livros de vendas eram administrados conforme os princípios de carga humana e amplitude do controle, conceitos adotados da esfera militar: quantos clientes e regiões podemos colocar nos ombros de um único vendedor? O objetivo do controle era encher o vendedor de panfletos e amostras e, então, mandá-lo ao cliente, com a instrução de não voltar até que os alvos tivessem sido atingidos. Consequentemente, os clientes também eram bombardeados com produtos, nem todos desejados ou necessários.

Nos mercados de hoje, estruturas hierárquicas e processos formais que visam ao mero controle precisam cada vez mais dar lugar a organizações voltadas para comunidades. Isso está ocorrendo porque, hoje em dia, as pessoas são mais bem-informadas e muitas vezes sabem qual a melhor maneira de abordar as coisas. Elas não gostam que a empresa fique olhando com cara feia, dizendo-lhes o que fazer. Agora, uma área de vendas moderna precisa trabalhar com equipes autogeridas. A equipe gerencia a si mesma e organiza as próprias atividades dentro de áreas de competência precisamente definidas.

Essa flexibilidade dificulta falar sobre "amplitude de controle". Em vez disso, há uma amplitude de interações e alianças.[25]

Agora, uma área de vendas moderna precisa trabalhar com equipes autogeridas.

Isso significa que esperamos um novo estilo de liderança do gerente de vendas do século 21. Não é mais necessário monitorar e acompanhar individualmente as atividades dos vendedores e das equipes. Tornou-se mais uma questão de capacitar essas pessoas e equipes. Como? Desenvolvendo processos que permitam às pessoas trabalhar de uma forma autônoma e descontraída e fornecendo a elas instrumentos que possam lhes mostrar até que ponto estão se saindo bem. O gerente de vendas atual também precisa focar mais a elaboração de alianças estratégicas com parceiros, o que possibilitará gerar mais vendas ao surfar na mesma onda que os outros.

Os alvos são coisa do passado? Não, não são. Alvos ainda precisam ser definidos, mas como parte de um processo colaborativo que englobe todos os envolvidos. O desafio da área de vendas é manter seu foco, canalizando seu talento na direção certa rumo a resultados excelentes. Isso não será possível com regras, mania de controle e a imposição da mão pesada da autoridade. Isso só será obtido criando-se as melhores condições possíveis para uma força de trabalho bastante motivada e bem treinada.[26]

Em sentido amplo, os alvos combinados ainda precisam ser conectados à alocação de tarefas, acompanhamento e feedback. Mas o salvos em si não são mais inventados do nada. Os dias do "Aqui estão seus alvos mensais, agora, mãos à obra em 3, 2, 1!" são coisa do passado. Agora, cada alvo é elaborado dentro de um processo que ajudará você a possibilitar que se atinja esse alvo. Membros da equipe recebem constantemente novas informações que lhes permite autoajustar suas ações e comportamento.

A atribuição de tarefas, como o nome implica, envolve a alocação de tarefas particulares para membros particulares da equipe com base no número de critérios predefinidos. A atribuição de tarefas garante que os recursos disponíveis serão usados da maneira que faça mais sentido. Todos fazem aquilo em que são melhores. Isso permitirá à área de vendas que seja estruturada de tal forma que haja pessoas suficientes para gerar e converter *leads*, e entregar valor.

Assim como a definição de alvos, o acompanhamento continuará a ser necessário. É sensato ter o radar ligado em sua área de vendas. Porém, esse radar pode ser manejado com muito mais leveza e facilidade que no passado. Hoje em dia, existe a tecnologia para monitorar questões discretas, como tamanho do pedido, porcentagem de pedidos repetidos, até que ponto os clientes seguem o ritmo histórico ou previsto dos pedidos, e assim por diante.

Esses auxílios tecnológicos são mais que necessários, porque não se trata mais, simplesmente, de uma questão de monitorar operações comerciais isoladamente. Agora, você também precisa monitorar como os clientes monitoram a relação com o seu produto e sua empresa ao longo de todo o percurso da jornada do cliente.

A automação de marketing e o CRM geram, automaticamente e em tempo real, uma série de métricas que mapeiam a qualidade dessa relação e visualizam os resultados em uma tabela fácil de ler. O feedback fornecido pelo sistema permite corrigir desvios da trajetória planejada e sugerir possibilidades para aprimorar mais a experiência do cliente.

Nesse sentido, há uma diferença crucial do vendedor de antigamente. Informações sobre desempenho são mais que uma série de números sobre a quantidade de visitas, o número de *leads* e o de conversão para vendas. Também tem a ver com a maneira como o valor é entregue ao cliente dentro de uma estrutura acordada.

Como resultado, métricas relacionadas a entrega na hora certa, entrega total, *Net Promoter Score* (NPS), velocidade da reação à resolução de problemas e assim por diante hoje estão sistematicamente incluídas nas tabelas, por exemplo, é possível ver quantos potenciais clientes finalizaram sua jornada, em qual etapa e por quê.

▸ APERFEIÇOAMENTO CONTÍNUO

O objetivo é nítido: tornar as coisas cada vez melhores de forma contínua. Soa incrível como lema, não é? Mas como se transforma isso em realidade? Para melhorar as coisas, primeiro é preciso saber onde elas estão dando errado – e por qual motivo.

Não se trata apenas de melhorar a qualidade do valor que você proporciona, mas também de transmitir efetivamente esse valor ao cliente. Trocando em miúdos, trata-se da satisfação do cliente.

Você conseguirá atingir esse aprimoramento contínuo graças aos dados fornecidos pela gestão e controle de sistemas e à opinião recebida de seus clientes e equipe. O feedback de clientes, as reações às suas propostas, suas sugestões e ideias ajudarão você a avaliar o que eles acham importante e o que acham irrelevante. Se os clientes pensam que você está lhes fornecendo algo que não é importante para eles, não estarão prontos para pagar por isso.

A opinião de sua equipe é necessária para avaliar as informações estáticas produzidas pelas métricas e para canalizar a energia proveniente dessa informação em eficiência e eficácia aprimoradas. As métricas cruciais são geradas automaticamente pelo sistema. Mas as opiniões do cliente e de sua equipe são tudo, menos automáticas. Como consequência, não apenas você precisa facilitar que os clientes deem feedback como, também, convidá-los a fazer isso com regularidade. Você precisa ouvir sistematicamente à VOC: a voz do cliente (*Voice Of The Customer*, em inglês).

Como fazer isso? Uma maneira, por exemplo, é convidar clientes para participar de discussões ou workshops on-line. Algumas vezes, isso pode ser organizado em formato de jogo (gamificação), para que o fornecimento de informações também proporcione ao cliente uma nova experiência.

O mesmo se aplica à equipe. Você a envolve facilitando que os membros expressem as próprias opiniões. Mas também precisa informar a eles o que você fez com o feedback. Nada é mais frustrante para um funcionário do que ser solicitado a dar uma opinião só para descobrir, mais tarde, que ela não foi ouvida. Isso não significa, certamente, que você precisa seguir automaticamente e ao pé da letra as opiniões da equipe. Significa, isso sim, que você precisa explicar o que está fazendo e por quê, sobretudo quando decidiu não aproveitar certas ideias ou comentários.

Ao pedir feedback da equipe dessa maneira, seu pessoal se sentirá mais conectado à empresa e conseguirá reconhecer melhor seu próprio lugar nela. Eles perceberão que sua área de responsabilidade se estende além da própria função. No novo universo das vendas, preservar a relação com o cliente é tarefa de todo mundo na empresa. Consequentemente, é importante dar a todos a possibilidade de oferecer a própria contribuição, não importa quão pequena.

Nesse sentido, treinar e reeducar desempenham um papel crucial. Idealmente, o treinamento deveria ser organizado em uma base modular através de uma plataforma que possibilite aprendizado sob demanda. Esse tipo de plataforma permite aos funcionários acessar um sistema de aprendizagem, onde podem escolher um curso particular de orientações para seguir. Esses cursos podem ser desenvolvidos, por exemplo, com base em uma série de filmes curtos ou desenhos que destaquem certos conceitos. De preferência, eles devem incluir alguns elementos interativos em que o trainee deve aplicar esses conceitos.

Também é útil ter um teste de avaliação no final, a fim de assegurar que as lições relevantes tenham sido adequadamente aprendidas. Treinamentos desse tipo também deveriam ser ampliados além da equipe, a fim de incluir quaisquer empresas intermediárias e seu pessoal. Dessa forma, algumas empresas que vendem seus produtos em lojas *Do-It-Yourself* treinam a equipe nessas mesmas lojas por meio de filmes que podem ser acessados via QR code nas embalagens dos produtos.

▶ DESENVOLVIMENTO DE TALENTOS

As empresas precisam redefinir as funções do marketing, vendas e atendimento ao cliente. Para isso, será necessário aprender e usar novas habilidades. Cada vez mais, o marketing, as vendas e o atendimento ao cliente serão parecidos com ciências. Como resultado, a equipe que trabalha nessa nova organização terá de ser autêntica, responsável e ágil.

Cada vez mais ouviremos o chamado: "Celebre o antigo, festeje o novo!"

No futuro, muitos empregos desaparecerão e novos serão criados. Mais pessoas deixarão o mercado de trabalho do que ingressarão nele. Não será possível resolver todos os problemas simplesmente atraindo as novas pessoas certas, mas novas pessoas certamente serão necessárias para mudar as coisas que terão de ser mudadas. Cada vez mais ouviremos o chamado: "Celebre o antigo, festeje o novo!" Cada decisão deve ser testada diante de um fator de controle. E, quando há controle envolvido, imediatamente torna-se preciso verificar se esse controle é de fato necessário. Talvez ele obstrua mais do que resolve. Também é preciso avaliar cada decisão contra seu possível impacto nos níveis de confiança dentro da organização.

A confiança é vital. Sem ela, a troca entre mais liberdade pessoal no trabalho e uma responsabilidade pessoal maior por resultados mensuráveis talvez nunca funcione. A confiança também é necessária para facilitar um trabalho mais fluido entre equipes de gerações diferentes. É importante envolver todas as equipes, independentemente da idade, permitindo que participem das discussões sobre objetivos individuais e resultados-chave. Deixe que tomem decisões sobre o tipo de ferramentas e serviços que desejam usar. Ajude os que não conseguirem decidir sozinhos. Esteja sempre atento em relação a aceitar as coisas simplesmente porque 'foi desse jeito que sempre procedemos'.

Estou certo de que sua organização possui talentos comerciais e de marketing consideráveis. Essa é a boa notícia. A ruim é que, muitas vezes, esses talentos ficam escondidos. Você precisa descobrir por quê e onde eles estão – e fazer algo a respeito.

Mais uma vez, o treinamento é muito importante nesse caso. Habilidades, competências e *insights* de mercado exigem atualização contínua por meio de formas combinadas de aprendizagem, que envolvem um misto de métodos de ensino clássico e on-line. Em nosso mundo moderno rapidamente em movimento, é crucial ficar a par dos últimos avanços. E empresas que queiram introduzir tecnologias de ponta mais recentes devem ter em mente que tempo e esforço também são necessários para aprender como usá-las apropriadamente.

Áreas de vendas precisam se tornar centros de aprendizado, com aprendizagem bem refletida para cada funcionário. É importante que esses funcionários possam seguir tanto um currículo fixo (como parte de sua integração, por exemplo) como serem convidados a treinamentos específicos que sejam particularmente relevantes para eles. Obviamente, isso exigirá que se faça um investimento, para ajudar as pessoas a desaprender velhos hábitos, treiná-las em novas habilidades, descobrir seus talentos ocultos etc.

Porém, em troca desse investimento, a equipe em questão precisa estar disposta a assumir maiores responsabilidades. Isso deve prover um retorno futuro para a empresa em termos de maior eficiência, menos níveis de gestão e melhores resultados financeiros gerais.

Em relação à automação de marketing, a maioria dos fornecedores oferece treinamento adequado como parte do pacote. Geralmente, inclui workshops, webinars e seminários típicos etc. A finalização bem-sucedida habitualmente resulta na concessão de um certificado ao participante, e muitas vezes notei os esforços que as pessoas estão dispostas a fazer para obter tal certificado. E por um bom motivo – porque ele aumenta seu valor de mercado. Também há treinamentos mais específicos para questões relacionadas a lidar com *big data* ou integração de tecnologia.

Evidentemente, nada disso é barato. O preço de um bom curso clássico em um instituto renomado de treinamento pode rapidamente atingir milhares de euros. Mas em geral vale a pena, porque, repito, um bom treinamento anda mais importante do que nunca. E também é importante conectá-lo o mais próximo possível às melhores práticas de mercado.

Um bom exemplo a esse respeito é a Beeckestijn Business School. Fundada em 1992 por Egbert-Jan Van Bel e Hans Molenaar, desde então ela vem crescendo para se tornar referência em treinamento pós-doutoral na Holanda. A Beeckestijn oferece cursos especializados em aplicação prática de abordagens sociais e digitais para atendimento ao cliente e o uso de análises de marketing. Ela emprega somente os melhores palestrantes do mundo acadêmico e dos negócios.

Figura 4.8 **Beeckestijn Business School, Holanda**

De forma similar, a Vlerick Leuven/Ghent Management School atende a necessidade da Bélgica de treinar e retreinar os futuros gurus do marketing e das vendas. Eles oferecem uma série de conferências e webinars sobre vendas, bem como cursos de curto e de longo prazo. Meu amigo, o professor Deva Rangarajan desempenhou uma função líder nesse projeto, em particular através de seu papel no desenvolvimento do Vlerick Sales Competence Centre.

Em nível internacional, há uma vasta gama de opções de treinamento altamente qualificadas, oferecendo os últimos *insights* aprofundados na arte das vendas disruptivas. Ao lado das instituições clássicas, com reputação confirmada e merecida, como a Kellogg Business School nos EUA, a Cranfield University no Reino Unido e a Toulouse Business School na França, também há várias plataformas novas e inspiradoras. Uma delas é a Crowd Sourcing Week (www.crowdsourcingweek.com), que organiza dias de inspiração mundial que inclui novos modelos de negócio, economia compartilhada e economia de financiamento coletivo.

Garantir que sua equipe seja adequadamente treinada significa mais que tão somente acompanhar um ou dois cursos – e se esquecer deles em seguida. Significa misturar a quantidade certa de cursos com a quantidade certa de acompanhamento permanente e novos treinamentos em várias áreas, de preferência com um pouco de experiência internacional no meio. Isso expandirá a visão de sua equipe e servirá como fonte de inspiração duradoura.

Os dias do emprego para a vida toda se foram e nunca mais voltarão. Organizações terão de recrutar novos talentos com mais frequência que no passado, mas sob demanda e apenas durante o tempo em que precisarem deles. Além disso, serão proporcionadas mais recompensas a eles. Elas terão como base seu nível de desenvolvimento pessoal, a extensão em que os objetivos individuais e/ou em grupo foram atingidos e os níveis mensurados de satisfação do cliente resultantes de suas atividades.

Do outro lado da moeda, cada vez mais profissionais vão querer decidir por si mesmos para quem eles trabalham, quando e onde – e somente enquanto o trabalho parecer interessante ou desafiador.

Está nas mãos dos empregadores garantir que esses dois critérios sejam preenchidos. As empresas precisam desenvolver conceitos de autofortalecimento que criem uma relação entre clientes satisfeitos e funcionários satisfeitos. São conceitos em que cada atitude contribui para o aprimoramento da operação presente ou futura da empresa. Assim, você não cuidará apenas do hoje, mas também ficará de olho no amanhã.

▸ NOTAS

[1] MAES, Patrick. Sales 3.0. *CPI-Consulting*, 2013.

[2] MAES, 2013.

[3] MAES, 2013.

[4] VAN BELLEGHEM, S. *When Digital Becomes Human: Klantenrelaties in transformatie*. Leuven: LannooCampus, 2014.

[5] ECONOMIST INTELLIGENCE UNIT. The rise of the marketeer: driving engagement, experience and revenue. *Marketo* [On-line]. Disponível em: https://uk.marketo.com/analyst-and-other-reports/the-rise-of-the-marketer-driving-engagement-experience-and-revenue/. Acesso em: dez. 2017.

[6] A equipe de marketing terá de fornecer conteúdos diferentes para um *lead* que ainda está no topo do funil de vendas, em comparação com um *lead* que já deu indicativos de suas necessidades e preferências, e, portanto, já está no meio do funil, ou um *lead* que está próximo de se tornar uma compra e, logo, está na base do funil.

[7] ECONOMIST INTELLIGENCE UNIT, acesso em: dez. 2017 [On-line].

[8] STATISTA. Number of monthly active Facebook users worldwide as of 1st quarter 2017 (in millions). *Statista* [On-line]. Disponível em: https://www.statista.com/statistics/264810/number-of-monthly-active-facebook-users-worldwide/Acesso em: maio 2017.

[9] STATISTA, acesso em: maio 2017 [On-line].

[10] FLYNN, Kerry. Facebook is within reach of 2 billion users. *Mashable* [On-line]. Disponível em: http://mashable.com/2017/02/01/facebook-earnings-record-user-growth/. Acesso em: maio 2017.

[11] PARKINSON, Gary. Facebook Acquires Instagram: 5 Years Later. *Shutterstock Custom* [On-line]. Disponível em: http://custom.shutterstock.com/blog/facebook-acquires-instagram-5-years-later. Acesso em: maio 2017.

[12] CHAYKOWSKI, Kathleen. Instagram Hits 1 Million Advertisers, Fueled By Small Businesses. *Forbes* [On-line]. Disponível em: https://www.forbes.com/sites/kathleenchaykowski/2017/03/22/instagram-hits-1-million-advertisers-fueled-by-small-businesses. Acesso em: maio 2017.

[13] INSIVIA. 27 Video Stats For 2017. *Insivia* [On-line]. Disponível em: http://www.insivia.com/27-video-stats-2017/. Acesso em: maio 2017.

[14] PARKINSON, acesso em: maio 2017 [On-line].

[15] HUBSPOT. How to use Instagram for business. *HubSpot* [On-line]. Disponível em: https://offers.hubspot.com/instagram-for-business. Acesso em: maio 2017.

[16] ASLAM, Salman. Linkedin by the Numbers: Stats, Demographics & Fun Facts. *Omnicore* [On-line]. Disponível em: https://www.omnicoreagency.com/linkedin-statistics/. Acesso em: maio 2017.

[17] LINKEDIN SALES SOLUTIONS. Ultimate Guide to Sales Prospecting: Tips, Techniques and Tools. *LinkedIn Sales Solution* [On-line]. Disponível em: https://business.linkedin.com/sales-solutions/b2b-sales-prospecting/techniques-for-successful-prospecting. Acesso em: maio 2017.

[18] LINKEDIN SALES SOLUTIONS, Ultimate Guide to Sales Prospecting.

[19] LINKEDIN SALES SOLUTIONS. Getting Started with Social Selling on LinkedIn. *LinkedIn Sales Solution* [On-line]. Disponível em: https://business.linkedin.com/sales-solutions/social-selling/getting-started-with-social-selling-on-linkedIn-ebook. Acesso em: maio 2017.

[20] ALTMAN, Ian. LinkedIn Paid Vs Free – A Review Of Sales Navigator. *Forbes* [On-line]. Disponível em: https://www.forbes.com/sites/. Acesso em: maio 2017.

[21] VAN DER BLOM, Richard. Hoe social selling de inkoper gelukkig maakt – LinkedIn's 'Sales Navigator', *marketingfacts.nl* [On-line]. Disponível em: http://www.marketingfacts.nl/berichten/hoe-social-selling-de- inkoper-gelukkig-maakt-linkedins-sales-navigator. Acesso em: maio 2017.

[22] LINKEDIN SALES SOLUTIONS. Top 10 Actionable Sales Tips. *LinkedIn Sales Solutions* [On-line]. Disponível em: https://business.linkedin.com/sales-solutions/social-selling/top-10-sales-tips-tricks. Acesso em: maio 2017.

[23] LINKEDIN SALES SOLUTIONS, Ultimate Guide to Sales Prospecting.

[24] LINKEDIN SALES SOLUTIONS, Getting Started with Social Selling on LinkedIn.

[25] HINDLE, T. Span of control, *The Economist* [On-line]. Disponível em: http://www.economist.com/node/14301444. Acesso em: maio 2017.

[26] VANDENDRIESSCHE, F.; LOOTEN, H. *Leidinggeven Zonder Cijfers: Van input naar output*. Leuven: LannooCampus, 2014.

Explorando automação e tecnologia para vendas disruptivas

Se quer deixar seus clientes contentes, mantê-los assim, no mercado atual, você precisa pensar em mais coisas além de vender.

É preciso desenvolver uma área de vendas totalmente nova. A tecnologia de marketing e a automação de marketing podem desempenhar um papel facilitador nessa transformação. Hoje em dia, esses sistemas inteligentes possibilitam acompanhar automaticamente o processo da expectativa do cliente até o momento da entrega, e até além. Isso é crucial se você espera transformar clientes em defensores que fazem o dinheiro circular.

▸ POR QUE AUTOMAÇÃO DE MARKETING?

Para proporcionar aos clientes um valor excelente em cada etapa de sua jornada, é necessário garantir que a interação entre vendas, marketing e atendimento ao cliente sejam contínuas. Toda ação do cliente, tanto on-line como off-line, pode ser um sinal que exija alguma reação de sua parte. Para avaliar com precisão cada oportunidade e elaborar a resposta correta, você precisa monitorar e analisar cada movimento do cliente. Eles sairão do ciclo da lealdade ou ficarão por lá? Ou há indicações de que eles podem estar pensando em uma mudança numa etapa posterior? Se sim, qual a melhor maneira de reagir? Ou a melhor reação é não reagir – por enquanto?

Essas são perguntas difíceis de responder, ainda mais porque você precisa fazer isso em tempo real. Na verdade, isso é impossível sem o auxílio de automação de longo alcance.

Essencialmente, marketing é o mesmo que vendas, mas em uma escala muito maior. Vendedores gostam de fazer apresentações de 30 minutos na sala da diretoria. Profissionais do marketing transformam o mesmo conteúdo em um webinar de 30 minutos um uma palestra para um congresso inteiro. Profissionais do marketing comunicam sua mensagem a milhares de pessoas através de mídias sociais; vendedores comunicam sua mensagem às pessoas por chamadas telefônicas. Funcionários de atendimento a clientes tomam conta deles respondendo a perguntas e conferindo as expressões mais práticas possíveis ao conteúdo e à mensagem. Esses três setores – marketing, vendas e atendimento ao cliente – trabalham dentro da mesma trajetória: o desenvolvimento de uma relação com o cliente, a quem esperam transformar em um cliente satisfeito no longo prazo.

No entanto, ainda que o marketing, as vendas e o atendimento ao cliente tenham o mesmo objetivo, eles usam ferramentas diferentes para atingi-lo. Hoje em dia, o CRM funciona principalmente como um instrumento de vendas. A ideia por trás do CRM é que o registro de informações detalhadas sobre qualquer (possível) cliente manterá o vendedor informado sobre suas necessidades e desejos, e, portanto, sua posição atual no funil de vendas. Sem dúvida é útil um vendedor saber todas essas coisas. Mas, para um profissional do marketing, esses dados são insuficientes.

CRM e automação de marketing se complementam

O CRM proporciona respaldo valioso para cerca de 30% do processo real de vendas. Esses 30% se referem sobretudo à etapa em que há contato real entre o (potencial) cliente e a equipe de vendas.

A informação gerada por esses contatos é armazenada no sistema CRM. Porém, os 70% restantes da jornada do cliente hoje em dia acontecem amplamente on-line, e, portanto, não aparecem no radar do CRM. Essa parte da trajetória só pode ser acompanhada com automação de marketing e ferramentas associadas.

A integração de CRM e automação de marketing proporciona às vendas e ao marketing o acesso à informação gerada no início da jornada do cliente. A automação de marketing fornece informações contínua e automaticamente atualizadas através do restante da jornada. Isso possibilita a transição para contatos de vendas qualificados, com uma chance melhor de conversão de clientes.

A combinação de CRM e automação de marketing gera em média um aumento de ROI de 14,5% em investimentos de marketing em determinado projeto, e cada 10% de melhoria no acesso a informações resulta em um aumento de 14% em faturamento.[1]

▸ O QUE A AUTOMAÇÃO DE MARKETING POSSIBILITA?

Softwares de automação de marketing possibilitam acompanhar a atividade (e a não atividade) do cliente ao longo de toda a duração da jornada. Como vantagem imediata, sua equipe não precisa mais fazer esse trabalho exaustivo e que consome tempo. Mas isso é só o começo. A automação de marketing também possibilita coletar e comparar dados de clientes a partir de uma vasta gama de fontes on-line. Uma vez combinados e analisados automaticamente, esses dados podem ser usados para gerar um perfil de cliente a todos os contatos.

Além disso, cada perfil pode então ser abordado por meio de mídias – e-mail, mídias sociais ou anúncios on-line – e, com a mensagem sugerida pelos dados, é mais propenso a estimular mais movimento pelo funil de vendas. Pode ser, por exemplo, um preço promocional especial, um convite para demonstração de um produto ou uma orientação para uma conversa interessante.

A automação de marketing, como o nome sugere, também lhe permite gerar e enviar essas mensagens automaticamente. Isso poupa um tempo valioso, ao mesmo tempo garantindo que o (potencial) cliente possa receber a informação em tempo real ou, como alternativa, em uma data posterior (se o sistema decidir que essa linha de ação é melhor).

Tempo real também pode significar colocar em movimento uma corrente de ações que podem ser divulgadas por um período mais longo. Como é evidente, essas ações – e-mail, anúncios on-line etc. – são elaboradas conforme as necessidades particulares do cliente, com base em seus interesses e padrões on-line de comportamento.

Mas o sistema automatizado leva as coisas para uma etapa ainda mais além. Ele registra e avalia quais ações e conteúdos induzem uma reação boa, mediana ou fraca dos alvos. As boas são mantidas, as fracas são abandonadas e as medianas podem ser guardadas para considerações futuras. Dessa forma, a automação de marketing permite medir com mais precisão os sucessos e os fracassos relativos. Ela possibilita quantificar o impacto de uma campanha ou ação, garantindo um foco otimizado dos esforços e recursos no futuro. No passado isso era sempre difícil de provar, o que explica por que o marketing muitas vezes era o primeiro alvo quando era preciso fazer cortes.

A pegada digital deixada pelo cliente possibilita desenvolver uma abordagem de vendas customizada para aquele cliente específico.

Se você tem permanentemente à disposição as informações mais atuais sobre seus clientes e seus comportamentos de busca, já que eles mesmos estão constantemente atualizando esses dados por meio das próprias ações on-line; se você sabe quando um cliente é mais propenso a abrir e ler os e-mails; se sabe no que eles tendem a clicar e o que tendem a evitar; se sabe de todas essas coisas, você pode refinar sua abordagem comercial de forma significativa. O conteúdo e o momento dessa abordagem podem ser feitos para refletir o perfil e o segmento do cliente.

Como consequência, os clientes não somente recebem as informações que lhes interessam, mas também no instante em que estão mais receptivos a elas – tudo isso por causa dos detalhes rastreáveis que deixaram on-line. Essas preferências podem então ser conectadas a outros *big data* que estejam disponíveis para a organização.

Logo, a pegada digital deixada pelo cliente permite desenvolver uma abordagem de vendas customizada, específica para aquele cliente em particular. Assim, uma abordagem generalizada pode ser transformada em micro e nanomarketing, resultando, por fim, em um "segmento de um só", a abordagem mais individualizada de todas.

▸ A DOR DE CABEÇA CHAMADA CRM

Quando você me vê exaltando as virtudes da automação de marketing desse jeito, talvez isso o faça se lembrar de uma conversa semelhante, alguns anos atrás, sobre o "milagre" da gestão do relacionamento com o cliente (CRM). Infelizmente, a aplicação prática desse milagre se revelou um fracasso em vários aspectos. Hoje em dia, a mera menção ao CRM faz muitas empresas torcerem o nariz, isso quando não são abertamente hostis. Por esse motivo, vale a pena fazer uma pausa para refletir por que implementar CRM nem sempre teve tanto êxito como as pessoas esperavam.

Para começo de conversa, nunca é simples introduzir um sistema novo em uma empresa. A base do sucesso está em trabalhar nele de forma eficaz. Mas as pessoas precisam estar motivadas para trabalhar com ele. Esse só será o caso quando facilitar suas vidas. Trocando em miúdos, é necessário envolver as pessoas a quem o sistema se destina. Elas precisam poder dizer o que o sistema pode e deveria fazer. Se a inovação simplifica as coisas, ela será aceita com mais prontidão e as pessoas terão mais boa vontade em aprender como usá-la. Se um sistema não funciona bem ou não é usado, com muita frequência é porque ele é complicado demais. O antigo CRM era de fato complexo: interfaces fracas, configurações difíceis, conexões ruins e um excesso de procedimentos, fluxos e caixas que não significavam nada para ninguém.

O funcionamento eficiente de qualquer sistema começa com o mapeamento de desejos e expectativas das pessoas que vão usá-lo. Isso envolve muito mais do que meramente checar como o atual ciclo de vendas da empresa pode se conectar ao ciclo instalado como padrão no sistema. Em vez disso, ele deve envolver o design do ciclo de vendas perfeito que a empresa idealmente deseja para si, para que o sistema possa, então, ser projetado para refleti-lo e apoiá-lo melhor. Se não há consenso interno e acordos bem-definidos, o sistema vai copiar e enfatizar essa indecisão humana.

Mas voltemos ao CRM e às dores de cabeça que ele causou. Para implementar com sucesso um CRM, é preciso cumprir três pré-condições.

Primeiramente, o sistema precisa tornar as coisas novas possíveis. Precisa capacitar as pessoas. Em particular, o sistema precisa ajudar a área de vendas da empresa a traçar o perfil de clientes atuais e potenciais, planejar um misto de ações no momento certo e monitorar todos os pontos de contato relevantes. Se o sistema não consegue fazer isso, há várias razões possíveis. Talvez haja algo errado com a elaboração do perfil de seus clientes. Ou, talvez, seu plano de ação seja limitado demais, e o máximo que consegue é marcar uma data para a próxima ligação telefônica ou reunião. Pode ser que os contatos monitorados sejam apenas contatos de vendas, então foram insuficientes para completar a análise de que você precisa. Ou, então, o sistema é voltado para os desejos de um único usuário-chave, de modo que é complicado demais para usuários comuns.

Em segundo lugar, o sistema precisa ser de fácil utilização. Não somente para as pessoas que o usam diariamente, mas para todo mundo. Não tem desculpa. O CRM precisa ser intuitivo. Você deve ser capaz de usá-lo sem necessidade de um treinamento longo e complexo. O treinamento existente deve assegurar que todos têm a mesma compreensão de boxes diferentes e seus conceitos subjacentes, e que todos consigam extrair as informações do sistema que sejam importantes para si.

Interfaces cansativas de usar são automaticamente menos usadas, o que muitas vezes gera entradas atrasadas. Se esse atraso resultar na adição de dados antigos ao sistema, seu CRM não estará mais atualizado, o que reduz significativamente sua eficiência. Quando isso acontecer, o sistema logo passará a ser visto como nada além de uma obrigação – um pé no saco –, em vez de uma ferramenta útil de apoio.

Em terceiro lugar, deve haver uma boa conexão com o software de ERP da empresa e outras fontes relevantes de informação. Quando a equipe consulta o CRM? Apenas se as informações estiverem corretas e atualizadas. Parece lógico, mas muitos sistemas CRM estão constantemente lutando para manter o fluxo de entrada de dados. Mas é somente quando o sistema é mantido cem por cento atualizado com informações novas e confiáveis que ele se torna mais potente e mais útil. Sistemas que não refletem mais as realidades atuais raramente são usados. É muito mais fácil manter dados-chave em seu próprio caderno ou obter a informação certa ligando para um contato.

Esse desmantelamento oficial do sistema CRM só pode ser evitado se corretamente conectado ao ERP da empresa e aos sistemas de automação de marketing, de preferência em tempo real.

O fator de êxito mais importante para a implementação bem-sucedida do CRM é uma boa especificação das expectativas das pessoas. Isso engloba mais que simplesmente listar essas expectativas em um arquivo organizado. Também implica a necessidade de elaborar fluxogramas para questões como geração de *leads*, gestão de clientes, gestão de reclamações, o design de telas e relatórios, e – por último, mas não menos importante – a simulação detalhada das condições do usuário: no carro, no escritório do cliente, em casa na frente da TV, no trem, no avião, de férias, com ou sem acesso decente à internet.

A aparência e a interface do usuário do CRM são tão importantes quanto a precisão dos dados que ele contém.

O CRM é um trabalho em andamento. Isso não quer dizer que você deve mexer constantemente na estrutura básica, mas terá de criar novas áreas com regularidade, elaborar novos relatórios e novas funcionalidades, bem como excluir os antigos e desatualizados. Se você tem novos elementos testados e analisados pelos usuários e seus colegas uma ou duas vezes por ano, isso deve ajudá-lo a se proteger contra o possível envelhecimento de seu sistema.

Evidentemente, as coisas não ficam paradas no mundo do CRM; há novas evoluções o tempo todo. Alguns fornecedores, como SalesFlare e Nimble, oferecem uma abordagem totalmente nova para soluções de CRM, combinando uma série de funcionalidades diferentes. A SalesFlare tem como base o rastreamento e a priorização de correspondências para o desenvolvimento de um sistema de gerenciamento de pipelines de vendas que coloque a inteligência artificial ao alcance das pequenas e médias empresas. Com rapidez e facilidade, a Nimble permite conectar contatos com perfis no LinkedIn.

Escolher o parceiro certo para a implementação de seu CRM é outro fator-chave para o sucesso. Nos últimos anos, monitorei de perto mais de 35 implementações de CRM. Vários provedores eram implementadores genuínos e modelos de eficiência. Outros eram um pequeno pesadelo!

Os projetos mais bem-sucedidos eram dirigidos de forma resoluta pela própria empresa, com as divisões de vendas e marketing na liderança. Os menos bem-sucedidos eram gerenciados pelos departamentos de TI, que enfatizavam a segurança e a integração com outros sistemas, e não o apoio diário ao processo de vendas.

A implementação bem-sucedida de um CRM começa com uma atualização desse processo de vendas e uma análise crítica da abordagem comercial atual da empresa. Se você não der atenção a essa etapa, acabará automatizando uma abordagem desatualizada, privando seu novo CRM da chance de aumentar sua produtividade e aprimorar sua relação com os clientes.

▶ FUNCIONALIDADES BÁSICAS

Em geral, ferramentas de automação de marketing oferecem as cinco funcionalidades básicas a seguir, ou aplicações:

1. Possibilitam monitorar o comportamento on-line.
2. Têm uma função de marketing por e-mail.
3. Aprimoram a relação com o cliente e o gerenciamento de contatos.
4. Automatizam funções de rotina.
5. Dão acesso a uma seleção de ferramentas de análise e alimentação de *leads*.

A maioria das soluções de automação de marketing no mercado oferece ferramentas comparáveis. Alguns pacotes possuem um posicionamento mais específico e oferecem serviços mais específicos. Por exemplo, podem focar o e-commerce (SALESManago) ou gestão de conteúdos e monitoramento de blogs (HubSpot). Outros se baseiam em links nativos com sistemas de CRM específicos, como o Pardot com a Salesforce, Click-Dimensions com a Microsoft e o SilverPop com o Sugar CRM.

Alguns dos participantes de peso e bem-estabelecidos no mercado, como os pioneiros Marketo e Eloqua, podem ser conectados a qualquer sistema. Além do mais, há uma vasta gama de pacotes de automação de marketing famosos e não tão famosos, que podem fornecer o nível necessário de apoio para pequenas e médias empresas.

Pode ser útil analisar uma a uma das funcionalidades mais comuns. Em particular, traçar uma distinção entre as funcionalidades encontradas em todo pacote básico e os extras, que são encontradas apenas nas versões mais sofisticadas, muitas vezes como opções exclusivas.[2]

▸ MONITORANDO O COMPORTAMENTO ON-LINE

Uma das características básicas de qualquer plataforma de automação de marketing é a capacidade de identificar as pessoas que visitam seu site, monitorar o tempo que nelas passam lá, registrar quais páginas elas visualizaram, e identificar a fonte que inicialmente as trouxe ao site.

Vários pacotes dão a opção de conectar a automação de marketing com identificação de IP. Às vezes, essa identificação é posteriormente enriquecida com outras informações sobre o cliente, como os nomes dos gestores e as páginas deles no LinkedIn. Até o momento, essa função funciona bem em mercados mais amplos, em que às vezes, para os fornecedores de dados, é interessante configurar esse tipo de interação. Nos EUA, o link da automação de marketing com a identificação com base em endereços de IP já é bem comum, embora ainda não seja o caso na Bélgica e na Holanda (embora melhor na última que na primeira). A maioria dos sistemas também possibilita extrair informações adicionais, como os termos de busca usados por seus contatos on-line ou detalhes daquilo que eles gostam, compartilham e comentam. Outra função mais avançada é a capacidade e monitorar o comportamento de seus contatos em seus dispositivos móveis, o que, na maioria dos casos, informa a você quando o dispositivo é usado, por quem, onde estão localizados no momento e o que fizeram.

Hoje em dia, bons softwares de automação de marketing geralmente contêm ferramentas de análise social que permitem a você verificar o que seus contatos estão dizendo nas mídias sociais. As ferramentas também podem identificar quais elementos do conteúdo que você enviou aos contatos foram compartilhados com outras pessoas, e quem são elas.

Também é viável vincular sua automação de marketing ao Facebook, por exemplo, o que lhe permite coletar informações de perfis que você pode combinar com as informações semelhantes que já coletou de outras fontes. Porém, geralmente essa última opção é um extra pelo qual você tem de pagar mais.

▶ MARKETING POR E-MAIL

A função de e-mail hoje é padrão na vasta maioria dos pacotes de automação de marketing. E-mails continuam sendo um dos melhores métodos para interagir com potenciais clientes e guiá-los com valor agregado através de cada etapa de sua jornada. Pacotes profissionais oferecem pelo menos a possibilidade de enviar e-mails a um público segmentado, conectado à possibilidade secundária de personalizar o formato do endereço.

Outros aspectos comuns incluem um teste de spam, a confirmação de que o e-mail foi recebido pelo contato, a de que o e-mail foi ou não aberto, e a de que ele foi ou não reaberto em uma etapa posterior.

Outros aspectos básicos incluem a capacidade de gerar e enviar e-mails automaticamente depois que um contato exibiu um tipo pré-determinado de comportamento. Pode ser o preenchimento de um formulário ou o download de um documento específico. Outra opção é o sistema enviar um e-mail de atualização se o contato já não visita seu site há algum tempo.

Figura 5.1 Canais usados por profissionais de marketing B2B nos EUA para conduzir os *leads* pela jornada do cliente

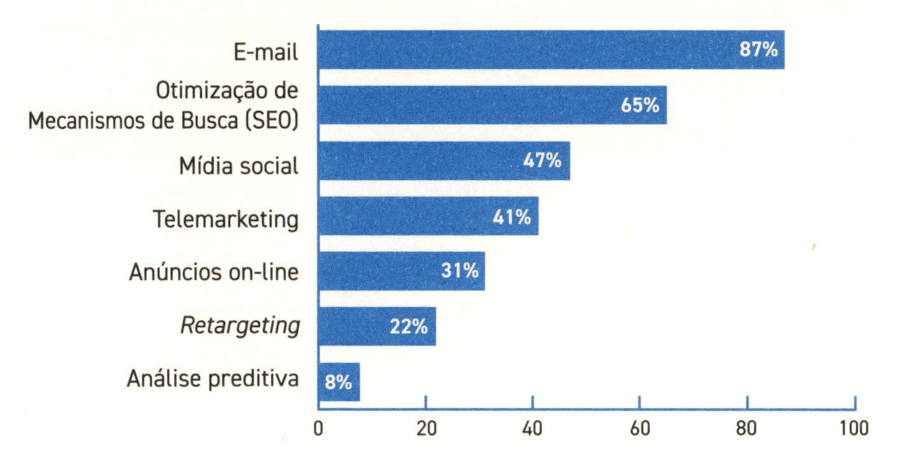

FONTE: Estudo comparativo do relatório de geração de demanda (2015)

Muitos sistemas também têm um sistema intuitivo como opção, que elabora campanhas precisas e atraentes por e-mail ou formulários de preenchimento que chamam a atenção. A importação de templates em HTML também é compatível, em geral.

Plataformas mais avançadas tornam possível dinamizar o conteúdo de seus e-mails. O sistema compara o perfil de seu contato com o leque de conteúdos disponíveis e seleciona as opções mais apropriadas para o perfil em questão. Sistemas de última geração também oferecem, inclusive, os chamados "testes A/B" (também conhecidos como "testes de divisão"). Isso aloca uma variante da mesma mensagem para dois grupos diferentes de teste. Os resultados das respostas dos dois grupos são comparados, e a mais eficaz das duas variantes é usada para os e-mails enviados à vasta maioria restante de seus contatos.

Uma opção ainda mais sofisticada – geralmente um extra – é a personalização dos detalhes do remetente: o campo "de". Dependendo da área em que você atua, é cada vez mais comum o envio de e-mails com o nome de um remetente específico; por exemplo, o nome de um vendedor com que o contato está habituado a lidar. Isso confere um pouco mais de estilo a sua campanha por e-mail.

▸ COMUNICAÇÃO DINÂMICA

Com o leque de informações do cliente à sua disposição, você pode agilizar sua comunicação de forma automática e individual, além de torná-la mais dinâmica. Conteúdo dinâmico significa que o que o cliente consegue ver em seu e-mail foi selecionado para corresponder às informações do próprio perfil. Esses ajustes podem incluir o uso de cores específicas, textos e pop-ups, e também a composição dos textos. Formulários dinâmicos são aqueles que não fazem mais perguntas do que as absolutamente necessárias. O sistema já contém muita informação, e só pede os dados adicionais de que ele ainda precisa.

Precificação dinâmica é a configuração de preços para refletir o perfil dos visitantes de seu site. Um contato que visita seu site em várias ocasiões em um período relativamente curto verá um preço diferente do que uma pessoa que está visitando o site pela primeira vez apenas. Esse conceito é utilizado, por exemplo, em sites onde você pode reservar passagens aéreas ou férias. No entanto, ele também pode ser útil em certas aplicações B2B, onde é possível mostrar um preço ajustado aos clientes pertencentes a uma certa categoria ou a um grupo particular de descontos.

Fornecer conteúdo dinâmico personalizado desse tipo só é possível, sem dúvidas, se seu sistema divide seus contatos em segmentos diferentes. Essa segmentação também é automatizada, com base no comportamento on-line do contato. Às vezes, existe a opção de levar em conta critérios secundários, como dados transacionais relacionados ao comportamento de pagamento, o hardware e o software disponíveis do contato (navegador da web, sistema operacional etc.) ou localização geográfica.

Sumário das funcionalidades do gerenciamento de conteúdo

- Nutrição de *leads*.
- Geração de *leads*.
- *Lead scoring*.
- Índice de engajamento do cliente.
- Personalização de conteúdo em tempo real.
- Inteligência de vendas.
- *Inbound* marketing.
- Gestão do ciclo de vida do cliente.
- Marketing de *big data*.
- Automação de análises e transações.
- Marketing multicanais.
- E-mails dinâmicos um a um.
- Automação anônima de marketing.
- Marketing preditivo.
- Automação de marketing para pequenas lojas on-line.
- Integração com CRM, ERP e *call centers*.

FONTE: SALESManago

▸ CRM E GESTÃO DE CONTATOS

A automação de marketing é possível sem CRM. Mas se você já tem uma gestão de contatos separada ou um sistema de CRM, é importante que a informação detectada pela automação de marketing possa ser perfeitamente compatível com o sistema existente. Assim, as informações combinadas podem ser compartilhadas em todos os setores da empresa. Isso é fundamental para a eficiência e a eficácia de sua área de vendas.

A automação de marketing facilita gerenciar os contatos, dividi-los em grupos e alocar esses grupos em uma equipe de vendas particular. O sistema também compila e monitora os perfis dos clientes com base no processamento automático das informações rastreáveis geradas on-line pelos clientes. Contas diferentes também podem ser feitas para perfis de funções diferentes dentro da organização. Isso determinará, por exemplo, quem vê quais informações sobre quais clientes e, também, quem está autorizado a modificar perfis de clientes.

Plataformas avançadas de automação de marketing permitem ao usuário que acrescente notas e uma lista de tarefas individual nos cartões de contato com o cliente. Isso possibilita a cada usuário do sistema que crie o próprio ambiente de trabalho CRM personalizado. Esses sistemas avançados também podem ser conectados a contas de e-mails individuais da equipe de vendas. Dessa forma, os e-mails enviados e recebidos por meio das vendas são imediatamente absorvidos no processo de monitoramento e automação, criando assim um ambiente de e-mail totalmente integrado.

Lead scoring e nutrição

A esta altura, você deve estar pensando: "O que há de tão especial em mandar um ou dois e-mails? Eu poderia fazer isso! Segmentação de clientes? Também é possível fazer isso manualmente, não é? Tudo o que você precisa é de uma caneta e um bloco de notas! Por que eu compraria um sistema caro para algo que posso fazer sozinho com facilidade? E o mesmo vale para gerenciamento de contatos e perfis de clientes: um pouco de bom senso, uma tabela no Excel, um pouco de ajuda do CRM (se estiver atualizado!) e lá vamos nós! Conteúdo sob medida para o cliente? Volto para minha caneta e bloco de notas, ou talvez um editor de textos...".

Isso é verdade, sem dúvida, e a escolha depende de você. Mas é preciso ter em mente que existem algumas funcionalidades muito específicas que só podem ser exploradas por meio da automação de marketing.

Existem algumas funcionalidades muito específicas que só podem ser exploradas por meio da automação de marketing.

Ao vender o que quer que seja, você não terá sucesso a não ser que gere interesse entre seus clientes atuais e potenciais. A automação de marketing registra cada visitante em seu site e investiga o potencial comercial de cada contato, de modo que consegue assinalar possíveis novos *leads*. Embora muitos desses contatos rapidamente fiquem pelo caminho – 85% de seus visitantes estão apenas explorando possibilidades –, o sistema monitora todos: quais informações solicitaram, quem solicitou, quanto tempo ficaram em cada página etc.

Essa informação é usada para dar uma pontuação, ou *score*, a cada contato. Potenciais clientes são repetidamente classificados com base em suas pontuações variáveis. Listas dos potenciais clientes mais promissores são geradas com a frequência que você preferir. Atingir uma certa pontuação pode ativar uma ação relacionada; por exemplo, qual mensagem é enviada, com que frequência e por quem.

A pontuação de *leads*, conhecida por *lead scoring*, é um conceito essencial na automação de marketing. Ela lhe permite acrescentar ou extrair pontos em função das ações específicas registradas feitas que seu contato tomou. Isso resulta em uma avaliação numérica da "disposição para se relacionar" de cada cliente em potencial. Alguns sistemas oferecem métodos mais sofisticados de pontuação, posicionando a relação com o cliente em modelos de quadrantes e mostrando os resultados em diagramas. O *lead scoring* muitas vezes também é combinado com dados demográficos e de comportamento on-line.

Em geral, o *lead scoring* pode ser dividido em dois níveis diferentes: o nível de engajamento (pontuação implícita do *lead*) e o ajuste (pontuação explícita do *lead*). O perfil do *lead*, com base em seu comportamento on-line (por exemplo, solicitar um documento técnico), quantidade de cliques e tempo de permanência, é refletido no nível de engajamento. Até que ponto o contato é uma boa correspondência para seu perfil-alvo (o tipo de cliente novo que você quer atrair) é refletido no ajuste.

Nos melhores pacotes de automação de marketing, a pontuação de engajamento e o ajuste são calculados automaticamente, com uso de algoritmos. Vez ou outra, ambos os níveis podem ser visualmente representados como uma certa posição dentro de uma matriz de quadrantes. Os *leads* que mais vale a pena acompanhar (evidentemente) são aqueles com a melhor pontuação possível de engajamento, em combinação com o melhor ajuste possível. O segundo valor agregado da automação de marketing é a nutrição de *leads*.

Esse problema é atual. O *Demand Gen Report Benchmark Study* (Estudo comparativo do relatório de geração de demanda) indicou que quase dois terços dos entrevistados queriam testar ou implementar a tecnologia de nutrição de *leads*.[3] A qualidade dos *leads* está ficando cada vez mais importante, e a tecnologia mais recente agora possibilita forcar esforços e recursos onde têm maior chance de sucesso.

As melhores plataformas de automação de marketing contêm programas automáticos que fornecem às equipes de vendas uma lista de contatos prontos para a venda. São contatos que já foram tão longe em sua jornada do cliente que já chegaram à etapa final da tomada de decisão. Isso significa, certamente, que não é mais necessário avaliar *leads* manualmente, o que, na era moderna, tornou-se uma tarefa quase impossível, tendo em vista a velocidade e a frequência com que potenciais clientes hoje pedem novas informações. Uma opção com alguns sistemas é o roteamento de contato automatizado e a alocação do processo mais bem usado para acompanhar *leads* promissores.

Se você quer fornecer aos clientes um serviço individualizado, é útil se o conteúdo que lhes oferece é empacotado num formato mais propenso a atrai-los, já que isso aumenta as chances de ele ser lido e/ou utilizado. As informações rastreáveis geradas por sua automação de marketing dirão a você, por exemplo, se um cliente é mais propenso a responder a um e-mail ou a sugestões em seu site. Alguns sistemas automatizados possuem, inclusive, ferramentas que podem preparar conteúdos sob medida, como o Content Generator do HubSpot. Em outros casos, talvez você precise comprar softwares separados de preparação de conteúdo, em que pode armazenar ideias variadas e transformá-las em textos prontos para blogs.

Geração automática de conteúdos

A geração automática de conteúdos ainda está na infância, como o texto reproduzido a seguir mostra. O texto resulta de um experimento conduzido pelo *The Guardian* sobre a quinoa. A equipe do HubSpot o enviou para mim quando perguntei até que ponto eles haviam progredido na tentativa de gerar blogs automaticamente, com base no conteúdo existente em seus sistemas automatizados.

"Dominada pelo crime, a família da quinoa tomou de assalto os EUA este mês. De acordo com o Peru, Nova York confirmou que a quinoa é mais lenda do que qualquer outra coisa que já viram. Citações dos principais comedores de Yotam Ottolenghi sugerem que o plantio atualmente está no topo, possivelmente mais do que pimenta-do-reino moída. Especialistas afirmam que tanto Salt quanto University precisam fazer cultivos tradicionais para fortalecer uma solução comum. Por fim, vale a pena provocar um pouco que este artigo foi descascado até fazer sentido."

Por mais divertido que seja, espera-se que a qualidade do contato automaticamente gerado melhore depressa e muito em breve daqui a uns anos, alguns cliques do mouse serão o bastante para preparar seus blogs e listas de e-mails. Pode ser necessário fazer alguns ajustes no texto, mas a estrutura básica estará correta e refletirá as melhores práticas atuais relacionadas à localização, à correspondência de conteúdo nativo, à legibilidade e ao compartilhamento.

CAPÍTULO 5

▸ *DRIP MARKETING* (MARKETING GOTA A GOTA) E ALERTAS

A automação de marketing também possibilita que você defina campanhas gota a gota que podem ser automaticamente ativadas. O *drip marketing*, ou marketing gota a gota, como o nome indica, significa que você comunica sua mensagem ao (potencial) cliente gota a gota, construindo o interesse de forma gradual. Você faz isso apenas com os contatos que cumprem os critérios preestabelecidos ou depois que demonstraram um comportamento on-line pré-definido. Se seu contato baixou um arquivo sobre um de seus produtos, seu próximo passo poderia ser enviar a ele mais informações detalhadas, ou, talvez, até fazer uma proposta.

Campanhas gota a gota geralmente são feitas por e-mail, mas também podem ser estendidas às mídias sociais. O conteúdo de cada mensagem é guiado especificamente para os interesses e necessidades indicados pelas ações do contato-alvo. Seu sistema automático estará ciente desses interesses (monitorados em tempo real). Portanto, ele saberá quais mensagens devem ser enviadas, e em quais horários, para mover o contato pelo funil de vendas rumo a uma compra.

Outra funcionalidade que o CRM e sistemas de automação de marketing têm em comum é a geração e a alocação automática de tarefas e a emissão automática de sinais de aviso ou alertas quando ações urgentes devem ser tomadas. Por exemplo, alguns sistemas despacham automaticamente notificações a equipes relevantes sempre que um (potencial) cliente faz alguma ação específica on-line. Poderia ser, por exemplo, uma mensagem ao setor de vendas recomendando que chegou o momento de fazer contato com o potencial cliente.

De maneira similar, listas de tarefas automáticas podem lembrar você das coisas que precisam ser feitas. Talvez tenha chegado o momento de postar um novo webinar nas redes sociais para sua atual campanha de e-mail. Ou talvez seja o momento certo para iniciar sua campanha por e-mail para o próximo congresso.

Por último, mas não menos importante, um amplo leque de outras ações podem ser automatizadas. Isso depende de como você programa seu sistema de marketing, simples assim. Uma vasta gama de comportamentos específicos da parte do cliente fixo ou em potencial pode ser conectada a um leque igualmente amplo de respostas automáticas predefinidas, ajustadas para refletir o perfil específico do contato. Dessa forma, você pode continuar a agregar valor em todas as etapas da jornada do cliente.

▸ ANÁLISES E RELATÓRIOS

Além da oportunidade de escalar campanhas de marketing personalizadas altamente eficientes para os requisitos de grupos maiores de (potenciais) clientes, a automação de marketing suscita ainda outra vantagem significativa. Ela lhe proporciona ferramentas para analisar com profundidade o comportamento on-line de (potenciais) clientes e a reação deles a sua proposta de valor inicial, comparando as descobertas e uma série de relatórios precisos e números-chave.

As ferramentas on-line mais comuns são as que medem a atividade virtual dos contatos. Isso informa a você quais conteúdos têm boa pontuação e quais mensagens são as mais bem-sucedidas. Outras ferramentas-padrão podem medir o desempenho de sua página inicial, o conteúdo que você oferece on-line, os e-mails que envia e as campanhas que implementa. Essas ferramentas também rastreiam as fontes de seu tráfego da web.

Plataformas de automação de marketing mais avançadas possuem funcionalidades adicionais, como a otimização de seu conteúdo para motores de busca. A análise de palavras-chave de SEO lhe permite ver como seu conteúdo é atualmente classificado para pesquisas no Google, Yahoo! etc.

As melhores plataformas de todas mensuram o ROI por campanha e monitoram o nível de capital investido contra o número de possíveis clientes e a quantidade gerada de retorno adicional. O sistema registra e faz referências cruzadas de todos os dados relevantes. Se o cliente compra algo, o sistema o registra em seu histórico on-line. Também é possível imprimir relatórios sobre a taxa de sucesso de equipes de vendas separadas e ações separadas, bem como o efeito que essas ações têm sobre os contatos em questão. Alguns sistemas vão até mais longe em termos de quantificar os custos que precisam ser assumidos para mover um *lead* por meio de cada etapa do processo de vendas.

ESTUDO DE CASO

Inteligência preditiva

Inteligência preditiva é um método de proporcionar experiências ajustado especificamente ao contexto exclusivo de cada pessoa. Nada de anormal, você poderia argumentar, visto que já está personalizando conteúdo, serviços e produtos conforme as preferências reunidas nos perfis de seus clientes. Exceto que esses perfis são construídos com base no comportamento histórico ou informações que o cliente se dispôs a compartilhar no passado.

Por outro lado, a inteligência preditiva usa algoritmos para potencializar o perfil do cliente em tempo real, usando informações que coleta em tempo real através do comportamento ao vivo do cliente naquele momento. Esse perfil ao vivo é, então, usado para abastecer conteúdo ou despachar produtos automaticamente, com base em estimativas previstas das ações que um cliente pode executar ou nas coisas em que ele pode estar interessado. Esse conteúdo é disponibilizado através da web, por celular ou e-mail e até por *call center*.

De acordo com a SalesForce, a inteligência preditiva alavanca os rendimentos do site em 10%, taxas de cliques no e-mail em 35%, e taxas de conversão de e-mail em 25%.[4]

"A inteligência preditiva alavanca o perfil do cliente em tempo real, capitalizando com base no comportamento real do cliente naquele momento."

A inteligência preditiva já está em toda parte. Compre uma guitarra de uma loja de instrumentos musicais on-line e receberá sugestões automáticas para considerar acessórios como pedais de feitos sonoros específicos. Não apenas um efeito sonoro aleatório, mas um que forma uma dupla perfeita com a guitarra que você comprou, além de seu comportamento de compra anterior e o de clientes semelhantes.

Ou, então, suponha que você está trabalhando *in loco* em um projeto por alguns dias seguidos no escritório de um cliente. Você chega em casa tarde, mas não antes de pegar uma comida nas proximidades. Nos últimos dias, você fez pesquisas on-line repetidas vezes por um restaurante próximo ao local e, mais ou menos ao mesmo tempo, também firmou sua preferência por comida italiana em vez de chinesa, ou vice-versa.

A inteligência preditiva detectará o padrão e, talvez, sugerirá um novo local com classificações excelentes, ou um menu especial no lugar de sempre. Com base na quantidade de tempo que você passou no restaurante, o algoritmo pode inclusive ter detectado que a refeição é mais pragmática que romântica, sugerindo um lugar conveniente perto da estrada.

A análise preditiva tem tudo a ver com o jogo da conveniência. Uma lista de compras padrão e repetitiva se transforma em um algoritmo, e outra pessoa assume a responsabilidade de encher sua geladeira. Quando a Amazon faz um envio antecipado, proporciona a conveniência de você saber que nunca ficará sem papel higiênico.[5] A internet das coisas pode ser usada para coleta de dados e, por sua vez, reunir *insights* sobre o comportamento dos clientes.

▸ RASTREAMENTO DE *APPS* E BEACONS

A automação de marketing também está se movendo gradualmente para o mundo dos *apps* e dispositivos móveis. Empresas como a SALESManago estão ditando o ritmo com seus experimentos em rastreamento de *apps* e integração de *beacons* à automação de marketing.

O rastreamento de *apps* traz o marketing automatizado ao próprio cerne de seu smartphone: seu leque ultrainformativo de *apps* instalados. O rastreamento de *apps* possibilita aplicar várias funções de automação de marketing para uso em aplicativos. Uma das mais recentes (que só recentemente vi ser demonstrada) foi a capacidade de identificar quais *apps* uma pessoa tinha baixado em seu celular. "Mostre-me seus *apps* e lhe direi quem você é". Há um sem-número de possibilidades!

Beacons e dispositivos de comunicação de campo próximo são rastreadores e transmissores bluetooth que tornam viável dialogar com os clientes e lhes fornecer informações diretamente para o smartphone. Isso envolve a detecção do smartphone (beacon) e a recepção de sinais (campo próximo) quando o cliente se aproxima de algum local nos arredores de um transmissor. Essa tecnologia tem várias aplicações em potencial no setor varejista, mas também em feiras e escritórios. Assim, é possível registrar interesses do cliente em tempo real e no mundo real.

A comunicação de campo próximo também abre as portas para inúmeras possibilidades em pontos de venda. Em particular, proporciona a oportunidade de conectar monitores para a jornada digital do cliente e (sem dúvida!) registrá-los na função de mapeamento de ponto de contato do cliente. A trajetória percorrida por um contato em uma loja ou uma feira fornece informações úteis.

De maneira similar, a Realidade Virtual (RV) logo se tornará padrão. Como resultado, a percepção visual e a absorção de informações, a simulação realista do uso de um produto ou serviço e a substituição de demonstrações clássicas por experiências em RV logo se tornarão a regra em vez da exceção.

Além disso, a combinação da internet das coisas e da Indústria 4.0 com o uso crescente de drones desenvolverão novas possibilidades, com as quais os empreendedores até agora só conseguiram sonhar!

Para uma de nossas clientes – a Group Suerickx, uma típica empresa disruptiva que está rapidamente ganhando terreno no mercado de reformas, industrial e residencial –, recentemente desenvolvemos um sistema CRM novo em folha. Uma de suas características é que o preenchimento de um formulário por um *lead* é imediata e automaticamente vinculado a um dos primeiros rankings de visualização e a uma vista da rua pelo Google. Essas duas imagens aparecem ao lado do endereço do perfil do *lead* no CRM.

Isso possibilita que todas as pessoas de dentro da empresa envolvidas no projeto inspecionem o telhado e a empena do imóvel sem a necessidade de visitá-lo de verdade. Consequentemente, o pessoal da empresa consegue fazer perguntas relevantes que interessem ao potencial cliente.

Hoje em dia, cada vez mais experimentos estão ocorrendo para entrega de pacotes por drone. Não é inimaginável que, num futuro próximo, as empresas vão considerar comprar pelas imagens da câmera e registrar oportunidades que esses drones possibilitam, se por acaso eles passarem sobre o local de um de seus contatos-alvo. Isso significa que, sem a necessidade de ter um drone próprio, você poderia mapear por inteiro a situação in loco de qualquer prédio ou terreno.

Parece um daqueles filmes de detetive em que imagens em vídeo de câmeras de segurança e de trânsito são usadas para rastrear o criminoso, mas poderia, muito em breve, se tornar uma realidade comercial. Pode até ser viável integrar imagens de drone em seu GoToMeeting, para que você possa trocar ideias com seu cliente enquanto analisa o problema em tempo real de uma altura de 120 metros!

ESTUDO DE CASO

O Amazon Prime Air é a próxima opção de serviço de entrega da Amazon

O livro que a Amazon envia para o endereço de sua casa sem que você tenha pedido, antecipando seus futuros hábitos de leitura e, aliás, também estimulando esses hábitos, pode muito bem ser entregue via aérea. O Amazon Prime Air é um sistema de entregas da Amazon projetado para fazer as encomendas chegarem a salvo aos clientes em 30 minutos ou menos, usando drones. Em 2016, eles já estavam voando a distâncias de mais de 32 quilômetros e a velocidades superiores a 36 km/h.[6]

A Amazon está testando muitas configurações diferentes de drones não tripulados e mecanismos de entrega em vários ambientes de operação, particularmente em centros de desenvolvimento como os Estados Unidos, o Reino Unido, a Áustria, França Israel. Os drones entregam pacotes que pesam menos de três quilos e essa possível carga útil cobre 86% dos pacotes que a Amazon envia atualmente.[7] A primeira entrega da Amazon feita por drone para um cliente real aconteceu no dia 7 de dezembro de 2016, na região inglesa de Cambridge.[8] Então, em 17 de março, alguns meses depois, um drone entregou uma caixa de protetor solar em uma conferência sediada pela Amazon em Palms Springs, nos EUA.[9]

Embora ainda em fase de testes e com regulamentações que primeiro necessitam de alterações (é provável que isso demore um pouco), a Amazon afirma que, um dia, observar drone do Amazon Prime Air voando por aí será tão normal quanto ver vans do correio nas ruas.[10] O Prime Air está sendo implementado para ser mais uma das opções de entrega possíveis.[11]

Com um tempo de entrega de até 30 minutos, na maioria dos casos a Amazon será mais rápida que o tempo gasto para o cliente se deslocar até uma loja. O cliente não será apenas notificado quando o drone e o pacote forem despachados, o *app* também fará a contagem regressiva dos minutos e segundos do tempo de entrega pelo ar. A única coisa de que você precisa no fim da entrega pelo drone é o tapete de pouso com a marca da Amazon, que você pode imprimir em casa, atuando como um sinalizador para o drone.[12]

Com um tempo de entrega de até 30 minutos, na maioria dos casos a Amazon será mais rápida que o tempo gasto para o cliente se deslocar até uma loja.

ESTUDO DE CASO

Como a UPS está trabalhando em um caminhão híbrido – sistema de entregas por drone

A tecnologia de drones parece mudar as configurações logísticas como um todo. Uma das limitações na entrega por drone é o raio de distância do próprio drone. A inovação que alia tecnologias novas e já existentes está ultrapassando fronteiras rapidamente, aumentando a utilidade dos drones.

A UPS, por exemplo, testou um combo de sistema de entrega por caminhão e drone, em que o caminhão também faz as vezes de polo de entrega móvel local.[13] Ele consiste de um novo caminhão elétrico de entrega com um deque para o drone, além de uma plataforma de lançamento no topo. Uma gaiola suspensa sobre o drone estende-se por uma escotilha até o caminhão. Um motorista da UPS carrega um pacote na gaiola e aperta um botão em uma tela sensível ao toque, enviando o drone para um endereço em um trajeto predefinido. Então, o drone voa com autonomia para seu destino, liberando o motorista para fazer outras entregas no trajeto. Após entregar o pacote, o drone volta com autonomia para o carro de entregas em uma parada planejada e volta a embarcar. O drone alimentado por bateria é recarregado enquanto está acoplado. A bateria capacita o drone a fazer voos de 30 minutos, com uma capacidade útil de carga de até 5 quilos.

A inovação que alia tecnologias novas e já existentes está ultrapassando fronteiras rapidamente, aumentando a utilidade dos drones.

O sistema de entrega híbrido caminhão–drone promete ganhos importantes de tempo e dinheiro, sobretudo em áreas rurais em que paradas de entrega ficam a quilômetros de distância ou em rotas distribuídas em formato triangular. Enviar um drone de um carro de entregas para fazer apenas uma delas pode reduzir de forma significativa os quilômetros rodados e ajudar os motoristas a poupar tempo e atender às crescentes necessidades do cliente, oriundas do crescimento do e-commerce.

A UPS vem testando tecnologias de automação e robótica, inclusive drones, há anos. Em setembro de 2016, um drone da UPS entregou um inalador para asma em Beverly, Mass, a um acampamento de jovens a cinco quilômetros da costa atlântica.

Além disso, a UPS está usando drones extensivamente para ajuda humanitária, fazendo parcerias com organizações terceirizadas para entregar artigos de saúde que salvam vidas, como sangue e vacinas, a locais de difícil acesso. O primeiro voo com suprimentos médicos foi feito em outubro de 2016, em Ruanda. A UPS também está utilizando drones para confirmar estoque ou espaço disponível em prateleiras altas em seus depósitos em Louisville, Kentucky, e em Venlo, na Holanda.[14]

No futuro, a UPS estenderá os casos de testes para aumentar a eficiência operacional a fim de incluir gestão de inventário, monitoramento de instalações e inspeção de equipamentos externos. No entanto, o sistema de entregas híbrido caminhão-drone mostra como os drones podem auxiliar em fazer entregas residenciais não urgentes como parte das operações cotidianas.

▸ ACESSÍVEL A TODOS

Não é mais uma questão de preço. Aplicativos que no passado estavam dentro do orçamento somente de grandes companhias agora são acessíveis a pequenas e médias empresas.

Aplicativos que no passado estavam dentro do orçamento somente de grandes companhias agora são acessíveis a pequenas e médias empresas.

Agora, você pode alugar um pacote de automação de marketing muito bom por menos de € 299 por mês. Se quiser algo mais avançado, provavelmente lhe custará € 600 por mês. Se quiser um de última geração, provavelmente estamos falando de um valor entre € 1.500 e € 3.500 por mês. Mas mesmo por apenas € 299, você conseguirá descobrir quem visita seu site e lê seus e-mails, bem como coletar informações de perfil de seus clientes, enviar correspondências direcionadas, alocar tarefas e, por fim, decidir quando o potencial cliente está pronto para uma venda.

Você pode, inclusive, encontrar algo mais barato se estiver realmente sem dinheiro, mas esses pacotes só oferecem soluções para participantes pequenos, muitas vezes ainda em beta. Mesmo assim, às vezes pode ser suficiente para alguns clientes e alguns pilotos. Você paga e faz sua escolha.

De certa forma, é uma desvantagem (ou seria uma vantagem?) que haja tantas ferramentas de marketing no mercado. A maioria delas oferece mais ou menos as mesmas opções funcionais, mas cada uma tem suas próprias características especiais e diferenças. Isso não facilita descobrir qual a melhor para você. Então, quais critérios você deve usar para fazer sua escolha?

Tecnologia para o profissional de marketing

Em seu blog "Chief Marketing Technologist", Scott Brinker, diretor de tecnologia da I-on Interactive, disponibiliza resumos regulares das tecnologias de marketing disponíveis. Os resumos listam todas as ferramentas hoje disponíveis de que as empresas podem precisar para moldar a experiência do cliente, gerir operações, processar dados, automatizar o marketing, trabalhar na nuvem, organizar o marketing em mídias sociais, configurar o e-commerce etc., etc.

O blog de Brinker se parece com um carpete de logo adornado! Mas a força e a profundidade do resumo são a prova cabal de como o marketing e a tecnologia se tornaram interconectados nos últimos anos e como o marketing moderno foi muito além da fase de simplesmente organizar anúncios e promover campanhas.

A principal dificuldade dos atuais profissionais de marketing é navegar por esse labirinto tecnológico e arranjar tempo para aprender e usar as ferramentas que escolheram de maneira focada e integrada. Mas este é apenas o começo: de acordo com Brinker, a próxima grande dificuldade será que muitos dos provedores tecnológicos trabalharão cada vez mais juntos ou, mesmo, se fundirão. A consolidação (e tudo o que isso implica) é inevitável.

O mapa da tecnologia de Brinker é detalhado demais para reproduzir neste livro, mas você pode visualizá-lo ao escanear o QR code a seguir. Gerentes descobrirão que ele é um exercício útil para verificar quais tecnologias seu pessoal do marketing tem à disposição atualmente.

Figura 5.2 **QR code: o mapa da tecnologia de Scott Brinker**

▸ ESCOLHENDO ENTRE AS 5.381 SOLUÇÕES DE TECNOLOGIA DE MARKETING

Ano após ano, o mapa panorâmico das aplicações de tecnologia de marketing elaborado por Scott Brinker aumenta de volume. Com milhares de logos cortados no autoproclamado "supergráfico", seu cartaz de tecnologia é quase uma forma de arte moderna, gerando entusiasmo e – o que é bem compreensível – sentimentos de pânico total.

Comparado com 2016, o cenário de tecnologia de marketing que Brinker apresentou em maio de 2017 na conferência MarTech em San Francisco cresceu em torno de 40%, atingindo *5.381 soluções* no total. São 4.891 empresas exclusivas, um aumento de 40% desde 2016.

As soluções são elaboradas em seis grupos de categorias:

- Anúncios e promoções.
- Conteúdo e experiência.
- Mídia social e relacionamento.
- Comércio e vendas.
- Dados.
- Gestão.

O crescimento, tanto em números quanto em diversidade de soluções disponíveis, é bem fascinante, e ilustra a mudança e a digitalização do marketing e das vendas. Em 2011, Brinker só mapeou 150 soluções.

O crescimento, tanto em números quanto em diversidade de soluções em tecnologias de marketing, ilustra a mudança e a digitalização no marketing e nas vendas.

Brinker detectou (como ele a chama) "uma quantidade incomum de rotatividade", já que 4,7% das soluções de 2016 foram removidas e outras 3,5% foram renomeadas ou redirecionadas. No entanto, a taxa de saída das empresas e soluções foi amplamente superada pelos novos acréscimos e entradas. O interessante, afirma Brinker, é a longa distribuição de vendedores de tecnologia de marketing, com alguns sucessos massivos de bilheteria, milhares de empresas de software como serviço (*Software as a Service*, SaaS), além de inovadores de nicho. Em contraste com outros mercados de tecnologia de plataformas digitais, a maioria dos participantes não minimizou o florescimento do ecossistema.

Em 2017, Brinker asseverou: "A explosão espetacular do escopo do marketing – e a taxa em que novas disrupções e inovações continuam a regulamentar o marketing e os negócios em geral – impossibilitou a qualquer vendedor entregar tudo aquilo de que um profissional de marketing precisa em um mundo digital... Quase todos os principais fornecedores hoje reconhecem isso, e mudaram suas estratégias para abarcar o ecossistema – tornando-se verdadeiras "plataformas" que facilitam para os profissionais de marketing conectar uma variedade de soluções mais especializadas e verticais".[15]

Boa parte das maiores plataformas Martech e soluções baseadas em nuvem são projetadas como *hubs* centrais em que outras soluções podem se conectar, assim como uma roda com seu polo central e raios. Porém, Brinker também retrata uma abordagem muito mais distribuída e orgânica, ignorando o plano de uma arquitetura com um *hub* central, imitando os modelos organizacionais mais sociais e construindo um conjunto de dados.

"No outro extremo do espectro das plataformas centralizadas, as soluções de plataformas de integração de sistemas como serviço (*Integration-Platform-as-a-Service*, iPaaS) permitem que as empresas criem plataformas 'distribuídas' – canalizando de forma dinâmica os dados entre aplicativos de marketing e seus próprios lagos independentes de dados de marketing",[16] afirma ele.

Essa arquitetura orgânica oferece o benefício da adaptabilidade à mudança. Surge, ainda, outro grupo de plataformas, diz Brinker, misturando os dois mundos de maneira híbrida, combinando designs de plataforma centralizada e distribuída; uma mistura entre filosofias centralizadas e distribuídas. Exemplos são plataformas de gerenciamento de dados, plataformas de dados de clientes e gerenciamento de interação em tempo real.

Mais do que nunca, parece que o formato acompanha a função. "Em vez de escolher o combo ou o melhor da classe, hoje muitos profissionais do marketing estão combinando as duas abordagens – usando os combos como *hubs* de marketing digital e, em seguida, aumentando-os com uma gama de produtos mais especializados para assar o próprio bolo especial de marketing e experiência do cliente," afirma Brinker.[17]

Ignorar o plano de uma arquitetura de *hub* central e imitar modelos organizacionais mais sociais é o caminho pelo qual cada vez mais empresas escolhem seguir.

Brinker fornece permissão para reproduzir cópias de seu supergráfico "Martech 5.000" em qualquer mídia, contanto que a reprodução seja integral. Pessoalmente, gosto de fazer isso, uma vez que fortalece a mensagem geral que estou tentando vender. O resultado é bastante provocador.

Figura 5.3 O Cenário da Tecnologia de Marketing (Martech 5.000)

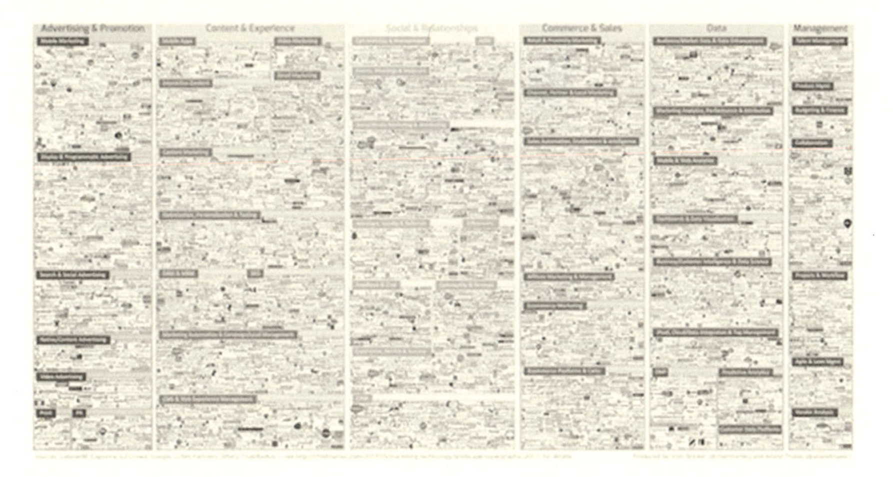

Não se preocupe, você não está precisando de óculos! Uma versão legível do supergráfico precisaria ser do tamanho de uma mesa e, mesmo assim, para olhos não treinados, seria difícil decifrar as logos.

Na verdade, a ilustração pixelada mostrada aqui foi incluída só para provocar você, destacando de propósito o fato de que, embora a tecnologia esteja aí com a finalidade de facilitar sua vida e estimular crescimento e sucesso de forma geral, uma abundância de soluções também gera uma complexidade insana e uma sensação devastadora de não compreender a situação como um todo. Convença a si mesmo de que há mais por aí do que você sabia e sabe e baixe a versão de alta resolução do Martech 5.000 em chiefmartec.com.

Mas, ao mesmo tempo, grupos mais especializados surgirão por cima do que já existe, em qualquer formato. É mais ou menos como uma nova era na vida da Martech, onde a natureza da tecnologia deu seu próximo passo em um ambiente em mudança, possibilitando que um novo tipo de tecnologia surja e prospere.

Na CPI, aconselhamos muitas empresas sobre como montar o aparato tecnológico ideal. Diariamente, deparamos com o impacto e a complexidade do cenário da tecnologia de marketing.

Figura 5.4 QR code: a Martech 5.000 em chiefmartec.com

Continuamos tendo experiências muito boas com o uso da SalesForce, que evoluiu de uma plataforma de CRM para um ecossistema completo. Isso permite que várias funções operem de maneira dinâmica. Em várias empresas, estamos vendo uma tendência de afastamento de um ERP (*Enterprise Resource Planning*) abrangente e uma mudança para arquiteturas que usam uma camada fina de ERP, como um SAP (*Systems Applications and Products in data Processing*) para processos-chave (financeiro, compras e planejamento de produção); além disso, uma camada de outras funções mais flexíveis organizadas no CRM. Para outros projetos, usamos iSaaS (serviços integrados como solução) para conectar plataformas e ferramentas diferentes – totalmente alinhado com a visão de Scott Brinker sobre trabalhar com soluções distribuídas.

Levando-se em conta a rápida evolução da tecnologia e a importância crescente de novos conceitos como *speech to text* (de voz para texto), análise semântica e a internet das coisas, há que se aceitar que os aparatos de tecnologia de marketing não podem ser elaborados para a eternidade, mas exigem revisões regulares e atualizações a cada seis meses. Isso serve para acompanhar a evolução das exigências do usuário e quaisquer novas possibilidades em oferta para melhor eficiência ou orientação ao cliente.

> Levando-se em conta a rápida evolução da tecnologia, há que se aceitar que os aparatos de tecnologia de marketing não podem ser elaborados para a eternidade, mas exigem revisões regulares e atualizações.

▸ O FIM DAS CONVERSAS E A EMERGÊNCIA DAS MENSAGENS

> Entre as pessoas de 18 a 24 anos solicitadas a escolher entre só conseguir enviar mensagens de texto ou só telefonar, cerca de 75% escolhem as mensagens.

Um dos principais avanços tecnológicos é a proliferação dos *chatbots*. Essa revolução acompanha outra tendência, em que pessoas abaixo dos 24 demonstram preferir enviar mensagens em vez de falar. Um estudo no Reino Unido[18] descobriu crianças em idade escolar de oito anos com crescente proficiência em bilinguismo. Contrariando suas expectativas, essa segunda língua é falada em "internetês". Dois em cada três professores dizem que regularmente encontram internetês como CMG (comigo), NDV (nada a ver), OBG (obrigado) ou ABÇ (abraço) no dever de casa dos alunos. Ao longo dos últimos cinco anos, mensagens de texto e on-line explodiram em popularidade, tornando-se uma ferramenta de comunicação popular entre os jovens.

A quantidade de mensagens mensais enviadas pela rede cresceu mais de 7.700% ao longo da última década.[19] Entre as pessoas de 18 a 24 anos solicitadas a escolher entre só conseguir enviar mensagens de texto ou só telefonar, cerca de 75% escolhem as mensagens. Igualmente, 75% dos *millenials* preferiam receber mensagens de texto para situações como compromissos, pagamentos, alertas de pedidos e assim por diante.[20]

Pessoas com menos de 24 anos demonstram preferir mensagens de texto em vez de falar. Isso tem um impacto importante sobre o modo como as empresas deveriam organizar a interação com o cliente no futuro próximo.

A tendência em adotar mensagens de texto é influenciada pelo contexto de nossa vida moderna, em que o tempo é escasso e a capacidade de fazer várias coisas e lidar com diferentes tarefas ao mesmo tempo tornou-se uma expectativa padrão. A maioria dos empregos exige que os funcionários equilibrem demandas que competem por seu tempo e energia, e patrões esperam que você consiga lidar com prioridades múltiplas. Mesmo em casa, nossa atenção é dividida entre telas distintas. Enquanto assistimos TV, estamos curtindo e compartilhando posts em mídias sociais e batendo papo com amigos por meio de tablets e smartphones.

10 motivos pelos quais os *millennials* não atendem mais suas ligações[21]

1. Ligações telefônicas são disruptivas.
2. Ligações telefônicas são presunçosas.
3. Ligações telefônicas consomem tempo.
4. Ligações telefônicas são ineficientes.

5. Ligações telefônicas são chatas.
6. Ligações telefônicas são estressantes.
7. Ligações telefônicas são desnecessárias.
8. Ligações telefônicas não são privativas.
9. Ligações telefônicas não são pessoais.
10. Ligações telefônicas não são da minha época.

"Sem chat, sem conversa". É isso que tentamos explicar a nossos clientes quando eles hesitam em usar um chat ou um *chatbot* em seu site e portais de engajamento. A seguir, você pode ler mais a respeito.

Outra vantagem da era das mensagens: ela facilita a análise das conversas. No caso do áudio, primeiro você tinha de transcrever o texto falado em texto escrito, um processo que consumia tempo antes de você sequer pensar em analisar o conteúdo.

Quando mensagens de texto são o meio, todas as informações que precisam ser analisadas já estão prontamente disponíveis. Isso nos permite conduzir projetos que identificam a "linguagem do cliente" ou façam análises sobre tendências positivas e negativas, palavras-chave usadas em conversas e assuntos do momento, tudo isso de forma eficiente e acessível.

O chat ao vivo é quase tão popular quanto celular e e-mail

Quando você tem uma pergunta ou um problema para o qual precisa de ajuda, como gosta de se conectar com a equipe de atendimento ao cliente de uma empresa?

Com base em 1.426 clientes nos EUA, no Reino Unido, na Irlanda, no México e na Colômbia[22]:

- Chamada telefônica ao vivo com uma pessoa: 58%.
- E-mail: 54%.
- Chat ao vivo: 48%.
- Mensagem de texto: 17%.
- Chamada telefônica com um sistema interativo de reconhecimento de voz: 17%.

De acordo com o Aspect Consumer Experience Index (Índice de Aspecto da Experiência do Cliente), 49% dos consumidores norte-americanos entre 18 e 65 anos prefeririam que o serviço de atendimento ao cliente fosse por mensagens de texto, chat ou mensagens eletrônicas,[23] e 39% dos consumidores acham que, ao contatarem uma empresa, mensagens de texto são uma ferramenta de comunicação mais eficaz do que falar.[24] Presumindo-se que a qualidade da experiência e a privacidade estão garantidas, 40% realmente gostam da ideia de atendimento ao cliente por meio de *apps* de mensagens eletrônicas (como o Messenger, o WhatsApp, o Slack, o Snapchat e assim por diante).

O interesse e a demanda por experiências automatizadas e de autoatendimento continuam a crescer: 69% dos clientes no estudo afirmam que interagem com um assistente inteligente ou *chatbot* ao menos uma vez por mês (pressupondo que as pessoas são capazes de distinguir um chat humano de um *bot*); e 71% dos clientes desejam a habilidade de resolver a maioria dos problemas de atendimento ao cliente por conta própria.[25]

Clientes que não usaram *chatbots* adotam uma postura crítica em relação à experiência como um todo. No entanto, uma vez que experimentaram interagir com um *chatbot*, eles dão uma nota mais alta à experiência do que o esperado.

▸ COMO FAZER SUA ESCOLHA

Perguntas básicas

Toda implementação bem-sucedida começa com o mapeamento cuidadoso e preciso daquilo que sua organização quer realizar com a tecnologia de automação. É mais fácil fazer isso mapeando a jornada do cliente, detalhando qual função você espera que a tecnologia e a automação desempenhem durante cada etapa e como essa função pode se conectar a seus objetivos comerciais.

Decida de quais funcionalidades você precisa

O resumo a seguir lista as funções de automação de marketing atualmente mais populares no mercado. Ou seja, essas são as ferramentas que sua concorrência logo estará usando – se é que já não está.

A lista foi compilada por Demand Gen, um player mundial norte-americano em automação de marketing. Demand Gen perguntou a profissionais de marketing B2B quais (combinações de) ferramentas de marketing eles mais queriam testar ou desenvolver.

Buscando potenciais fornecedores

Verifique on-line, uma a uma, as funções que você deseja e compare com as especificações disponibilizadas por potenciais fornecedores. Com base no que encontrar, aos poucos você refinará os próprios critérios de seleção, já que provavelmente descobrirá informações novas – e novas aplicações – das quais não estava ciente no início.

Nessa etapa, o preço é outro fator importante que precisa ser levado em consideração, bem como a viabilidade de integrar a solução proposta em sua arquitetura de sistemas existente e conectá-la a fontes de dados atuais.

Figura 5.5 Quais ferramentas de automação de marketing deveriam ser testadas ou implementadas?

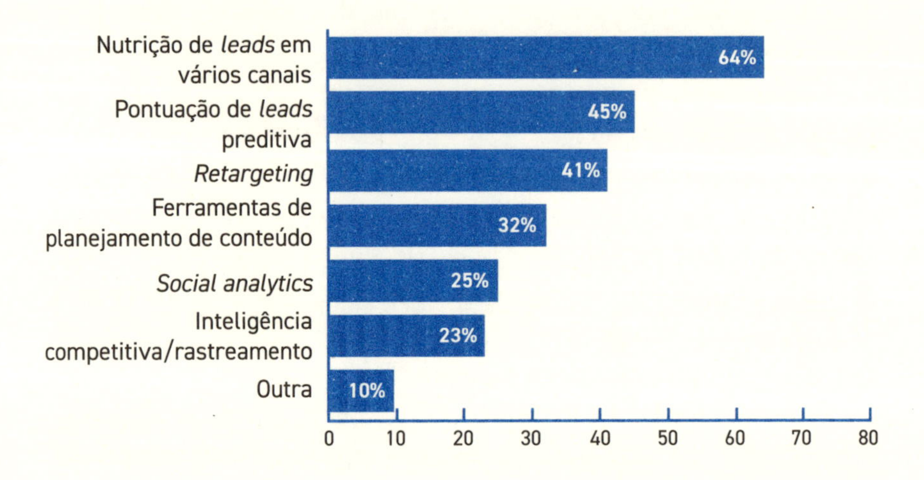

FONTE: Estudo comparativo do relatório de geração de demanda (2015)

Faça uma seleção e realize testes completos

A maioria dos fornecedores de tecnologia de automação de marketing permite que seus aplicações sejam testadas na prática por um período razoável de tempo, geralmente 30 dias. Esses test-drives são extremamente úteis. Mas lembre-se de que um projeto de teste desse tipo também custa tempo e dinheiro à sua empresa – portanto, garanta que ele seja precisamente definido e abordado com seriedade. Você não vai querer ir com o rabo entre as pernas até seus clientes para explicar que uma ação específica não está mais disponível porque você mudou seu provedor de software!

Lembre-se também de que 30 dias não são, na verdade, o suficiente para testar e avaliar por inteiro o valor de um sistema tão complexo quanto a automação de marketing. Dessa forma, você deve considerar o teste mais como algo para confirmar sua decisão, e não para tomar sua decisão.

Na CPI, trabalhamos com vários pacotes de automação de marketing diferentes que usamos para os clientes. Temos uma versão básica (barata e limitada), uma de preço médio (robusta e suficiente para a maioria das empresas) e duas de primeira linha. Essas últimas podem fazer quase tudo, uma para marketing de conteúdo e outra para e-commerce.

Usamos esses pacotes para configurar projetos-piloto para um período de três a seis meses, trabalhando para grupos-alvo específicos com campanhas totalmente desenvolvidas (mala direta, redes sociais, remarketing, *lead scoring*, integração com vendas e atendimento ao cliente etc.). Esse período mais longo possibilita verificar o que é importante e o que é irrelevante; o que funciona e o que ainda precisa de mais ajustes. E tudo isso sem que o cliente tenha de investir um centavo na própria tecnologia de marketing.

Se o teste for bem-sucedido, o cliente pode continuar alugando nosso sistema, ou nós o ajudaremos a encontrar algo mais apropriado às suas circunstâncias específicas.

Se você quiser conduzir a própria pesquisa por um sistema de automação de marketing, o procedimento destacado abaixo é um teste bom e simples para verificar as funcionalidades de que você necessita. Isso lhe dará uma boa noção de até que ponto o sistema tende a corresponder a suas expectativas. Você pode configurar o teste internamente, utilizando os próprios membros de sua equipe como usuários. Ou, talvez, possa solicitar ajuda de clientes leais em um miniprojeto-piloto que (assim esperamos) convencerá vocês dois sobre os benefícios desse tipo de tecnologia.

Execute as seguintes ações para avaliar cada sistema:

- Instale um código de rastreamento (*tracking*) no seu site.
- Crie uma nova conta de e-mail (incluindo gráficos e botões).
- Importe uma base de dados de contatos.
- Faça uma nova página inicial (incluindo gráficos e *call-to-actions*).
- Envie um e-mail simples de campanha de marketing a um grupo de teste dentro da empresa.

- Organize uma ação de marketing gota a gota para os assuntos do teste com um e-mail, uma ação *retargeting* e um SMS.
- Analise o relatório de interações e verifique se os parâmetros padrões lhe fornecem informações úteis.
- Avalie com precisão quais informações estão armazenadas no sistema, com que facilidade você pode adicionar informações novas a ele e como pode transferir essas informações para seu sistema CRM.
- Avalie até que ponto o sistema beneficia seus clientes em termos de proatividade, acesso a informações e maior atenção ao cliente.

Fechando o contrato

Um último item importante, naturalmente, são as condições do contrato; mais especificamente, o preço e como pagar. Há muitos tipos diferentes de contrato. Até que ponto o seu é flexível? Ele pode ser alterado ou finalizado com facilidade? E se o número de usuários aumentar de forma significativa? Verifique também se não há custos ocultos em forma de extras, além do contrato básico.

Alguns fornecedores cobram preços diferentes dependendo da quantidade de contatos ativos que você tem. Se sua base de dados contém 500 mil nomes e endereços, você pagará consideravelmente mais do que se ela tiver só 5 mil. Mas para outros pacotes não há nenhuma relação entre o número de contatos e o preço mensal, o que significa que você sempre saberá com antecedência a quantia que precisa pagar todo mês. Às vezes, o preço depende do número de estações de trabalho em que o sistema opera.

▶ O LUGAR DA TECNOLOGIA DE MARKETING NA SUA EMPRESA

Hoje em dia, todo departamento de marketing que faz jus ao nome precisa ter na equipe pessoas testadas e aprovadas em conhecimento aprofundado de tecnologia de marketing. Você pode apontar um CMTO – Chief Marketing Technology Officer (Diretor de Tecnologia de Marketing) – dentro da unidade, ou terceirizar a tarefa. Mas qual lugar essa tecnologia de marketing ocupará em sua organização de marketing?

Scott Brinker, diretor de tecnologia de marketing, acredita que estratégia e criatividade ainda prevalecem sobre a tecnologia de marketing.[26] A tecnologia em si não é capaz de proporcionar a liderança, a estratégia e a criatividade que levam ao sucesso. Certamente a tecnologia pode inspirar e possibilitar a implementação de ideias brilhantes. E uma boa tecnologia de marketing continuará a abrir novas possibilidades para os estrategistas e inovadores. Entretanto, a magia tecnológica por si só nunca pode compensar a falta de criatividade ou a ausência de orientações definidas na empresa.

Porém, tão logo a tecnologia se alinha com o pensamento estratégico e criativo da empresa, os imperativos tecnológicos devem preceder outras considerações operacionais e táticos. Boa parte da força da tecnologia de marketing consiste na capacidade de automatizar com eficiência, otimizar e acelerar processos de marketing. Isso libera pessoas e recursos para serem utilizados em outros lugares, onde possam oferecer uma contribuição mais significativa aos objetivos gerais da empresa.

▸ O VALOR AGREGADO DA TECNOLOGIA DE MARKETING

Aqui estão 20 maneiras pelas quais a tecnologia de marketing pode agregar valor à sua organização:

1 Visitantes de seu site serão identificados. A automação de marketing verificará o comportamento deles. Você pode definir a importância de cada cliente com critérios automáticos.

Figura 5.6 O ponto ideal da tecnologia de marketing na empresa

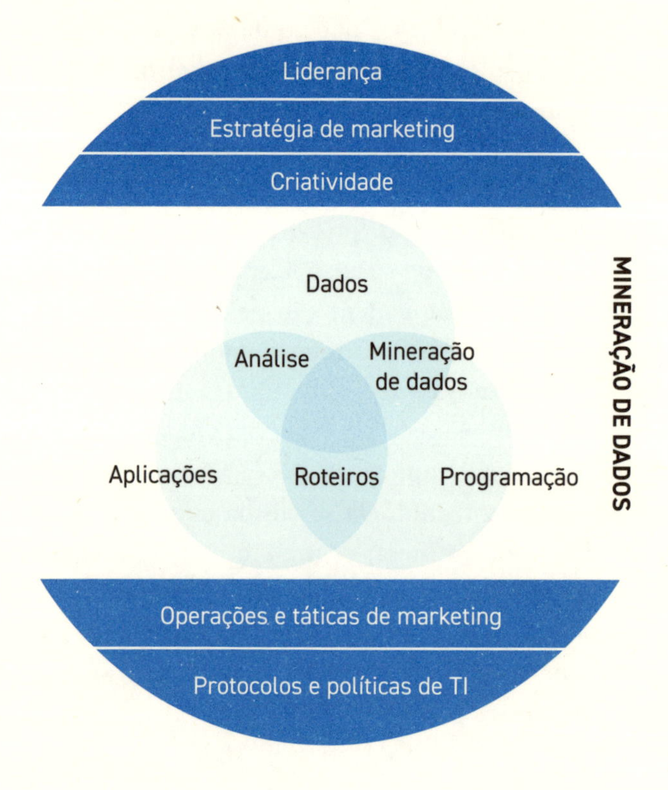

FONTE: Com agradecimentos a Scott Brinker, chiefmartec.com

2 Você pode monitorar a atividade comportamental do visitante em subpáginas e identificar os elementos importantes para ele. Uma análise das atividades de rolamento e clique possibilitarão avaliar quais produtos e elementos são mais interessantes para o cliente, mesmo que eles não cliquem em mais subpáginas.

3 A tecnologia de marketing destaca os interesses de toda empresa que visita seu site. Isso confere *insights* valiosos à sua equipe de vendas, permitindo a ela que faça propostas com base nos interesses específicos de empresas específicas.

4. Você pode construir um amplo conhecimento sobre os clientes sem ao menos conhecê-los. Todos na empresa podem ter acesso aos seus perfis, sem sequer precisar deixar o posto de trabalho.

5. Você pode elaborar newsletters (semanais) sob medida. Os conteúdos, com mensagens e/ou propostas, são automaticamente personalizados com base nos interesses demonstrados por seus contatos. O envio também é automático, com base em um protocolo previamente programado.

6. O sistema não apenas mostra a você o dia melhor, mas a melhor parte do dia para enviar uma oferta a contatos particulares, com base em seu histórico de leitura anterior. Essa função permite a automação integral do envio de ofertas.

7. E-mails enviados a (potenciais) clientes são automaticamente monitorados. Todo vendedor sabe quando o (potencial) cliente abre um e-mail e/ou clica numa proposta, bem como se, ou quando, ele volta ao site e quais produtos e serviços visualizam.

8. Depois que um contato visitou seu site, você pode enviar automaticamente e-mails sequenciais com mensagens personalizadas no horário mais propenso a atrair a atenção dele. O conteúdo da mensagem é automaticamente ajustado para refletir os interesses que ele demonstrou no site.

9. O conteúdo dinâmico do site pode ser automaticamente ajustado para servir a cada visitante particular. Anúncios diferentes podem ser selecionados para clientes em potencial e clientes já existentes.

10. O sistema dá aos potenciais clientes uma pontuação como *lead*, o *lead score*. Isso permite aos profissionais de vendas que foquem a atenção nos potenciais clientes mais promissores.

11. Potenciais clientes são automaticamente divididos em segmentos com base em seu comportamento on-line e detalhes anteriores de transações.

12. O sistema gera automaticamente o funil de vendas e as campanhas de marketing que guiarão os contatos pelas etapas diferentes da jornada do cliente até que uma compra real seja feita.

13 As páginas iniciais que os visitantes veem são geradas de forma dinâmica. Cada visitante recebe um conteúdo diferente feito sob medida, dependendo de sua demografia, contato, comportamento e detalhes de transações.

14 O perfil de cada visitante é automática e progressivamente atualizado. Isso acontece por meio de formulários de contato dinâmicos, que solicitam apenas informações não conhecidas anteriormente.

15 A tecnologia de redirecionamento permite a você alcançar visitantes que visualizaram seu site anonimamente, usando anúncios no site e nas redes sociais.

16 Você pode monitorar de forma contínua o comportamento dos clientes durante todo o ciclo de vendas. Quando a movimentação do cliente pelo funil de vendas desacelera, o departamento de vendas recebe um alerta automático, para que os e-mails automáticos possam ser enviados para estimular mais progressos.

17 *Leads* são avaliados e abordados automaticamente. Por exemplo, encaminhamento de *leads* com botões selecionados, distribuição para escritórios de vendas locais, o tipo de produto, a origem do cliente e assim por diante.

18 Você pode enviar e-mails cíclicos automaticamente – por exemplo, uma oferta promocional para um novo produto que o visitante visualizou em seu site quando foi lançado no mercado. Isso aumenta a probabilidade de uma venda.

19 E-mails de atualização podem ser automaticamente enviados para contatos que não visitam seu site há algum tempo, na esperança de estimulá-los a voltar a visitá-lo.

20 O departamento de vendas ou *call center* recebe um alerta automático quando um contato ao vivo com o cliente é recomendado e quando o cliente em questão está on-line.

▸ NOTAS

[1] SALESManago. Marketing Automation – The Definitive and Ultimate Guide to Marketing Automation. *SALESManago* [On-line]. Disponível em: https://www.salesmanago.com/info/definitve_and_ultimate_new_knowledge.htm. Acesso em: 2017.

[2] SALESManago, [On-line].

[3] DEMAND GEN. 2015 Demand Gen Report Benchmark Study – What's Working In Demand Generation. *Demand Gen* [On-line]. Disponível em: http://www.demandgenreport.com/industry-resources/research/3090-2015-benchmark-study-whats-working-in-demand-generation.html. Acesso em: jun. 2015.

[4] HUTCHINSON, Matthew. What is Predictive Intelligence – and Why Should Every Marketer Care?. *Salesforce* [On-line]. Disponível em: https://www.salesforce.com/blog/2015/08/predictive-intelligence-definition.html. Acesso em: maio 2017.

[5] KOPALLE, Praveen. Why Amazon's Anticipatory Shipping Is Pure Genius. *Forbes* [On-line]. Disponível em: https://www.forbes.com/sites/onmarketing/2014/01/28/why-amazons-anticipatory-shipping-is-pure-genius. Acesso em: maio 2017.

[6] NICKELSBURG, Monica. Jeff Bezos: Amazon drones will find landing spots using symbols printed out by customers. *GeekWire* [On-line]. Disponível em: https://www.geekwire.com/2016/jeff-bezos-amazon-drones-will-find-landing-spots-using-symbols-printed-customers/. Acesso em: maio 2017.

[7] NICKELSBURG, acesso em: maio 2017 [On-line].

[8] AMAZON PRIME AIR. *In*: Wikipedia [On-line]. Disponível em: https://en.wikipedia.org/wiki/Amazon_Prime_Air. Acesso em: maio 2017.

[9] GLASER, April. Watch Amazon's Prime Air make its first public US drone delivery. *Recode* [On-line]. Disponível em: https://www.recode.net/2017/3/24/15054884/amazon-prime-air-public-us-drone-delivery. Acesso em: maio 2017.

[10] AMAZON. Amazon Prime Air. *Amazon* [On-line]. Disponível em: https://www.amazon.com/Amazon-Prime-Air/b?node=8037720011. Acesso em: maio 2017.

[11] JOHNSON, Luke. 9 things you need to know about the Amazon Prime Air drone delivery service. *Digital Spy* [On-line]. Disponível em: http://www.digitalspy.com/tech/feature/a820748/amazon-prime-air-drone-delivery-service/. Acesso em: maio 2017.

[12] JOHNSON, acesso em: maio 2017 [On-line].

[13] UPS. UPS Tests Residential Delivery Via Drone Launched From atop Package Car. *UPS* [On-line]. Disponível em: https://pressroom.ups.com/pressroom/ContentDetailsViewer.page?ConceptType=PressReleases &id=1487687844847-162. Acesso em: maio 2017.

[14] UPS. Drone Usage Takes Flight at UPS. *UPS* [On-line]. Disponível em: https://pressroom.ups.com/mobile0c9a66/assets/pdf/pressroom/infographic/UPS_drone%20activities_infographic_FINAL.pdf. Acesso em: maio 2017.

[15] BRINKER, Scott. Put strategy and creative ahead of marketing technology. *chiefmartec.com* [On-line]. Disponível em: http://chiefmartec.com/2011/05/marketing-technologys-place-in-marketing/. Acesso em: jul. 2015.

[16] BRINKER, acesso em: jul. 2015 [On-line].

[17] BRINKER, acesso em: jul. 2015 [On-line].

[18] MERRITT, Anne. Text-speak: language evolution or just laziness? *The Telegraph* [On-line]. Disponível em: http://www.telegraph.co.uk/education/educationopinion/9966117/Text-speak-language-evolution-or-just-laziness.html. Acesso em: maio 2017.

[19] BURKE, Kenneth. 63 Texting Statistics That Answer All Your Questions. *Text Request* [On-line]. Disponível em: https://www.textrequest.com/blog/texting-statistics-answer-questions/. Acesso em: maio 2017.

[20] LEE, Joel. These 3 Text Messaging Stats Will Surely Surprise You. *MakeUseOf* [On-line]. Disponível em: http://www.makeuseof.com/tag/text-messaging-stats-surprise/. Acesso em: maio 2017.

[21] BURKE, Kenneth. 10 Reasons Millennials Aren't Answering Your Phone Calls. *Text Request* [On-line]. Disponível em: https://www.textrequest.com/blog/10-reasons-millennials-arent-answering-phone-calls/. Acesso em: maio 2017.

[22] AN, Mimi. Artificial Intelligence Is Here - People Just Don't Realize It. *HubSpot* [On-line]. Disponível em: https://research.hubspot.com/reports/artificial-intelligence-is-here. Acesso em: maio 2017.

[23] KIM, Larry. 10 Fascinating Facts About Chatbots. *LinkedIn* [On-line]. Disponível em: https://www.linkedin.com/pulse/10-fascinating-facts-chatbots-larry-kim. Acesso em: maio 2017.

[24] ASPECT. 2016 Aspect Consumer Experience Index. *Aspect* [On-line]. Disponível em: https://www.aspect.com/globalassets/2016-aspect-consumer-experience-index-survey_index-results-final.pdf. Acesso em: maio 2017.

[25] ASPECT, acesso em: maio 2017 [On-line].

[26] BRINKER, acesso em: jul. 2015 [On-line].

6 Realidade aumentada e virtual nos negócios

A realidade virtual e a aumentada estão se tornando cada vez mais importantes nas vendas e no marketing.

▸ UMA NOVA REALIDADE?

Com a explosão das vendas on-line e o fato de os clientes conhecerem cada vez mais experiências de compra que poupam tempo e dinheiro, os varejistas precisam reconsiderar sua função e o valor que agregam no novo mundo em busca de conveniência. Para varejistas clássicos, misturar varejo na loja física com experiências on-line nem sempre é fácil, já que qualquer negócio na web exige sua própria operação e modelo de custos.

Tudo tem a ver com a experiência do cliente. Novas técnicas de visualização, como realidades mistas, possibilitam às varejistas não distinguir mais a linha entre o físico, o on-line e o móvel. A realidade misturada (*mixed reality*) pode alinhar a facilidade das compras on-line à empolgação da experiência aumentada em vida real,[1] tornando a experiência do cliente no varejo mais relevante para os consumidores conectados de hoje em dia.

Diferentes formas de realidade[2,3,4]

Realidade virtual é um ambiente artificial criado por software e apresentado ao usuário de forma que ele deixa as convicções

de lado e o aceita como um ambiente real. Em um computador, essa presença física em um ambiente virtual ou imaginário é primeiramente vivenciada através de dois dos cinco sentidos: visão e audição.

Realidade aumentada (RA) é uma visualização direta ou indireta de um ambiente físico do mundo real cujos elementos são aumentados (ou suplementados) por estímulos sensoriais gerados por computador, como sons, vídeo, gráfico ou dados de GPS. A Wikipédia[5] define a RA como um conceito mais geral chamado realidade mediada por computador, na qual uma visualização da realidade é modificada e possivelmente até diminuída, em vez de aumentada por um computador.

A *Realidade diminuída* diminui partes do mundo concreto removendo digitalmente objetos indesejados de nosso campo de visão. É o oposto da RA.

A *realidade mediada* altera nossa percepção da realidade acrescentando e removendo informações através de um dispositivo como um fone de ouvido ou um smartphone em tempo real. Essa realidade oferece uma experiência visual mais informada, ao contrário do uso sozinho da RA.

Atrair o cliente por meio de canais móveis e da web, em lojas físicas e no processo de entrega, torna-se o desafio número um para os profissionais do marketing.

A *realidade misturada* combina os melhores elementos da RA e da realidade virtual. Enquanto esta última constrói um mundo digital em todos os aspectos, a RA sobrepõe seu mundo real com entradas geradas por computador, a fim de enriquecer o espaço físico. Ela modifica a visão do mundo real sobrepondo-o com outras imagens, sons e feedback, usando "marcadores" para definir onde os elementos digitais devem ser exibidos.

Combinar tecnologia de RA com realidade mediada permite a você identificar objetos no mundo real e anexar informações a esses objetos, como dados técnicos, informações turísticas e, possivelmente, até aromas. A beleza é que o misto das realidades é gerado em tempo real. Ainda parece exótico? Pense na obsessão pelo Pokémon Go.

Atualmente, a realidade virtual tem suas implicações para compras on-line. As empresas já estão implementando show rooms virtuais por onde os visitantes podem andar usando óculos 3D. Um exemplo de seu uso no ambiente varejista pode ser encontrado na rede de materiais de construção Lowe's, nos EUA: a ferramenta on-line Holoroom, da Lowe's, permite que os clientes projetem seu banheiro ou cozinha e, em seguida, os explorem naquele esquema 360°, usando um fone de ouvido montado em 3D. Os clientes podem, inclusive, publicar sua caminhada virtual como um vídeo no YouTube.[6]

A realidade virtual permite que compradores on-line decorem quartos virtuais vazios, para ter uma ideia dos produtos.

CAPÍTULO 6

Porém, é a RA que tem maior participação no varejo, permitindo a compradores on-line que testem e comparem produtos diferentes em casa antes do processo de escolher e comprar, sem compromissos prévios. No momento, a RA tem sido muito mais impactante nesse espaço que a realidade virtual, mas realidades mistas servem a ambos os propósitos para os compradores de maneira contínua: compre em um recinto virtual e, então, veja como os produtos de que você gosta ficariam em sua casa antes de decidir comprá-los.

À medida que a RA se torna parte da vida diária graças no escritório e em ambientes de workshops, podemos começar a viver em uma realidade multinível, dando abertura

e possibilidades incríveis para entrega de experiências, comunicação aprimorada e transferência de conhecimento.

A tecnologia da realidade misturada se tornará cada vez mais prontamente disponível e onipresente. Todo dispositivo equipado com tela e câmera torna-se uma potencial janela de RA. Em carros, para-brisas de primeira linha já anunciam informações cruciais sobre a condução, garantindo segurança na estrada. Você já pode testar um corte diferente de cabelo no celular antes mesmo de marcar horário no cabeleireiro ou fazer um urso dançar na palma de sua mão. Um simples anúncio de revista se transforma em um monitor interno e simulador de produto. Um artigo impresso se torna uma tela de vídeo. Foque sua câmera em um hotel e poderá navegar pelos quartos disponíveis, e até olhar o interior dos quartos e fazer uma reserva.[7]

Com o tempo, o interesse do cliente em usar RA só vai crescer. Seria fácil mostrar *screenshots*, mas é melhor você ter sua própria experiência. Você pode encontrar exemplos impressionantes de RA on-line, como o do ponto de ônibus Pepsi Max na New Oxford Street em Londres, ou a revista Vespa, em que a motoneta ganha vida pela tela do smartphone. No marketing, a RA oferece muitas novas possibilidades, a maioria das quais permanece desconhecida. O vídeo da hiper-realidade apresenta uma visão de possibilidades, com uma cidade saturada de mídia.

A realidade misturada pode alinhar a facilidade das compras on-line e a emoção da experiência aumentada da vida real.

A RA no varejo não é novidade. Em 2010, por exemplo, a LEGO proporcionou uma experiência envolvente de RA para crianças introduzindo a RA em quiosques das lojas. As crianças só precisavam segurar a caixa de LEGO em frente à tela do quiosque e o LEGO finalizado emergia de uma sobreposição da caixa.[9]

Em 2012, a varejista japonesa Uniqlo lançou salas de teste aumentadas, deixando o cliente escolher a peça de roupa que queria provar, revestindo o provador com cores diferentes.[10]

Figura 6.1 QR code: a revista Vespa de realidade aumentada

Figura 6.2 QR code: hiper-realidade

Em 2014, a Tesco se juntou à Disney para promover uma nova linha de produtos para o filme *Frozen*. Crianças podiam pegar uma pasta de adesivos e dar vida a eles no tablet ou no smartphone, cada um liberando um personagem diferente. Usando o *app* de RA Tesco Discover, as crianças podiam escolher um personagem para tirar uma selfie.[11]

Quer visualizar como o novo sofá vai ficar em sua sala de estar? Em 2013, a IKEA criou seu primeiro *app* de catálogo com RA, possibilitando ver os produtos dentro de sua casa antes de comprá-los. Ao escanear o catálogo, vários produtos aparecem. Escolha um e veja se eles cabem no seu espaço. Você faz uma foto, salva e a adiciona à sua lista de compras, e a leva à loja da IKEA.

Figura 6.3 QR code: pasta de adesivos Frozen, da Disney

No mundo da RA, todo catálogo estático de produtos tem capacidade para mostrar produtos em cenários em tamanho real, posicionados em qualquer ângulo. Esse "comércio aumentado" é a próxima fase do comércio. Comércio aumentado é a compra e venda de produtos on-line usando RA para visualizar virtualmente os produtos no ambiente do mundo real antes de comprá-los.[12]

A próxima etapa do e-commerce é o comércio aumentado.

Mais recentemente, a varejista holandesa on-line Bol.com lançou seu próprio experimento com um *app* de RA,[13] ajudando os clientes a visualizar os móveis posicionados e avaliar se correspondiam a seu gosto. O *app* contém cerca de 120 peças de móveis, incluindo sofás, mesas, cadeiras e armários, em 2D e em 3D. Para o último, o iPhone precisa ser colocado em óculos de RV. Parece que o aplicativo abre caminho para mais experimentos em RA em compras on-line.

Figura 6.4 QR code: Bol.com

A rede de joalherias Chow Sang Sang, de Hong Kong, usa realidade virtual em suas lojas para aumentar as vendas e a eficiência operacional. Chow Sang Sang foca clientes jovens, usando um sistema de "espelho mágico". Os clientes podem consultar o catálogo, escolher uma joia e, então, prová-la em frente ao espelho mágico, onde podem se ver "usando" a peça virtualmente. O cliente pode tirar uma foto ou fazer um vídeo, e postar as imagens aumentadas nas redes sociais. Em sequência, um QR code que acompanha ajuda os assistentes de loja a localizar a joia no estoque da loja. De acordo com Chow Sang Sang, o espelho mágico teve um impacto significativo no engajamento de clientes, com 70% deles indo brincar em frente ao espelho.[14]

Figura 6.5 **QR code: espelhos mágicos em Chow Sang San**

A Burberry Beauty Box[15] é um novo conceito varejista da marca Burberry, situado no Covent Garden londrino. Clientes que visitam a Burberry Box Shop em busca de esmalte de unhas podem testar o visual de diferentes cores nas próprias unhas. Os clientes só precisam selecionar seu tom de pele e, então, colocar esmaltes diferentes em uma plataforma habilitada para identificação por radiofrequência (RFID), chamada Digital Runway Nail Bar.

O visor, em seguida, mostra como os tons de esmalte se parecem na vida real, nas unhas dos próprios clientes. Eles também podem explorar conexões e misturas e fazer combinações com as maquiagens diferentes da Burberry, acessórios e linhas de produtos de perfumaria através de experiências digitalmente aprimoradas no local.

A RA pode dar vida a vitrines de lojas e outras telas grandes, proporcionando novas maneiras de se envolver com os clientes.

Setores varejistas que usam RA

- Móveis: 60%
- Roupas: 55%
- Alimentos e bebidas: 39%
- Calçados: 35%
- Cosméticos: 25%
- Joias: 25%
- Brinquedos: 22%

FONTE: Thinkmobiles.com[16]

A RA pode dar vida a vitrines de lojas e a outras telas grandes, proporcionando novas maneiras de se envolver com os clientes. Os que usam fones de ouvido podem "caminhar" por uma loja, procurar produtos nas prateleiras, pegá-los e experimentá-los. Uma desvantagem dos fones de ouvido é seu volume – embora eu poderia ter dito a mesma coisa sobre celulares dez anos atrás! Fones de ouvido continuam sendo um item bastante imersivo para uma experiência de loja integrada.[17] Qualquer mistura de vida real e virtual é permitida, já que a RA expande a experiência do cliente da loja física para a tela móvel aumentada.

Entretanto, o tópico mais importante é a RA sendo explorada como um gadget. Quando você quer trazer clientes à loja, a experiência aumentada precisa ser um verdadeiro incentivo à experiência do cliente ligada ao ambiente da loja. Varejistas on-line não vão esperar sentados. Por que levar seu *app* móvel de RA à loja e provar algumas calças jeans virtuais quando se pode fazer o mesmo em casa, na tela grande de TV?

A Yihaodian, por exemplo, a maior quitanda on-line da China, uniu forças com a Ogilvy & Mather Advertising para abrir mil lojas virtuais em estacionamentos, parques e em frente a monumentos icônicos,[18] inclusive na Grande Muralha.[19] E eles fizeram isso da noite para o dia.

Nem uma loja sequer é física. Todas elas são 100% virtuais e completamente invisíveis para pessoas não conectadas ao *app* Yihaodian Virtual Store. O mercado só aparece no smartphone. Você entra na loja e navega pelos corredores em busca dos produtos, toca nos itens que deseja, compra e faz com que sejam entregues na sua casa.[20]

Figura 6.6 QR code: lojas virtuais da Yihaodian

Mesmo que a jornada do cliente esteja acontecendo on-line, não devemos nos esquecer de que, em muitos casos, a parte off-line – visitar lojas e feiras de exposições, ser alvo de outdoors e ações promocionais – tem a mesma importância na jornada do cliente em termos gerais. Avanços recentes nas habilidades de compra e experiência varejista permitem às empresas que estendam o encantamento do cliente até a loja. Em particular, as possibilidades do Large Format

Printing, hologramas, impressão em 3D e mostras interativas permitem soluções muito criativas, transformando em puro divertimento as visitas às lojas.

Nesse contexto, uma consultora varejista recentemente sugeriu solicitar uma taxa de entrada em shoppings centers, seguindo o raciocínio de que um shopping não é mais um mero local de compras, mas um centro de experiências semelhante a uma atração ao estilo da Disney.

A empresa belga de construção Willemen Building adota realidade virtual em sua campanha "Step into Your Future". Os óculos o mergulham em um mundo virtual, onde você pode visitar três projetos principais em questão de minutos. Durante seu percurso virtual, líderes dos projetos explicam o que você está vendo. Em um momento, a impressão é de que você está no topo da grande torre de Bruxelas, de 170 metros de altura; em seguida, você se encontra sob uma ponte de rodovia perto de Bruges. Em 2016, a campanha foi agraciada com o Belgian HR Pioneer Award.

Figura 6.7 QR code: RV Willemen Group

A TenCate Outdoor Fabrics produz tecidos técnicos para segurança, sustentabilidade e conforto – à prova d'água, resistentes a chamas ou como proteção contra climas desafiadores. Com seu *app* de realidade virtual, eles oferecem aos clientes uma experiência imersiva em seu leque de produtos. O *app* o leva por um *tour* dentro da fábrica do futuro TenCate, e você pode aprender como uma impressora digital imprime os diferentes padrões do tecido. Dicas de manutenção e informações de contato também estão disponíveis pelo *app*.

A ICI Paris XL é uma varejista líder de cosméticos na Bélgica. A marca de varejo é parte da AS Watsos, um grupo varejista líder mundial com mais de 12 mil pontos de venda. O desafio da ICI Paris XL, fundada no fim da década de 1960, era mudar de um modelo baseado na atenção ao cliente por assistentes de loja para experiências de compras independentes e voltadas para o cliente.

No modelo tradicional, assistentes de loja o ajudariam em todas as etapas da visita, do instante em que você atravessa a porta de entrada até a compra e o pagamento. Joost van Bergeyck, diretor de marketing e de experiência do cliente da AS Watson, decidiu questionar esse método e experimentar um modelo para emancipar o cliente.

No novo modelo, clientes são treinados em um mundo misto on-line e off-line para construir um perfil de cosméticos e descobrir produtos novos de um jeito divertido. A configuração da nova abordagem exigiu a criação de um CRM integrado e ferramentas de gerenciamento de conteúdo, além de um novo design para as lojas. O modelo utiliza uma combinação ativa de fornecedores e base em dados a fim de desenvolver promoções específicas customizadas e criar experiências exclusivas para o cliente.

A implementação é feita passo a passo, abrindo lojas-piloto e implementando testes com comunicação direta e individualizada com os clientes. Os assistentes de loja se tornam consultores especializados, aptos a passar muito mais tempo com os clientes que precisam de ajuda em vez de vendedores que acompanham cada movimento do freguês.

Na CPI, acreditamos no poder dos pontos de venda interativos. Nosso favorito entre todos é uma exibição holográfica de nossa parceira RetailCommunicators, usando um invólucro de exibição de produtos de vidro em prisma, que pode ser aumentado por imagens holográficas. Essas imagens são ativadas apertando-se o botão ou por detecção de movimentos. Nas versões mais avançadas dessa tecnologia, a imagem holográfica pode ser conectada a um smartphone, possibilitando controlar a imagem.

▸ NOTAS

[1] SINHA-ROY, Piya; RICHWINE, Lisa. Virtual reality sweeps shoppers into new retail dimension. *Reuters* [On-line]. Disponível em: http://www.reuters.com/article/us-retail-virtualreality-idUSKBN0P210320150623. Acesso em: maio 2017.

[2] AUGMENT. Augmented Reality Dictionary: 5 Terms You Need to Know. *Augment* [On-line]. Disponível em: http://www.augment.com/blog/augmented-reality-dictionary/. Acesso em: maio 2017.

[3] ROUSE, Margaret. What is virtual reality? *WhatIs.com* [On-line]. Disponível em: http://whatis.techtarget.com/definition/virtual-reality. Acesso em: maio 2017.

[4] AUGMENTED REALITY. *In*: Wikipedia [On-line]. Disponível em: https://en.wikipedia.org/wiki/Augmented_reality. Acesso em: maio 2017.

[5] AUGMENTED REALITY. *In*: Wikipedia, acesso em: maio 2017 [On-line].

[6] REALITY TECHNOLOGIES. How Reality Technology is Used in Shopping *Reality Technologies* [On-line]. Disponível em: http://www.realitytechnologies.com/shopping. Acesso em: maio 2017.

[7] HIDDEN CREATIVE. The Future of Augmented Reality.

[8] *YouTube* [On-line]. Disponível em: https://www.youtube.com/watch?v=tnRJaHZH9lo. Acesso em: maio 2017.

[9] THINKMOBILES. Augmented Reality in Retail. ThinkMobiles [On-line]. Disponível em: https://thinkmobiles.com/augmented-reality-retail/. Acesso em: maio 2017.

[10] AUGMENT. The Top Examples of AR in Retail. *Augment* [On-line]. Disponível em: http://www.augment.com/blog/best-of-ar-in-retail/. Acesso em: maio 2017.

[11] AUGMENT, The Top Examples of AR in Retail, acesso em: maio 2017 [On-line].

[12] ENGINE CREATIVE. Tesco brings Disney Frozen to life with Augmented Reality magic. *Engine Creative* [On-line]. Disponível em: http://www.enginecreative.co.uk/blog/tesco-brings-disney-frozen-life-augmented-reality-magic. Acesso em: maio 2017.

[13] AUGMENT. Augmented Commerce. *Augment* [On-line]. Disponível em: http://www.augment.com/what-is-augmented-commerce/. Acesso em: maio 2017.

[14] BOL. Bol.com experimenteert met augmented reality (AR). *Bol.com* [On-line]. Disponível em: https://pers.bol.com/2017/02/bol-com-experimenteert-augmented-reality-ar/. Acesso em: maio 2017.

[15] INTEL. Virtual Reality in Stores Redefines Retail Experiences. *Intel.com* [On-line]. Disponível em: http://www.intel.com/content/www/us/en/retail/solutions/videos/magic--mirror-retail-solution-video.html. Acesso em: maio 2017.

[16] RETAIL INNOVATION. Burberry's new store introduces the digital nail bar and mobile POS. *Retail Innovation* [On-line]. Disponível em: http://retail-innovation.com/burberrys-new-store-introduces-the-digital-nail-bar-and-mobile-pos. Acesso em: maio 2017.

[17] THINKMOBILES, acesso em: maio 2017 [On-line].

[18] MAGLIOCCA, Evan. Retailers need to reassess augmented reality, virtual reality. *Retail Dive* [On-line]. Disponível em: http://www.retaildive.com/ex/mobilecommercedaily/retailers-need-to-reassess-augmented-reality-virtual-reality. Acesso em: maio 2017.

[19] ELIOT, Lance. Retail's new reality: Invisible shopping centers and virtual assistants. *CNBC* [On-line]. Disponível em: http://www.cnbc.com/2015/04/24/retails-new-reality-four-ways-technology-can-boost-sales-commentary.html. Acesso em: maio 2017.

[20] FUNG, Wendy. E-Commerce grocer Yihaodian opens 1,000 stores overnight. *WPP* [On-line]. Disponível em: http://www.wpp.com/wpp/press/2012/oct/19/ecommerce-grocer--yihaodian-opens-stores-overnight/. Acesso em: maio 2017.

[21] FUNG, Wendy, acesso em: maio 2017 [On-line].

PARTE 4

Liderar, seguir ou sair do caminho

Executando a disrupção dinâmica e a prontidão perpétua

O que o futuro trará? As áreas em que a singularidade já está marcando presença mais patente são as de vendas, marketing e atendimento ao cliente.

▸ VENDAS NO SÉCULO 21

Raymond Kurzweil é um verdadeiro gênio da computação e pioneiro no domínio da inteligência artificial. Ele é o principal criador do reconhecimento ótico de caracteres (OCR), desenvolveu o primeiro scanner de mesa e o primeiro sintetizador de texto para voz. A combinação dessas criações levou à primeira máquina de textos em áudio para deficientes visuais.

Após vender sua primeira empresa – a Kurzweil Computer Products – para a Xerox, Kurzweil iniciou o desenvolvimento do primeiro sintetizador de música capaz de reproduzir todos os instrumentos acústicos de uma forma realista. Ele também foi o homem por trás da ideia de que, um dia, as pessoas conversariam com os computadores, em que sua voz foi registrada e reconhecida. Mais tarde, vendeu sua tecnologia de sintetizador de voz para a Lernaut & Hauspie.[1]

▸ A SINGULARIDADE TECNOLÓGICA

Hoje, Kurzweil tem 67 anos e ainda trabalha como diretor de engenharia no Google. Todos os dias, toma cerca de 150 vitaminas e diferentes tipos de suprimentos nutricionais. Ele quer viver o máximo que puder, de preferência até que a tecnologia possibilite aos seres humanos que vivam para sempre. Ele está convencido de que um dia isso será possível.

Figura 7.1 "A singularidade está próxima": Ray Kurzweil

FONTE: JD Lasica na Poptech, postado no Flickr no dia 13 de outubro de 2006, reproduzido sob Creative Commons 2.0

Em 2001, Kurzweil escreveu um artigo intitulado *The Law of Accelerating Returns* (A Lei dos Retornos Acelerados, em tradução livre).[2] No artigo, ele previu que a Gordon Moore's Law logo se difundiria e seria aplicada de forma generalizada. Moore foi um dos fundadores da Intel e, em 1965, previu que o número de transístores de um chip elétrico dobraria a cada ano. Em 1975, reviu sua previsão para cada dois anos.

Na realidade, a quantidade exata de anos não é importante. O que importa é que o poder da computação está aumentando exponencialmente a um ritmo acelerado. De acordo com Kurzweil, esse processo já vem acontecendo há décadas e, no futuro, só ficará mais rápido. Tão importante quanto, computadores cada vez mais rápidos possibilitam tecnologia inovadora em outras áreas. Trocando em miúdos, não vamos experienciar 100 anos de mudança durante o século 21, mas 20 mil anos!

Dentro de uma década ou mais, Kurzweil acredita que a inteligência das máquinas ultrapassará a dos humanos. Esse é o motivo por que Kurzweil é considerado um dos pais do conceito de "singularidade tecnológica".[3] A inteligência artificial dos computadores logo será muitas vezes mais potente que a inteligência humana. Como resultado, eles assumirão seu desenvolvimento com as próprias mãos.

Algumas pessoas acham isso fantástico. Outras pensam que é pura fantasia. Seja como for, Kurzweil vem fazendo previsões sobre tecnologia há muitos anos – e a maioria se realizou.[4] Por exemplo, em *The Age of Intelligent Machines* (A Era das Máquinas Inteligentes, em tradução livre),[5] ele previu que a internet mudaria o mundo e daria às pessoas acesso sem fio a uma rede internacional de bibliotecas, dados e informações. Ele previu que os computadores adquiririam uma posição dominante em sala de aula, ajustando, de forma inteligente, o material de ensino ao nível do aluno. Também afirmou que, um dia, a individualização dos produtos para corresponder às necessidades específicas do cliente particular seria um padrão.

Em 1999, em *A Era das Máquinas Espirituais*,[6] ele escreveu que, em 2009, a maioria dos livros seria lida de uma tela em vez de no papel; que carros sem motorista se tornariam comuns; que computadores ficariam pequenos o bastante para caber num anel ou um cartão de crédito; que as pessoas carregariam ou usariam computadores portáteis para monitorar a saúde ou para lhes informar o caminho para onde desejam ir; que especificações inteligentes seriam capazes de captar e retransmitir muitos tipos diferentes de informações coletadas nas imediações.[7] E a lista continua.

Figura 7.2 QR code: previsões de Kurzweil na Wikipédia

De acordo com Kurzweil, a verdadeira mudança seminal ocorrerá depois de 2040.[8] Até então, a inteligência não biológica será vários bilhões de vezes maior que nossa inteligência biológica limitada. Em 2045, um computador de US$1.000 será mais inteligente que toda a inteligência humana do mundo combinada. Quando isso acontecer, a inovação tecnológica será assumida por máquinas, que podem pensar, agir e se comunicar tão depressa que uma pessoa normal não conseguirá mais entender o que está acontecendo.

Kurzweil afirma que não precisamos ter medo dessa inteligência, porque até lá as pessoas também estarão ciberneticamente programadas, com software instalado no corpo. Trocando em miúdos, as próprias pessoas cada vez mais ficarão semelhantes a máquinas. Assim como o Borg, em *Jornada nas Estrelas*.

▸ A MENSAGEM DE HAL

Em *2001: Uma Odisseia no Espaço*, o icônico filme de Stanley Kubrick de 1968 com base no livro de Arthur C Clarke, o computador HAL tem um papel importante. HAL – uma letra a menos que o da IBM – significa *Computador Algorítmico Heuristicamente Programado*; em outras palavras, inteligência artificial.

O computador, com o olho vermelho que tudo vê, controla todos os sistemas a bordo na nave Discovery One em sua jornada para Júpiter. Em dado momento, HAL descobre uma falha na unidade de guia AE-35. Ele não conta aos astronautas David Bowman e Frank Poole que a unidade já está com defeito, mas, em vez disso, os alerta de que ela ficará defeituosa no futuro próximo: "*Acabei de detectar uma falha na unidade AE35. Vai pifar 100 % em 72 horas*". Mais tarde, HAL descobre que cometeu um erro e fica paranoico, o que faz a história do filme tomar uma direção totalmente diferente.[9]

Enquanto a presciência mecânica de HAL era mera ficção científica nos idos de 1968, hoje em dia é uma realidade. Se você esperar tempo demais para atualizar o software no computador de sua casa, logo receberá mensagens em sua tela de que essas atualizações são cruciais. Hoje, minhas atualizações de software são feitas automaticamente, máquina por máquina. Quando você concorda com os termos gerais, o restante não é mais responsabilidade sua. Vivemos em um mundo onde precisamos nos acostumar a concordar com as instruções de nossas máquinas.

Vivemos em um mundo onde precisamos nos acostumar a concordar com as instruções de nossas máquinas.

▸ A INTERNET DAS COISAS (IoT)

2045 ainda está um pouco longe. Mesmo assim, todos nós já vivenciamos o rápido progresso feito pela automação e computadorização em nossas vidas diárias. E rapidamente nos esquecemos de como era a vida antes da internet, dos smartphones, Google e Facebook. Logo, logo drones estarão entregando encomendas em sua casa. Algoritmos inteligentes também assumirão muitas outras tarefas feitas por pessoas. Encomendar um livro ou reservar um hotel on-line agora não envolve nenhuma interação humana. Seu pedido ou reserva (e seu perfil pessoal) é processado automaticamente em um sistema de atendimento ao cliente pela Amazon.com, Bol.com ou Booking.com.

E não para por aí. Carros inteligentes, roupas inteligentes, shows inteligentes, TVs inteligentes, torradeiras, tecidos, geladeiras, escovas de dente, câmeras, medidores de eletricidade, termostatos, contêineres, balcões de check-in, etiquetagem, pintura e máquinas inteligentes de milhares de tipos diferentes, cada uma trocando informações online e contatáveis por meio do último *app* igualmente inteligente. Eles existem. E já. A internet não é mais o domínio privilegiado dos seres humanos. Hoje, o mundo contém uns 4,9 bilhões de dispositivos inteligentes que coletam e comunicam dados do usuário – de acordo com índices do Gartner Research Institute.[10] Por volta de 2020 não menos de 13 bilhões de coisas equipadas com telemática e tecnologia de geolocalização estarão vasculhando o ciberespaço em busca de dados do usuário. Eles compartilharão essa imensa massa de informações uns com os outros e com um sem-número de sistemas de dados diferentes no mundo todo. Some-se a isso as atividades empresariais e governamentais e, na verdade, acabará com uma quantia próxima a 25 bilhões.[11]

Cada vez mais a internet está se tornando terra de ninguém e de todos. Daqui a pouquíssimo tempo, todos os equipamentos de sua casa ou escritório serão conectados à web. É até possível que seu infeliz robô de cozinha, criminosamente subutilizado no armário, um dia fará um anúncio de sua própria venda no eBay! E que será recolhido por drone quando achar um novo dono – e mais ativo gastronomicamente.

É até possível que seu robô de cozinha, criminosamente subutilizado no armário, um dia fará um anúncio de sua própria venda no eBay!

A internet das coisas pode ser dividida em três componentes distintos, conectados on-line uns aos outros: os dispositivos inteligentes que registram e transmitem dados; o armazém de dados do fornecedor, onde esses dados são processados; e robôs de análise de software, que avaliam os dados e automaticamente geram respostas que são retransmitidas aos dispositivos inteligentes e/ou a seus usuários. Assim, um fluxo constante de ciclos de feedback é criado entre o usuário do dispositivo, o dispositivo em si e o fornecedor do dispositivo.

96% das 800 empresas-líderes mais importantes do mundo pretendem, no futuro próximo, implementar novas soluções com base na internet das coisas. 68% afirmam já ter essas soluções em funcionamento. E isso enquanto 99% de todos os dispositivos do mundo hoje em dia ainda não estão conectados.[12]

No passado, um cliente comprava um dispositivo, e isso era tudo o que o fornecedor sabia. O cliente chegou a tirá-lo da caixa? E, se tirou, ficou satisfeito com ele? Essas e centenas de outras coisas permaneciam desconhecidas ao fornecedor. No futuro próximo, fornecedores conseguirão afirmar se o dispositivo está ligado ou desligado, quantas horas se passaram desde que foi usado pela última vez, com que frequência é utilizado, se está sujeito a picos de uso, se está em perigo iminente de pifar, e assim por diante. O dispositivo em si automaticamente lhe dirá todas essas coisas (sem precisar perguntar!) e até avisará quando precisar de manutenção.

O mesmo se aplica aos níveis de estoque. Pesquisadores inteligentes avisarão você quando os estoques estiverem baixos e precisarem de reabastecimento. Esse sinal será verificado em relação ao planejamento de produção e automaticamente convertido em um pedido do volume correto, que, por sua vez, será automaticamente processado e ficará pronto para entrega. Mais uma vez, sem necessidade humana, nem mesmo para apertar um botão!

O fluxo contínuo de informações sobre o uso e o status de seu produto oferece várias possibilidades para otimizar mais a experiência do cliente. Se você tem as ferramentas necessárias para analisar esse dado de maneira eficaz, pode monitorar sem parar o que o cliente está fazendo e o que seu produto está fazendo (quando, onde e como), o que lhe permite tomar a atitude responsiva certa em tempo real.

Também há imenso potencial comercial. Você pode ver, por exemplo, se os dados de um único usuário difere de maneira significativa dos de outros usuários, o que dá a você a chance de investigar o motivo. Quando você o encontrar, pode contatar o usuário fora da curva com propostas úteis. Você também pode trocar dados com outros fornecedores, para que o nível geral de serviço de todos melhore, a fim de beneficiar os clientes e o setor como um todo.

De maneira semelhante, os dados de uma máquina podem ser combinados com os dados de outra; por exemplo, dados de uma unidade de produção refrigerada com dados de um sistema de ar condicionado, com a meta de aprimorar sua tecnologia compartilhada de resfriamento. Levando as coisas para uma fase posterior, combinando os dados de seu dispositivo com informações de outras fontes, como mídias sociais, você achará mais fácil prever com mais precisão e responder às necessidades de seus clientes. Imagine que um cliente diga que acabou de receber um novo pedido importante. Além disso, imagine que sua máquina – da qual o cliente precisa para processar o pedido – diz a você que está atualmente trabalhando em sua capacidade máxima. Você pode, então, passar essa informação ao cliente, acompanhadas de propostas comerciais que poderiam funcionar para o benefício de ambos.

▸ DE AUTOMAÇÃO PARA AUTOMAÇÃO

A internet das coisas terá enorme influência na forma como o processo de vendas é organizado no futuro. Um cliente está satisfeito com seu produto ou serviço se este proporciona o valor que prometeu. Porém, cada vez mais o cliente só ficará satisfeito se o valor é proporcionado ao longo de toda a duração da jornada do cliente – e não apenas no fim.

No passado, não havia ferramentas disponíveis para mensurar constantemente a satisfação do cliente. Reuniões particulares esporádicas, ligações telefônicas e eventuais pesquisas de mercado eram insuficientes para formular respostas eficazes para as necessidades tácitas do cliente. Era como um voo cego. Mesmo que a informação disponível fosse processada num CRM, ela nunca era completa e, muitas vezes, era desatualizada.

Consequentemente, no passado, muitas ações comerciais e de marketing se baseavam mais em intuição que em qualquer outra coisa. Havia uma sensação de que "algo precisa ser feito", mas ninguém sabia, de fato, o que era. Esse método de tentativa e erro confiava demais na sorte. Às vezes, uma campanha era bem-sucedida, atingindo as pessoas certas no momento certo; mas com muita frequência os resultados eram decepcionantes.

Neste livro, enfatizamos repetidas vezes que o cliente agora assumiu a liderança no processo de vendas. Isso também se aplica à jornada do cliente, que seguiu uma trajetória totalmente nova desde a chegada da 'internet dos humanos'. Se as empresas querem otimizar a experiência do cliente nesse ambiente novo e complexo, elas não precisam mais depender da própria intuição. Você precisa saber exatamente o que está fazendo, quando está fazendo, para quem está fazendo, como está fazendo e, inclusive, se seria melhor fazê-lo mais tarde.

A tecnologia da automação de marketing possibilita que você rastreie o comportamento on-line de seus clientes. Como resultado, você pode responder com rapidez e eficácia com propostas sob medida que refletem a atividade de cada cliente na web: o comportamento de cliques, de leitura, a maneira como reagem a e-mails e campanhas, as perguntas que fazem, a frequência de suas visitas a páginas da internet etc.

Além disso, a automação de marketing possibilita converter esses dados aos perfis dos clientes e atualizá-los em tempo real. Isso lhe permite cumprir os desejos específicos de cada cliente durante a jornada, não importa por quanto tempo.

Os produtos em si vão gerar quantidades enormes de dados que, mais tarde, ajudarão a otimizar a experiência do cliente.

A internet das coisas acrescenta uma dimensão totalmente nova à situação. No mundo dos dispositivos inteligentes, não são mais apenas as pessoas que deixam rastros de suas atividades. Os produtos em si também geram quantidades imensas de dados sem parar. Esses dados podem ser usados para ajudar a otimizar mais a experiência do cliente. É tudo uma questão de saber o que você quer fazer para proporcionar mais satisfação. Mas não é fácil responder a essa questão. Os dados gerados pelos dispositivos transformarão *big data* em *big data de verdade*. Você terá de saber a quais sinais responder e quais ignorar. Além disso, você nunca pode separar os dados transmitidos por um dispositivo da relação com o cliente a que ele pertence. Ao interpretar os dados, você precisará, portanto, levar em conta o histórico da compra e o comportamento anterior do cliente em questão. É somente quando você combina os dados da internet das coisas com o comportamento on-line conhecido do cliente e o perfil que os dados do dispositivo renderão valor comercial agregado.

O combo tecnologia da internet das coisas + automação de marketing + CRM oferece a você uma oportunidade de ouro para aprimorar a experiência do cliente. Ele possibilita que você monitore tanto comportamento on-line do cliente quanto o comportamento on-line do produto. Os dados resultantes podem, então, ser integrados para lhe proporcionar uma compreensão ainda melhor do cliente – uma compreensão que gera mais valor para ele e mais vendas para você. Isso lhe dá a opção de organizar ciclos de feedback não apenas para o cliente, mas também para o dispositivo inteligente. Dessa forma, o dispositivo também se torna o meio para sua mensagem de marketing.

Portanto, vendas, marketing e atendimento ao cliente não se relacionam mais tão somente a fazer as pessoas felizes; eles também têm a ver com fazer as máquinas felizes. Um dispositivo inteligente que lhe informa continuamente sobre o próprio status dá a você a chance de deixar a máquina contente (isto é, em perfeita ordem), o que também deixa o cliente contente. Além do mais, é uma oportunidade que é melhor você aproveitar. Os clientes sabem que hoje em dia as máquinas reportam tudo a seus fabricantes, portanto, não esperam injustificadamente que eles ajam em tempo hábil para lidar com quaisquer problemas antes que surjam.

Isso significa, por exemplo, que os clientes logo vão esperar que os fornecedores lhes informem que suas máquinas precisam de manutenção ou reabastecimento dos estoques. Além disso, eles vão esperar que isso seja feito sem demora, sem inconveniência e quase sem intervenção alguma do cliente. A própria operação organizacional do fornecedor precisará levar em conta essas expectativas de forma plena e oportuna.

Portanto, podemos expandir nossa definição do parágrafo anterior: vendas, marketing e atendimento ao cliente não têm mais a ver com atrair novos clientes, mas mantê-los, e aos produtos que usam, felizes durante toda a duração da jornada do cliente e o ciclo de vida do produto.

Isso também significa que, enquanto no passado a otimização do relacionamento com o cliente era amplamente uma questão de interação entre seres humanos, no futuro ele se tornará cada vez mais um combo automação + humano, com a contínua expansão da internet das coisas, de uma automação para outra. A interação entre humanos desaparecerá da equação quase por completo. A próxima evolução óbvia é o uso de inteligência artificial. Com Amelia, a IPsoft criou um robô que pode travar conversas paralelas com vários clientes em idiomas diferentes. Com base nos contextos em que certas palavras são usadas e nas perguntas feitas, Amelia também pode avaliar se o solicitante está se sentindo estressado ou não. Se o estresse é detectado, a chamada é encaminhada para um funcionário humano. Quando a chamada é finalizada, Amelia faz um relato sobre o conteúdo da conversa e a solução proposta, para que o próximo contato com o cliente se baseie no conhecimento total da situação. Amelia entende o que os clientes querem e o que sentem em relação ao que querem.

O amplo uso de Amelia e seus amigos cibernéticos não vai tão longe quanto você pensa. No momento da escrita deste livro, diferentes empresas holandesas e belgas estão em contato com a IPsoft para explorar as possibilidades dessa aplicação. A esta altura, a sensação geral é a de que os pontos fortes de Amelia podem ser mais bem explorados ao se trabalhar em conjunto com um funcionário humano.

Imagine que você tivesse um colega que memorizou todos os manuais de serviço, que sabe a resposta a toda pergunta feita com frequência, que pode travar, ao mesmo tempo, quatro mil conversas paralelas em idiomas distintos, mas que ainda estivesse preparado para, vez ou outra, fazer uso de suas habilidades humanas porque esse colega é "só" um robô? Você não ia querer um colega desses? Isso não deixaria seu trabalho muito mais fácil?

Figura 7.3 Amelia marca a transição de robôs na fábrica para robôs no escritório

FONTE: ©IPsoft

A colaboração entre pessoas e robôs é uma área de interesse crescente, conforme evidenciado pela dedicação total da edição de junho de 2015 da *Harvard Business Review* a esse tópico. Sob o título *Meet your new employee – How to manage the man-machine collaboration* (*Conheça seu novo funcionário – Como gerenciar a colaboração entre ser humano e máquina*, em tradução livre),[13] o artigo analisou os prováveis benefícios e problemas associados à robótica em um ambiente comercial. Como você se sentiria ao receber instruções de um robô? Ajudaria se esse robô tivesse uma aparência humana realista? De acordo com uma pesquisa recente, sim. Existe risco de se apegar emocionalmente a robôs? Sim também, ou, ao menos, é o que parece.

Como resultado, um grupo de especialistas em RH já se dedicam a escrever uma série de regras de conduta para a interação correta com robôs inteligentes em um ambiente de escritório. Há, inclusive, uma força-tarefa especial para decidir como lidar com comportamentos inapropriados da parte da equipe humana para com seus colegas humanoides.

Pesquisas revelam que o risco de máquinas serem vítimas de assédio não é tão improvável como pode parecer. O que isso envolve exatamente, deixarei para a imaginação do leitor. Mas a Siri, da Apple, saberá com precisão o que quero dizer. Vários blogs já se dedicaram à questão sobre se essa assistente digital foi programada para lidar com perguntas de cunho sexual. Parece coisa de lenda urbana!

Lenda ou não, a possibilidade de que logo, logo você estará usando um robô para responder a seus e-mails e desenvolver suas campanhas de marketing já não é mais uma missão impossível. E, uma vez que sua ação é avaliada pelo valor que tem pelo próprio robô operativo do cliente, que então decidirá se aceita ou não sua proposta, estamos chegando muito perto da singularidade total no marketing.

Não se preocupe; vamos mantê-lo informado. É só ficar de olho em nosso blog!

Robôs trabalhando com vendas, marketing e atendimento ao cliente logo serão uma visão comum. Robôs dizendo às pessoas quais são suas prioridades estarão conosco antes que você se dê conta. Não é tão improvável quanto você talvez esteja pensando!

▸ MEU *BOT* CONVERSA COM O SEU E ELES SE DÃO BEM

A crescente mudança na preferência de comunicação da fala para o texto levou ao crescimento dos *chatbots*. Isso tem um impacto importante na forma como as conversas com os clientes serão administradas no futuro. Pessoas que dominam multitarefas e mensagens de texto são capazes de lidar com demandas simultâneas por meio de e-mail, mensagens e envolvimento em três ou quatro conversas ao mesmo tempo.

Isso leva a uma crescente produtividade tanto em *call centers* quanto em contatos, permitindo às pessoas que usem uma versão expandida de si mesmas.

O próximo passo é deixar a interação humana totalmente fora da equação, substituindo o responsável pelo atendimento ao cliente por um *bot* que pode responder melhor e mais depressa à maioria das perguntas. Sobretudo quando um nível crescente de compreensão contextual e conhecimento semântico foi adicionado às competências robóticas, como é o caso em relação a vários *bots* de atendimento ao cliente que estão no mercado hoje em dia.

Chatbots e outros assistentes inteligentes estão ganhando aderência, sobretudo porque o cliente com celular gosta dessa forma de interação, tornando-os bem adaptados para esse uso em celulares.[14]

Mesmo assim, as pessoas ainda querem um "toque humano",[15] uma rota de fuga que dê acesso a um assistente humano. No entanto, o *bot* inteligente também está oferecendo esse nível de autenticidade ao se lembrar de conversas anteriores, usando seu nome na conversa ou acrescentando outros elementos para disfarçar a característica robótica da conversa.

"*The Chatbot Explainer*" ("O Explicador do Chatbot", em tradução livre) é uma pesquisa mais internacional,[16] feita pela Business Insider com sede no Reino Unido, que revelou que 38% dos clientes classificaram sua percepção geral dos *chatbots* como positiva, e apenas 11% reportaram uma experiência negativa. A pesquisa conversou com mais de 5 mil clientes de países como Austrália, França, Alemanha, Japão, EUA e Reino Unido.

As percepções variam imensamente de acordo com o país. Clientes franceses pareciam os mais receptivos, com 50% deles demonstrando atitude positiva em relação a conversar com *bots*. Em geral, países europeus parecem mais receptivos em comparação com os EUA e o Japão.

Embora hoje a maioria dos clientes ainda prefira assistência humana, isso logo vai mudar quando os "nativos em mensagens de texto" mais jovens entrarem no mercado de trabalho e do consumidor.

Ao mesmo tempo, mais da metade dos clientes no mundo todo (56%) relataram que ainda preferem conversar com um ser humano em vez de obter ajuda de um *chatbot*. A pesquisa conclui, portanto, que as empresas deveriam focar a utilidade, e não conferir personalidade a um *chatbot*.[17]

Na pesquisa da Aspect, 58% afirmam que *bots* são melhores para perguntas fáceis a médias. A imensa maioria (86%) dos entrevistados insiste em ter a opção de serem transferidos para um atendente.[18] Outra pesquisa da HubSpot confirma uma redução na abertura para *bots* quando o problema aumenta em termos de complexidade.[19] O uso mais eficaz dos *chatbots* é quando as dúvidas dos clientes são simples e precisam de muito poucas etapas, como mudança de endereço de cobrança ou quando solicitam detalhes de contato da empresa.

Para perguntas técnicas de várias etapas, as pessoas preferem auxílio humano. Nesses casos, outra pesquisa indica que a receptividade cai para 26%.[20] A pesquisa da HubSpot também revelou que um *bot* no site da empresa, dando ao visitante uma resposta direta a perguntas como "Quais são os preços?" ou "Qual é o telefone da empresa?" seria bastante apreciado. Mais da metade dos entrevistados (57%) se interessaram por obter de *bots* respostas em tempo real em um site da empresa.[21]

Quando um banco holandês colocou um *chatbot* em seu portal do cliente, ele se revelou um sucesso instantâneo. Num piscar de olhos, 84% dos clientes usaram o chat box para fazer perguntas. Acrescente a isso a capacidade de analisar as perguntas e mapear as informações que as pessoas estão procurando e você pode facilmente detectar padrões de perguntas e identificar FAQs. Um passo além e você introduz um *chatbot*. Mais dois e o *bot* analisa as perguntas e acrescenta partes da pergunta nas respostas que ele dá, tornando a experiência do cliente mais útil e proveitosa. Outros três passos ou mais e você acaba com um *bot* de voz ainda mais inteligente que a Amelia da IPSoft; sendo uma agente dotada de consciência cognitiva, ela incorpora segmentos de informações pessoais em suas respostas usando linguagem natural, tornando praticamente impossível distinguir sua resposta de um funcionário humano.

O surgimento dos *chatbots* automatizados redefinirá o setor de atendimento ao cliente como um todo, substituindo algumas operações de ser humano para ser humano.[22] Com um *bot* movido a IA, as empresas contam com um vendedor 24/7 à mão que pode interagir com os clientes em uma base de um para muitos.[23] *Chatbots*, portanto, reduzirão o tempo de conversa e impulsionarão ganhos na eficiência.

Na extremidade receptora, *chatbots* também eliminarão o tempo de espera para o cliente. Um estudo recente feito pela Juniper Research[24] indica que os setores de saúde e bancário poderiam ser os maiores beneficiados. O estudo diz esperar uma drástica economia de custos, que varia de 50 a 70 centavos (de dólar norte-americano) por interação.

Em média, uma pergunta por *chatbot* poderia economizar uns quatro minutos, em comparação com *call centers* tradicionais. Interações com *bots* com base em *app* tendem a ser mais bem-sucedidas, enquanto *chatbots* de SMS são mais úteis para mensagens em grandes quantidades.[25] O estudo afirma que muitos *chatbots* são adequados para consultas como diagnósticos de saúde, em que os usuários podem selecionar respostas predefinidas, permitindo que os *bots* avaliem questões de saúde e sugiram um curso de ação recomendado.

Conforme os recursos de IA avançam, *bots* também serão capazes de auxiliar diagnósticos mais sofisticados de saúde, como monitoramento e análise de saúde mental. A Juniper também prevê que a taxa de sucesso de interações com *bots* no setor de saúde passará dos 12% atuais para mais de 75% em 2022. No setor bancário, a Juniper espera que a taxa de sucesso alcance mais de 90% em 2022.[26]

Pedir e preparar seu *bot* de vendas para fazer o melhor negócio possível para seu próximo movimento empresarial, competindo com outros *bots*, pode se tornar o jogo de negócios do futuro. Hoje, a comunicação de *bot* por meio de plataformas de chat mira a interação do *bot* com o cliente. Isso significa que a comunicação do *bot* tem você como foco. Porém, em algum momento, não tão distante de agora, entraremos na era da comunicação *bot* a *bot*, e, nesse momento, *bots* também começarão a negociar entre si e aprender uns com os outros.

Em algum momento, em um futuro não tão distante, entraremos na era da comunicação *bot* a *bot*.

Depois que você começa a pensar em uma estrutura de comunicação *bot* a *bot*, abre-se todo um leque de possibilidades, causando uma grande mudança de paradigma no atendimento ao cliente e e-commerce. Imagine um *bot* que precisa responder a uma pergunta bastante complexa de um cliente. O *bot* pesquisa sua base de dados inteligente, mas fica sem uma informação essencial.

A essa altura, o *bot* poderia envolver outros *bots* em sua rede para ajudá-lo e escarafunchar os próprios sistemas de *back-end*, combinando todo o conhecimento disponível e finalizando o trabalho.

Quando você começa a pensar em uma estrutura de comunicação *bot* a *bot*, abre-se todo um leque de novas possibilidades.

Um passo adiante e, em vez de procurar pelo produto certo no preço certo, seu *bot* pessoal, munido de um pouco de inteligência artificial, poderia concluir que, com base em seu conjunto de dados de perfil em tempo real, de sua geladeira internet-das-coisas e mais alguma análise, você precisa de um certo produto por um certo preço.

Seu *bot*, então, pode simplesmente tomar a iniciativa de começar uma pesquisa on-line, comunicando-se e negociando com outros *bots*, a fim de encontrar e entregar os produtos pelo melhor preço possível. Seu *bot*, inclusive, irá inserir suas preferências pessoais nas negociações e, por exemplo, negociar uma entrega às 10:15. Isso não acontecerá porque você compartilhou sua agenda, mas porque o *bot* levará em conta seu nível de estresse e comportamento anterior relatado, prevendo uma chance de 55% de que você vai querer passar um tempo de manhã correndo no bosque.

O interessante da comunicação *bot* a *bot* é que ela não será em código, mas em linguagem facilmente compreensível.[27] Portanto, será bem fácil entrar em uma conversa entre *bots*.

Procurando um *bot* adequado que corresponda às suas necessidades? É só pesquisar on-line. Primeiro, os mecanismos de pesquisa são direcionados para plataformas de *apps* de bate-papo, e o fazem às centenas. O bing.com exibe no topo os resultados da pesquisa de *bots*. Usuários do Bing também conseguirão pesquisar por *bots* em termos gerais e por categorias.[28]

Enquanto isso, na Kik, a loja de *bots*, você pode comprar um *chatbot*. As opções de *bots* estão listadas em categorias que variam de "Diversão com amigos" e "Lazer" a "Conheça novas pessoas" e "Moda e beleza". Você pode bater papo com um *bot* incansável do Chuck Norris, conversar com pessoas anônimas no Sensay, na H&M para inspirações instantâneas sobre moda, cuidar-se na Shine, bater papo com a Sephora para aprender sobre maquiagem e assim por diante.

Figura 7.4 QR code: Kik, a loja de *bots*

▸ CRYSTALKNOWS

Hoje em dia, marketing e comunicação têm tudo a ver com personalização em massa. Mas como se envolver com pessoas que você não (ou mal) conhece – considerando que a personalização não tem só a ver com o conteúdo ou a oferta em si, mas com conexão e tom de voz?

Sediada nos EUA, a Crystal Project Inc. foi fundada em 2014 por Drew D'Agostino, anteriormente cofundador da Attend.com, inovando em soluções de softwares de gerenciamento de eventos. A Attend.com ajuda organizadores de eventos a produzir eventos de alta qualidade, simplificando e automatizando seus processos de gerenciamento.[29]

Drew D'Agostino desenvolveu a Crystal com o único propósito de resolver os problemas de comunicação que surgem quando duas pessoas não conseguem entender suas diferenças pessoais, sobretudo por e-mail. Seu primeiro produto, a Crystalknows, é uma ferramenta de IA no Gmail que ajuda a compor conteúdos de e-mail no tom de voz com que o destinatário gosta de ser abordado. Ela faz isso fornecendo-lhe informações em tempo real conforme você compõe os e-mails, como "use linguagem expressiva", "use linguagem formal extensa" ou "escreva de forma clara e direta".[30] Ela lhe diz como cumprimentar, como compor o corpo do e-mail e como se despedir. Em uma conversa normal, ajustamos nosso tom de voz e a maneira como falamos ao captar todos os tipos de sinais, por exemplo, tom de voz, ritmo, fraseado e linguagem corporal. Percebemos nervosismo, tédio, empolgação, alerta, contentamento... Mas conversas on-line nos tiram o aparato emocional.

A Crystal objetiva preencher essa lacuna observando as características da personalidade da pessoa usando informações on-line sobre seu comportamento on-line.

Com base no banco de dados existente e nas informações extras que você disponibiliza sobre si e a outra pessoa, vários algoritmos ajudam a construir um escore de personalidade para você e para a pessoa que você gostaria de contatar. O modelo se baseia na correspondência de seu escore com um dos 54 tipos de personalidade na base de dados Crystalknows. Após escolher um tipo de personalidade, a Crystal lhe mostra um sumário com personalidades, ao lado de conselhos sobre como abordar a pessoa.[31] As ferramentas se baseiam na avaliação do DISC, usando quatro tipos principais de personalidade para definir o comportamento: dominante, influente, estável e calculista.[32]

Tudo isso pode parecer meio perturbador, mas a Crystal só analisa o estilo de escrita das informações públicas que aparecem em blogs e sites como LinkedIn, Twitter, Yelp e avaliações na Amazon.com. Ela usa apenas nossos padrões de linguagem pública, as informações por trás das informações que nós mesmos publicamos. Entretanto, a nova realidade é aquele em que decifrar nossa personalidade não é mais trabalho para especialistas, mas para um *bot*, e o trabalho dele está aberto. Podia ser interessante para vendas, não acha?

A Crystal oferece uma conta gratuita e ilimitada para prática, mas você pode atualizar para obter recursos premium, como sugestões e correções de e-mail em tempo real, previsões de relacionamento, templates com exemplos de e-mail e análise de equipe/organizacional. A Crystal também está pensando em funcionalidades proativas, como enviar dicas antes de sua reunião para ajudá-lo a preparar seu tom de voz.[33]

Figura 7.5 Crystalknows (conteúdo em inglês)

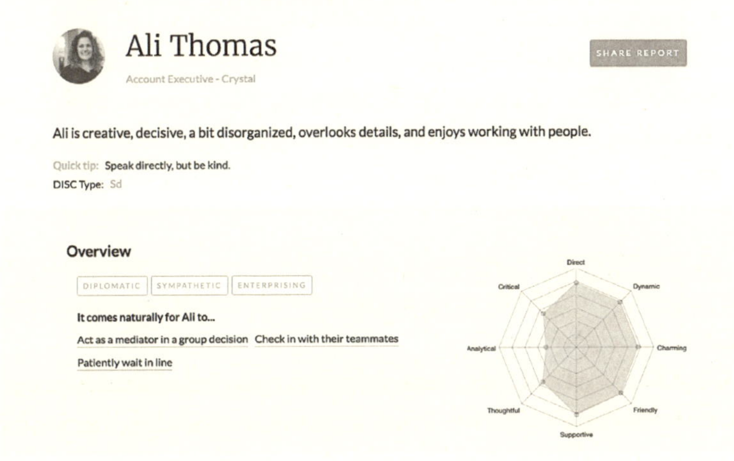

FONTE: Com agradecimentos à Crystal

▸ NOTAS

1 RAYMOND KURZWEIL. *In*: Wikipedia [On-line]. Disponível em: https://nl.wikipedia.org/wiki/Raymond_Kurzweil. Acesso em: set. 2015.

2 KURZWEIL, R. The Law of Accelerating Returns. *Kurzweil Accelerating Intelligence* [On-line]. Disponível em: http://www.kurzweilai.net/the-law-of-accelerating-returns. Acesso em: jun. 2015.

[3] TECHNOLOGISCHE SINGULARITEIT. *In*: Wikipedia [On-line]. Disponível em: https://nl.wikipedia.org/wiki/Technologische_singulariteit. Acesso em: jun. 2015.

[4] PREDICTIONS MADE BY RAY KURZWEIL. *In*: Wikipedia [On-line]. Disponível em: https://en.wikipedia.org/wiki/Predictions_made_by_Ray_Kurzweil. Acesso em: ago. 2015.

[5] KURZWEIL, Raymond. *The Age of Intelligent Machines*. Boston: MIT Press, 1990.

[6] KURZWEIL, Raymond. *The Age of Spiritual Machines*. New York: Viking, 1992.

[7] PREDICTIONS MADE BY RAY KURZWEIL. *In*: Wikipedia, acesso em: ago. 2015 [On-line].

[8] PREDICTIONS MADE BY RAY KURZWEIL. *In*: Wikipedia, acesso em: ago. 2015 [On-line].

[9] HAL 9000. *In*: Wikipedia [On-line]. Disponível em: https://en.wikipedia.org/wiki/HAL_9000

[9] GARTNER. Gartner Says 4.9 Billion Connected 'Things' Will Be in Use in 2015. *Gartner* [On-line]. Disponível em: http://www.gartner.com/newsroom/id/2905717. Acesso em: jun. 2015.

[10] GARTNER, acesso em: jun. 2015 [On-line].

[11] SALESMANAGO. Marketing Automation – The Definitive and Ultimate Guide to Marketing Automation. *SALESManago* [On-line]. Disponível em: https://www.salesmanago.com/info/definitve_and_ultimate_new_knowledge.htm. Acesso em: dez. 2017.

[12] HBR. Meet your new employee: How to manage the man-machine collaboration. *Harvard Business Review*, jun. 2015.

[13] BEAVER, Laurie. Chatbots are gaining traction. *Business Insider* [On-line]. Disponível em: http://uk.businessinsider.com/chatbots-are-gaining-traction-2017-5. Acesso em: maio 2017.

[14] KIM, Larry. 10 Fascinating Facts About Chatbots. *LinkedIn* [On-line]. Disponível em: https://www.linkedin.com/pulse/10-fascinating-facts- chatbots-larry-kim. Acesso em: dez. 2017.

[15] BEAVER, Laurie, acesso em: maio 2017. [On-line].

[16] BEAVER, Laurie, acesso em: maio 2017. [On-line].

[17] ASPECT. 2016 Aspect Consumer Experience Index. *Aspect* [On-line]. Disponível em: https://www.aspect.com/globalassets/2016-aspect-consumer-experience-index-survey_index-results-final.pdf. Acesso em: maio 2017.

[18] AN, Mimi. Artificial Intelligence Is Here – People Just Don't Realize It. *HubSpot* [On-line]. Disponível em: https://research.hubspot.com/reports/artificial-intelligence-is-here. Acesso em: maio 2017.

[19] AN, Mimi, acesso em: maio 2017 [On-line].

[20] AN, Mimi, acesso em: maio 2017 [On-line].

[21] VIOLINO, Bob. Chatbots driving down costs in customer service. *Digital Insurance* [On-line]. Disponível em: https://www.dig-in.com/news/chatbots-driving-down-costs-in-customer-service. Acesso em: maio 2017.

[22] AN, Mimi acesso em: maio 2017 [On-line].]

[23] JUNIPER RESEARCH. Chatbots, a game changer for banking & healthcare, saving $8 billion annually by 2022. *Juniper Research* [On-line]. Disponível em: https://www.juniper-research.com/press/press-releases/chatbots-a-game-changer-for-banking-healthcare. Acesso em: maio 2017.

[24] JUNIPER RESEARCH, acesso em: maio 2017 [On-line].

[25] NELISSEN, Niko. How bot-to-bot could soon replace APIs. *VentureBeat* [On-line]. Disponível em: https://venturebeat.com/2016/06/05/how-bot-to-bot-could-soon-replace-apis/. Acesso em: maio 2017.

[26] JOHNSON, Khari. Bing now serves up bots from Facebook Messenger, Slack, and other chat apps. *VentureBeat* [On-line]. Disponível em: https://venturebeat.com/2017/05/12/bing-now-serves-up-bots-from-facebook-messenger-slack-and-other-chat-apps/. Acesso em: maio 2017.

[27] JOHNSON, Khari. Microsoft's Bing search results now include Skype bots. *VentureBeat* [On-line]. Disponível em: https://venturebeat.com/2017/05/10/microsofts-bing-search-results-now-include-bots/. Acesso em: maio 2017.

[28] ATTEND.COM. Attend.com Integrates Event Management Solution into Leading CRM Applications. *Attend.com* [On-line]. Disponível em: https://www.attend.com/home/pr_salesforce_blackbaud_integration.html. Acesso em: maio 2017.

[29] CRYSTAL KNOWS. Meet your communication coach. *Crystal Knows* [On-line]. Disponível em: https://www.crystalknows.com. Acesso em: maio 2017.

[30] METZ, Rachel. Can You Improve Your E-Mails by Analyzing Recipients' Personalities?. *MIT Technology Review* [On-line]. Disponível em: https:// www.technologyreview.com/s/537256/can-you-improve-your-e-mails-by- analyzing-recipients-personalities/. Acesso em: maio 2017.

[31] CRYSTAL KNOWS, acesso em: maio 2017 [On-line].

[32] RAMLI, June. Crystalknows, a software that helps a person write emails the correct way. *Elite Agent* [On-line]. Disponível em: https://eliteagent. com.au/crystalknows-software-helps-person-write-emails-correct-way/. Acesso em: maio 2017.

CAPÍTULO 7

A nova era das vendas disruptivas – da teoria à prática

Se você quer introduzir vendas disruptivas e reformular toda a sua organização comercial, comece com uma folha de papel em branco, você precisará de um plano de ação.

▸ RESULTADOS

As vendas estão mudando. E essa mudança é estimulada por quatro fatores, que se influenciam mutuamente e reforçam uns aos outros.

Fator 1: tecnologia de marketing

A automação de marketing possibilita obter *insights* mais profundos sobre as necessidades, expectativas e desejos de clientes fixos e potenciais. O uso dessa tecnologia capacita as empresas a lidar com os clientes em uma base personalizada e sob medida desde a primeira vez, e durante cada etapa da jornada do cliente. O impacto da tecnologia de marketing posteriormente será fortalecido pela internet das coisas.

Fator 2: o consumidor

Os clientes comerciais de hoje compram de forma diferente. Eles querem encontrar no B2B o que agora podem encontrar no B2C. O cliente assumiu a liderança no processo de vendas e espera vivenciar um valor personalizado 24 horas por dia, 7 dias por semana.

Isso exige uma nova área comercial, em que vendas, marketing e atendimento ao cliente trabalhem juntos em um processo integrado, em colaboração próxima ao gerenciamento de produtos e entrega de valor. Os valores que tornarão essa nova organização bem-sucedida são os três As: agilidade, *accountability* e autenticidade.

Fator 3: o funcionário

O funcionário moderno ou o membro de equipe moderno quer desenvolver seu potencial por meio de um processo de aprendizado para a vida toda. Um número crescente de profissionais quer decidir para quem trabalhará, onde e quando. Hoje em dia, as pessoas olham de maneira diferente para o trabalho, e querem evitar empregos chatos e repetitivos. Elas esperam sentido e satisfação.

Para isso, é necessário uma abordagem diferente do conceito de responsabilidade. A organização precisa se tornar muito mais transparente. Todos precisam ser ágeis e responsáveis. Gerentes precisam facilitar, em vez de tentar comandar e controlar. A tecnologia possibilita conectar resultados ao desempenho de membros particulares da equipe.

A tecnologia também tornará desnecessários uma grande quantidade de trabalhos, mas, ao mesmo tempo, criará novos, ligados à implementação e administração de um novo negócio movido a tecnologia, em uma sociedade movida a tecnologia.

Fator 4: a organização

As empresas não precisam lidar somente com a nova tecnologia e novos clientes, mas também com as novas expectativas de seu próprio pessoal. Isso exigirá retreinamento, tanto em questões técnicas quanto em termos de atitudes e habilidades gerais. A empresa e seus funcionários terão de se comprometer com um aprendizado para a vida toda.

▸ ESCOLHENDO A TECNOLOGIA

Se pretende refazer do zero sua área de vendas, você precisa colocar um limite alto. Tome como ponto de partida a ideia básica de que deseja gerenciar as relações com os cliente sem qualquer interação humana de parte da empresa. Quais tarefas você pode automatizar? Quais tarefas continuam com as vendas, o marketing e o atendimento ao cliente? Quais funcionalidades esses três setores precisarão ter para levar a cabo essas tarefas? Quais ferramentas e medidas são necessárias para tornar sua organização mais autêntica, responsável e ágil?

Tome como ponto de partida a ideia básica de que você quer gerenciar as relações com os clientes sem qualquer interação humana de parte da empresa.

Selecionar a tecnologia é relativamente simples. Tudo o que você precisa saber com precisão é o que deseja obter e, então, rastrear com cuidado (ou ter rastreado) as várias opções no mercado. Há muitos especialistas que podem ajudá-lo nisso. No Capítulo 5, dei a você várias orientações para ajudá-lo a fazer suas escolhas de uma forma focada.

Mas lembre-se de que o mercado está evoluindo o tempo todo. Por esse motivo, é prudente não tomar a decisão tão rápido. De qualquer forma, faça uma lista de desejos, mas revise-a quando quiser, para que ela possa amadurecer com o tempo. Envolva sua equipe. Faça testes e avaliações. Descubra de quais dados e ferramentas você ainda precisa. Se você é gerente tecnológico, mantenha-se atualizado e acompanhe as últimas criações do mercado – mesmo depois de fazer sua escolha inicial. Seu sistema terá de evoluir continuamente, se quiser continuar proporcionando experiências valiosas a seus clientes no futuro.

O valor de algumas práticas e ferramentas será confirmado. Outras precisarão ser descartadas ou atualizadas. Em um ambiente de vendas disruptivo, você precisa revisar com regularidade todas as suas decisões – sobre tudo!

Depois que fizer sua escolha, é possível introduzir bem rápido uma nova ferramenta. Resultados são avaliados, o método de trabalho é analisado, modelos diferentes, testados, escolhas, confirmadas ou refeitas, uma inscrição é organizada, software são baixados – e lá vamos nós! No capítulo sobre "Pessoas e recursos", descrevi como um ciclo de implementação de 18 semanas para uma nova ferramenta é razoável e acessível. Mais longo que isso não é uma boa ideia, porque as pessoas começam a achar maçante. E o maçante nunca funciona – não para seus clientes, não para sua própria equipe.

Configurar uma nova estrutura de vendas são outros quinhentos. Mudanças envolvendo pessoas e procedimentos que se influenciam são menos simples – e mais sensíveis.

Pessoas

No Capítulo 4, também analisei com detalhes as mudanças nas funções e responsabilidades que a nova estrutura organizacional tornará necessárias. Será preciso desaprender velhos métodos de trabalho. Novas abordagens terão de ser absorvidas e assimiladas, inclusive novas tecnologias e maneiras de dirigir o processo de vendas. Isso significa compreender novos conceitos, aprender a trabalhar com eles e suas ferramentas associadas e, por fim, atingir os resultados que façam jus às mudanças.

Também significa, como mencionado anteriormente, estar disposto a reavaliar continuamente estratégias existentes, distribuição de tarefas existente, métodos existentes e tecnologia existente. Antigas certezas devem ser substituídas por novas ideias.

A integração dos diferentes processos de marketing, vendas e atendimento ao cliente exige um alto nível de flexibilidade do pessoal envolvido. Nem todo mundo reage bem a esse tipo de ambiente. Para muitas organizações, as mudanças necessárias também envolvem uma mudança completa de cultura, em que a antiga forma de fazer as coisas é substituída por uma radicalmente nova – e, para alguns, estranha – de fazer as coisas. Membros da equipe que no início pareciam apoiar a mudança às vezes podem começar a duvidar e, mesmo, se desesperar quando as mudanças se tornam mais concretas e rumores e fofocas passam a circular.

O vale do desespero

As pessoas passam por várias fases de emoções quando submetidas a mudanças. Mesmo as que aplaudem de pé quando a mudança é anunciada logo podem passar a ter dúvidas, quando fica mais nítido o sentido real dessa mudança e os rumores e fofocas começam a se espalhar. A mudança confronta sua equipe com o inesperado e o desconhecido – e há muito poucas pessoas que se sentem à vontade com esses fenômenos.

Como resultado, a maioria de seu pessoal provavelmente vivenciará uma sensação de desespero em algum ponto do

processo.[1] Isso começa com uma incerteza crescente: "Posso mesmo lidar com isso?". Aos poucos, a incerteza se transforma em medo: "Que impacto isso terá sobre mim?". De uma hora para a outra, a mudança se transformou em ameaça, algo que precisa ser negado. Essas reações são naturais.

Como gestor, é sua tarefa garantir que seus funcionários não entrem em desespero profundo, para que eles comecem a sabotar a mudança ou acabem deprimidos. O melhor que você pode fazer é enfatizar os aspectos positivos da mudança, ajudando-os a enxergar os benefícios que ela pode trazer a eles (menos horas, maior responsabilidade, mais satisfação no trabalho etc.).

Nesse sentido, mudança é só mais um produto que precisa ser vendido – com seus funcionários como clientes. E, assim como com outros clientes, você precisa levá-los a uma jornada. Você precisa proporcionar a eles uma experiência feita sob medida em cada etapa do trajeto. Dessa forma, valores e confiança podem aumentar aos poucos, conforme você os movimenta pelo funil de vendas.

Neste livro, também destaquei o valor de se trabalhar com objetivos e resultados-chave, os OKRs. Essa é uma abordagem que, se aplicada corretamente, oferece a enorme vantagem de ser capaz de traduzir as ambições da organização em metas e alvos individuais facilmente reconhecíveis. Ao concordar com metas pessoais concretas que contribuem com o panorama geral, cada membro da equipe se torna consciente do papel que desempenha para o sucesso da empresa. Ter certeza em relação a esses alvos também vai gerar maior confiança e confiabilidade, mostrando a fé da empresa no funcionário em atingir o nível exigido de desempenho.

A confiabilidade também é essencial se você quer construir uma organização nova e totalmente integrada. Trabalhar com objetivos pessoais e resultados-chave nítidos – ao mesmo tempo dando em troca à equipe a responsabilidade necessária e a liberdade de manobra por aceitar a responsabilidade pessoal com base nesses resultados – é crucial para fazer a equipe aceitar o processo de mudança.

▶ O PLANO DE IMPLEMENTAÇÃO

Para trabalhar em um processo como esse, em que sua organização precisa se reinventar e desenvolver toda uma nova abordagem tecnológica, é necessário ter um plano de projeto; nesse caso, um plano de implementação. Ele inclui todas as ações necessárias passo a passo e seu posicionamento em uma linha do tempo. A implementação lida com processos, organização e tecnologia, mas também com posicionamento, gerenciamento de comunicação e planejamento de comunicação. Quando você dá início ao desenrolar de um processo de mudança, é importante começar com as mudanças que podem lhe conferir vários ganhos rápidos. Essas são mudanças fáceis e rápidas de implementar, produzindo resultados imediatos que todos conseguem ver. Ganhos rápidos criam um efeito positivo que reduz a quantidade de preocupações na organização e confere confiança ao efeito benéfico da mudança em longo prazo.

Vários elementos de mudança provavelmente já terão sido testados em um ambiente-piloto. Se não é esse o caso, você precisa incluir alguns novos estudos-piloto para questões-chave selecionadas em seu plano de implementação. Um projeto-piloto é um passo intermediário útil entre a decisão de mudar e seu desenrolar na prática. Esses projetos são sempre configurados num contexto mais realista possível. Isso significa que o feedback de seu pessoal também será realista. O feedback dá a eles a oportunidade para se ambientar às novas tecnologias e processos dentro do novo posicionamento da empresa. Ao mesmo tempo, proporciona uma base correta para mensurar resultados e tomar decisões que, mais tarde, otimizarão o programa de mudanças.

Parte da implementação do novo formato de trabalho e da nova tecnologia precisará ser divulgada por um longo período. Isso é necessário para permitir à empresa digerir aos poucos as várias mudanças diferentes envolvidas. Também será preciso tempo adicional para afinar a integração de algumas das mudanças que talvez não funcionem imediatamente, conforme planejadas. Não se pode reconstruir toda a organização em questão de semanas. Isso pode funcionar na teoria, mas não na prática, em que o fator humano imprevisível sempre tem seu papel. Alguns membros de sua equipe precisarão de treinamento extra ou motivação extra. Ou, talvez, você precise contratar e treinar novos talentos de fora da empresa.

E, embora você tente evitar o quanto for possível, talvez decida, mais cedo ou mais tarde, que algumas pessoas precisam ir embora.

Em geral, a transformação completa de uma organização de tamanho médio leva entre dezoito meses a dois anos. Mas você deve começar a ver os primeiros resultados após os três ou quatro meses iniciais.

▸ COMUNICAÇÃO

É crucial que o novo método de trabalho seja bem-documentado, de forma que estimule a agilidade da qual você precisa. Por esse motivo, é melhor trabalhar com diagramas de fluxo, demonstrações e vídeos do que com manuais volumosos. Isso lhe permite fazer correções com mais facilidade conforme o processo de mudança progride, e também permite comunicar mais facilmente as informações necessárias. Também é importante definir vários canais diferentes que permitirão que os princípios-chave do novo método de vendas passe lentamente por todos os níveis da empresa. Entretanto, também deve ser possível as informações se moverem para o outro lado. Gerentes de todos os níveis sempre devem estar preparados para ouvir opiniões, preocupações, sugestões e dúvidas da equipe. Muitas vezes, será necessário ajustas aspectos do processo de mudança com base no feedback valioso de seu próprio pessoal.

Esse é um processo de duas vias. A organização deve estar disposta a absorver as mudanças passo a passo do plano de implementação. Mas esse plano também precisa ser capaz de absorver o feedback da organização em relação a esses passos. É por isso que o plano de implementação precisa definir um trajeto e um período precisos, mas sem que nenhum desses aspectos sejam entalhados numa pedra. Dos vários elementos envolvidos no processo de mudança, uma boa comunicação interna talvez seja o mais crucial de todos. As pessoas precisam conseguir expor opiniões e preocupações. E, para fazer isso de maneira significativa, também precisam receber as informações adequadas. A mudança bem-sucedida é impossível sem transparência. Por isso é essencial definir uma boa estrutura de comunicação interna, com base em ferramentas como o Yammer ou Slack.

Também é útil fazer uma série de vídeos curtos (com duração máxima de 60 segundos), nos quais você explica por que certas mudanças são necessárias e como elas serão feitas. Para equipes que desejam um panorama rápido do material relevante, infográficos são uma solução possível, enquanto que, para quem quer ler toda a história interna, blogs provavelmente são a melhor opção.

O desenvolvimento de trajetórias de treinamento pessoal será necessário para quase todo mundo. O objetivo de todas essas medidas é apresentar um quadro nítido, em imagens, textos e índices, do processo de mudança. Essa é a única maneira de garantir que cada funcionário seja capaz de compreender e digerir a narrativa da mudança da forma que for mais apropriada para si.

Para evitar confusão durante a implementação do projeto de mudança, é crucial continuar repetindo o princípio básico várias e várias vezes. Você pode considerar esse princípio básico a afirmação da missão do projeto. Esse princípio central – o objetivo pelo qual todos se empenham, o motivo de sua importância e o efeito que ele criará – precisa ser formulado com muita cautela.

Ao longo da fase de implementação, ele será o ponto de referência para qualquer decisão que se tome. Isso significa que você precisa fazê-lo dar certo. Porém, uma vez que o fez, é preciso continuar martelando a mesma mensagem.

Também é por isso que nós, da CPI, sempre exigimos a liderança do projeto quando uma transformação na empresa está envolvida. Quando partes novas entram no projeto – por exemplo, uma agência de publicidade contratada para definir as linhas criativas do novo método de marketing, ou uma empresa de implementação contratada para programar o CRM –, garantimos que elas se atenham ao panorama geral. Assim, podemos ter certeza de que todos estão trabalhando na mesma direção. E, se alguém tenta mover as metas com ideias novas que não são de fato necessárias ou se desviam da linha acordada, garantimos que o programa de mudanças permaneça no curso e continue focando o resultado que se intenciona atingir.

▸ NOTA

[1] FISHER, J. M. A Time for Change. *Human Resource Development International*, v. 8, n. 2, p. 257–64, 2015.

ÍNDICE REMISSIVO

A

E

F

G

H

I

J

K

L

M

N

O

P

Q

R

LEIA TAMBÉM

A BÍBLIA DA CONSULTORIA
Alan Weiss, PhD
TRADUÇÃO Afonso Celso da Cunha Serra

A BÍBLIA DO VAREJO
Constant Berkhout
TRADUÇÃO Afonso Celso da Cunha Serra

ABM ACCOUNT-BASED MARKETING
Bev Burgess, Dave Munn
TRADUÇÃO Afonso Celso da Cunha Serra

BOX RECEITA PREVISÍVEL (LIVRO 2ª EDIÇÃO + WORKBOOK)
Aaron Ross, Marylou Tyler, Marcelo Amaral de Moraes
TRADUÇÃO Marcelo Amaral de Moraes

CONFLITO DE GERAÇÕES
Valerie M. Grubb
TRADUÇÃO Afonso Celso da Cunha Serra

CUSTOMER SUCCESS
Dan Steinman, Lincoln Murphy, Nick Mehta
TRADUÇÃO Afonso Celso da Cunha Serra

MITOS DA LIDERANÇA
Jo Owen
TRADUÇÃO *Afonso Celso da Cunha Serra*

MITOS DO AMBIENTE DE TRABALHO
Adrian Furnham, Ian MacRae
TRADUÇÃO *Afonso Celso da Cunha Serra*

NEUROMARKETING
Darren Bridger
TRADUÇÃO *Afonso Celso da Cunha Serra*

NÔMADE DIGITAL
Matheus de Souza

PETER DRUCKER: MELHORES PRÁTICAS
William A. Cohen, PhD
TRADUÇÃO *Afonso Celso da Cunha Serra, Celina Pedrina Siqueira Amaral*

POR QUE OS HOMENS SE DÃO MELHOR QUE AS MULHERES NO MERCADO DE TRABALHO
Gill Whitty-Collins
TRADUÇÃO *Maíra Meyer Bregalda*

WORKBOOK RECEITA PREVISÍVEL
Aaron Ross, Marcelo Amaral de Moraes

Este livro foi composto com tipografia Bembo e impresso
em papel Off-White 90 g/m² na gráfica Formato Artes Gráficas.